| 光明社科文库 |

明理增信

思想政治理论课教学与马克思主义理论研究

衣永刚　　孙宇伟◎主编

光明日报出版社

图书在版编目（CIP）数据

明理增信：思想政治理论课教学与马克思主义理论
研究 ／ 衣永刚，孙宇伟主编 . -- 北京：光明日报出版
社，2023.2
ISBN 978 - 7 - 5194 - 6914 - 6

Ⅰ.①明… Ⅱ.①衣… ②孙… Ⅲ.①高等学校—思
想政治教育—教学研究—中国 ②马克思主义理论—教学研
究—高等学校 Ⅳ.①G641②A81

中国国家版本馆 CIP 数据核字（2023）第 067645 号

明理增信：思想政治理论课教学与马克思主义理论研究
MINGLI ZENGXIN：SIXIANG ZHENGZHI LILUN KE JIAOXUE YU
MAKESI ZHUYI LILUN YANJIU

主　　编：衣永刚　孙宇伟

责任编辑：宋　悦　　　　　　　责任校对：李佳莹
封面设计：中联华文　　　　　　责任印制：曹　净

出版发行：光明日报出版社
地　　址：北京市西城区永安路 106 号，100050
电　　话：010-63169890（咨询），010-63131930（邮购）
传　　真：010-63131930
网　　址：http：//book. gmw. cn
E - mail：gmrbcbs@ gmw. cn
法律顾问：北京市兰台律师事务所龚柳方律师

印　　刷：三河市华东印刷有限公司
装　　订：三河市华东印刷有限公司
本书如有破损、缺页、装订错误，请与本社联系调换，电话：010-63131930

开　　本：170mm×240mm
字　　数：330 千字　　　　　　印　　张：19
版　　次：2023 年 2 月第 1 版　　印　　次：2023 年 2 月第 1 次印刷
书　　号：ISBN 978 - 7 - 5194 - 6914 - 6
定　　价：98. 00 元

编委会

闳中肆外　以梦为马

（代序）

2015年5月，上海外国语大学马克思主义学院成立。2017年7月，上外马克思主义学院入选上海市高校示范马克思主义学院。2021年10月，学校获批马克思主义理论一级学科硕士学位授权点。

大力推进思政课的改革创新，不断增强思政课的思想性、理论性和亲和力、针对性，发挥思政课在立德树人中的关键课程作用，始终是马克思主义学院的核心任务。上外马克思主义学院成立以来，以建设具有外语院校特色的思想政治教育体系为统领，积极推进思想政治教育教学改革，以"中外时文选读"课程为代表，探索思政课与外语专业课的有机融合，一方面，在外语专业课中突出价值引领；另一方面，在思政课中体现专业特色，是"课程思政"理念的创设实践高校之一。学校关于思政课教学改革的探索先后被《光明日报》《文汇报》和央视"焦点访谈"等媒体报道，并获得国家级、上海市教学成果奖等。2019年11月，学校发布《关于深化新时代思想政治理论课改革创新的实施方案》。2021年3月，上外马克思主义学院在原教研室的基础上，成立了"习近平新时代中国特色社会主义思想""马克思主义基本原理""马克思主义中国化""中国近现代史基本问题""新时代思想政治教育""中国与世界"等六个课程中心，与原来的教研室相比，课程中心更注重"平台"功能，通过"跨""融""通"，从教师的"教"为中心转向注重课程的"建"为中心，从教研独立转向教研联动，从分段教学转向贯通教学，从分科教学转向一体化教学。

上外马克思主义理论一级学科建设主动融入和贡献学校"双一流"建设。学校第二轮"双一流"建设方案中，对马克思主义理论学科在"双一流"建设中的定位作了具体规定，即将夯实基础和特色培育有机结合，形成外语类院校马克思主义理论学科的比较优势。一是夯实学科基础，围绕马克思主义基本原理、马克思主义中国化研究、思想政治教育、中国近现代史基本问题研究、中共党史党建等学科方向扎实开展学科基础建设，筑牢学科根基。二是加强马克思主义理论学科与外国语言文学、政治学、新闻传播学、经济学、法学、教育学等学科深度融合，围绕国家治理与社会发展面临的重大现实问题，通过凝练全球马克思主义/中外哲学比较、当代世界与社会主义/中国化马克思主义的全球传播、全球胜任力/德育国际比较、中国学/中共党史党建学等领域和方向，形成具有外语院校特色的马克思主义理论学科比较优势。三是加强研究成果应用，贯彻"坚持和巩固马克思主义在意识形态领域的指导地位"精神，依托学校学科特色和专业优势，积极服务国家的马克思主义全球话语体系构建，利用"线上+线下"平台主动拓展传播渠道，开展马克思主义中国化最新成果和党的理论创新成果对外传播，做好中国共产党伟大建党精神研究/实践中心平台建设，讲好中国故事，讲好中国共产党的故事。

　　师资队伍建设是思政课改革创新和马克思主义理论学科建设的基础。2020年年底，上外马克思主义学院提出师资队伍建设"五个一"项目，即在上海市高校示范马克思主义学院专项中单列经费，支持每学年每位教师主持、参加或完成至少一项思政课教学改革项目、一项课题研究、一次专业培训、一次国情调研和一次学术会议。师资队伍建设"五个一"项目旨在不断巩固和深化思想政治理论课教学改革创新和马克思主义理论特色学科建设，在示范马克思主义学院建设中为学校"双一流"建设作出应有的贡献。本系列丛书是"五个一"项目的部分成果。

　　闳中肆外，以梦为马。面对世界百年未有之大变局，实现中华民族伟大复兴的中国梦，培养堪当时代重任的时代新人，马克思主义理论学科建设恰逢其时，思想政治理论课改革创新大有可为。围绕建成国别区域全球知识领域特色鲜明的一流外国语大学的办学愿景，上外马克思主义理论学科致力于在交叉融合中打造学科特色，贡献知识创新，开展前沿研究；围绕培养"会语言、通国家、精领域"的卓越人才，上外思想政治理论课致力于促进外语教学与思政教育、课程思政与思政课程、教师思政与学生思政的深度融合，加强价值引领，提升国家认同，增强政治定力。围绕建设外语院校特色的思政工作体系，上外马克思主义学院以党建引领，加强师资队伍建设，不断提升治理能力，扎根中国，胸怀天下，以梦为马，不负韶华。

编者

2022 年 9 月

目 录
CONTENTS

专题一：

中国共产党百年历程与经验启示

中国共产党百年政治建设的经验与启示

赵鸣歧

当今世界有 230 多个国家和地区，存在的政党超过 4000 个。这表明，政党事实上已经成为人们进行政治生活和处理政治关系中难以离开的工具性组织，政党在国家和社会的政治体系运行中扮演着关键角色，是影响一国经济与社会发展的领导力量，以及国与国之间制度竞争的政治核心。

中国共产党成立百年来，历经革命、建设和改革各个时期，已经从最初只有几个共产主义小组、50 多名党员，发展到今天拥有 480 多万个基层党组织、9500 多万名党员的世界第一大党；已经从领导人民为夺取全国政权而奋斗的党，成为领导人民掌握全国政权并长期执政的党；已经从领导人民为站起来、富起来而奋斗的党，成为领导人民为强起来、实现民族复兴伟大梦想而奋斗的党。我们党自身之所以能有如此大的发展，所处历史方位之所以能有如此大的变化，所领导的事业之所以能有如此大的成就，与党的建设特别是党的政治建设密不可分。

百年来，党的历代中央领导集体一以贯之地推进党的政治建设，其间虽然走过不平凡的道路，经历了从幼稚到成熟的过程，出现过失误、经历过曲折，但主要的还是取得了重大成就，积累了丰富经验。

一、党的政治建设是党的根本性建设，决定党的建设方向和成效

"任何政党都有政治属性，都有自己的政治使命、政治目标、政治追求"①，这是政党的政治组织性质及其本质特点所决定的。中国共产党从成立至今的百年历史证明，我们党能建设成具有崇高政治理想、高尚政治追求、纯洁政治品

---

① 中共中央党史和文献研究院．十九大以来重要文献选编（上）[M]．北京：中央文献出版社，2019：535．

质、严明政治纪律的马克思主义政党，就在于始终为保持政治上的先进性，实现政治使命、政治目标、政治追求而致力于加强自身的政治建设。

党的政治建设是党的建设的核心。党的建设是一个包含多层次、多方面内容的社会系统工程。在党的建设的大系统中，思想建设、组织建设、作风建设、制度建设等方面尽管有不同的内容和任务，遵循不同的规律和原则，发挥不同的功能和作用，但都必须以党的政治建设为核心，适应党的政治建设的客观需要，贯彻党的政治建设的原则要求，从各自不同的方面服从和服务于党的政治建设。离开了党的政治建设，其他方面的建设也就失去了根本目标和政治方向。对此，习近平总书记强调，"政治方向是党生存发展第一位的问题，事关党的前途命运和事业兴衰成败。"① 这表明，党的政治建设在党的建设体系或布局中居于核心地位，为党的其他建设指明政治方向、明确政治目标、确定政治路线、提出政治要求，是党的建设的"根基"和"灵魂"。因此，能否搞好党的政治建设，直接关系到我们党举什么旗、走什么路、朝什么方向前进的问题，决定着我们党的性质和执政地位，关系到党的前途命运和国家的长治久安。

注重党的政治建设贯穿于百年党的建设伟大实践中，是对党在百年始终保持生机活力的深刻总结。中国共产党是在"中华民族内忧外患深重的背景下、社会危机空前深重的背景下、在马克思列宁主义同中国工人运动相结合的进程中"应运而生的。作为无产阶级政党，中国共产党是为争取、维护和实现无产阶级及最广大人民群众根本利益而斗争的政治组织。它要确保其在政治上的先进性，实现其为人民谋幸福、为民族谋复兴的政治使命和政治目标，就必须注重从政治上建设党。进入新时代，习近平总书记指出："正反两方面经验告诉我们：讲政治，是马克思主义政党的根本要求，关系党的前途命运。"② 可见，高度重视党的政治建设，贯穿于党的建设百年伟大实践中，是我们党的政治本色、政治优势和优良传统。正是由于我们党始终注重党的政治建设，始终以政治建设来保持党的正确方向，凝聚全党力量，与时俱进，从而确保了百年来党从小到大、由弱到强的发展势头和旺盛活力。

新时代加强党的建设必须坚持以政治建设为统领，把党的政治建设摆在首位，坚持党的全面领导。党的十八大以来，中国特色社会主义进入新时代、踏

---

① 习近平. 增强推进党的政治建设的自觉性和坚定性［J］. 求是，2019（14）：6.
② 中共中央党史和文献研究院，中央"不忘初心、牢记使命"主题教育领导小组办公室. 习近平关于"不忘初心、牢记使命"论述摘编［M］. 北京：党建读物出版社，2019：107.

上新征程。立足于新时代新方位，着眼于新使命新任务，党的十九大把党的政治建设纳入党的建设总体布局，并摆在首位，要求以政治建设统领党的建设，坚持党的全面领导。强调"中国特色社会主义最本质的特征是中国共产党领导，中国特色社会主义制度的最大优势是中国共产党领导，党是最高政治领导力量"，"党政军民学，东西南北中，党是领导一切的"。① 2021 年 7 月 1 日，习近平总书记在庆祝中国共产党成立 100 周年大会的讲话中再次重申了这一结论，并进而强调，"中华民族近代以来 180 多年的历史、中国共产党成立以来 100 年的历史、中华人民共和国成立以来 70 多年的历史都充分证明，没有中国共产党，就没有新中国，就没有中华民族伟大复兴。"坚持中国共产党的领导"是党和国家的根本所在、命脉所在，是全国各族人民的利益所系、命运所系"②。

　　坚持党的全面领导意味着党的领导必须是全面、系统和整体的，既包括改革发展稳定、内政国防外交、治党治国治军等党和国家工作的各个方面，也涵盖"党政军民学，东西南北中"各个部门和各个领域。事实上，党的领导地位的形成和确立不是自封的，而是历史和人民的选择。全面加强党的领导，不是说党要大包大揽、事无巨细把什么都抓在手上，而是强调党统揽全局、协调各方的领导核心作用。同时，我们党始终坚持把党的领导、人民当家作主和依法治国有机地统一起来；坚持和完善立足本国国情形成的"共产党领导、多党派合作，共产党执政、多党派参政"的新型政党制度，建构和实现执政与参政、领导与合作、协商与监督有机统一的政治格局和政党关系。③ 历史和现实告诉我们，党的政治建设是党的建设的根本和灵魂，党的全面领导是命脉和保障。忽视、弱化党的政治建设和党的全面领导，党和国家各项事业就会失去正确的方向，党的建设就会失去根基。

二、坚持和维护党中央权威和集中统一领导是党的政治建设的首要任务

　　在当代中国，中国共产党是领导一切的"最高的政治领导力量"。以习近平

① 习近平. 决胜全面建成小康社会 夺取新时代中国特色社会主义伟大胜利——在中国共产党第十九次全国代表大会上的报告［R］. 北京：人民出版社，2017：62.

② 习近平. 在庆祝中国共产党成立 100 周年大会上的讲话［N］. 人民日报，2021-07-02（02）.

③ 中国共产党网. 中宣部副部长王晓晖在 2021 年 8 月 26 日中共中央宣传部发布文献《中国共产党的历史使命与行动价值》新闻发布会上答记者问［EB/OL］.（2021-08-26）［2021-09-26］.

同志为核心的党中央反复强调要统揽"四个伟大"，必须增强"四个意识"，做到"两个维护"。

维护党中央权威和集中统一领导首先必须加强党内政治关系建设。加强党内政治关系建设是确保党的全面领导真正体现、党中央权威和集中统一领导顺利实现的前提。党内政治关系包括党员与党组织之间的关系、党的下级组织与上级组织之间的关系、党的各级组织与党中央之间的关系、党的纪律与党员个人自由之间的关系、党的统一意志与党内民主之间的关系等诸多方面，只有这些政治关系得到正确处理，我们党才能保持生机和创造力，才能避免导致党内分裂和冲突，实现全党的团结统一。我们党是按照民主集中制原则建立起来的马克思主义政党，民主集中制是党的根本组织原则，也是处理党内政治关系的根本政治原则。这条政治原则强调，党内政治关系的处理既要充分发扬民主，又必须实行正确的集中，其理想状态就是毛泽东所说的"又有集中又有民主，又有纪律又有自由，又有统一意志又有个人心情舒畅、生动活泼，那样一种政治局面"①。党的百年实践证明，什么时候党内政治关系处理得好，党的全面领导与党中央权威和集中统一领导就能很好地执行，党的政治能力就会增强，党就能保持政治上的先进性并巩固自己的政治地位。因此，处理好党内政治关系，维护党中央权威和集中统一领导是中国共产党百年历史的宝贵经验，也是维护党的团结、保证国家的长治久安、巩固党的执政地位的必然要求。

严肃党内政治生活，营造风清气正的良好政治生态，是维护党的团结统一，确保党中央权威和集中统一领导的内在要求。处理好党内政治关系需要有良好的党内政治生活和政治生态。开展严肃认真的党内政治生活，是我们党作为马克思主义政党区别于其他政党的重要特征，也是我们党的光荣传统。百年来，我们党之所以能带领人民开创民族复兴的辉煌伟业，靠的就是科学的理论指导、坚定的理想信念、严密的组织体系和铁的纪律，而这些又都是靠严格的党内政治生活作保障的。新民主主义革命时期，为了克服党内存在的主观主义、极端民主化、无原则的批评等各种错误倾向，我们党通过确立民主集中制的组织原则、"四个服从"的党的纪律、"惩前毖后、治病救人"的党内思想斗争方针以及批评和自我批评的党内政治生活等有效方法，逐步确立起党内政治生活的基本规范。十一届三中全会后，我们党总结党内政治生活正反两方面特别是"文革"的教训，于1981年制定了《关于党内政治生活的若干准则》，第一次以党

---

①　中央文献编辑委员会．毛泽东著作选读（下）［M］．北京：人民出版社，1986：819.

内法规的形式为党内政治生活作出进一步规范，使党内政治生活步入正轨。十八大以来，为了全面从严治党管党，特别是整治"四风"，坚决惩治腐败，完善党内法规，不断推动党内政治生活制度化、规范化。2016 年 10 月，党的十八届六中全会又制定了《关于新形势下党内政治生活的若干准则》，对新形势下党内政治生活作了明确规范，为我们进一步严肃党内政治生活、营造风清气正的良好政治生态，提供了基本遵循。党的百年实践证明，严肃认真的党内政治生活，是我们党坚持党的性质宗旨、保持先进性纯洁性的重要法宝，是解决党内矛盾问题的"金钥匙"，是广大党员、干部锤炼党性的"大熔炉"，是纯洁党风的"净化器"。

党内政治生活与党内政治生态是相互联系、相互影响的。从一定意义上说，有什么样的党内政治生活，就会有什么样的党内政治生态。党的十八大以来，以习近平同志为核心的党中央反复强调，要增强党内政治生活的政治性、时代性、原则性、战斗性，全面净化党内政治生态。而净化政治生态，就要从严格规矩、破除潜规则入手。为此，2015 年和 2018 年党中央先后两次修订《中国共产党纪律处分条例》，充实了政治纪律的负面清单。这对营造和培育风清气正的政治生态，倡导和发展积极健康的党内政治文化具有积极而深远的影响。

新时代加强党的政治建设必须进一步增强"四个意识"、切实做到"两个维护"。事在四方，要在中央。坚持党的领导，最根本的是要坚持和维护党中央权威和集中统一领导。党是领导核心，作为领导核心的党本身也有核心。加强党中央的权威，这是毛泽东同志和邓小平同志对我们党的政治建设经验的深刻总结。党的十八大以来，习近平总书记在治国理政、推进"四个伟大"实践中，一直发挥着核心作用。2016 年 1 月，中央政治局会议首次明确提出了"四个意识"，强调"要坚持党中央集中统一领导，在各级党组织和广大党员、干部中强化政治意识、大局意识、核心意识、看齐意识，确保在思想上政治上行动上始终同党中央保持高度一致"。党的十八届六中全会正式提出"以习近平同志为核心的党中央"。党的十九大进一步把"坚决维护习近平总书记党中央的核心、全党的核心地位，坚决维护党中央权威和集中统一领导"写入党章。增强"四个意识"、做到"两个维护"是全党必须严格遵守的重要政治准则和根本政治要求。

三、制定和执行正确的政治路线是党的政治建设的核心内容

党的政治路线是党的纲领在一定历史阶段的具体体现，集中反映了党的纲

领所确定的政治方向，是党的行动指南。制定和执行正确的政治路线是党的政治建设的核心内容，也是决定党的政治建设成效的关键环节。

政治路线是无产阶级政党的生命线和党的政治建设的根本工作。党的政治路线（有时也称"总路线"）不仅规定党在一定历史阶段的政治任务，而且规定完成政治任务的基本道路、基本方略，是党的政治纲领在一定历史阶段的具体化，集中体现党的政治主张，是党在一定历史阶段全部实践的行动纲领和基本遵循。

党的政治建设必须围绕制定和执行正确的政治路线而展开，政治路线一旦错了或者正确的政治路线得不到贯彻执行，党的其他各项建设也会偏离正确的政治方向。因此，政治路线是无产阶级政党的生命线，制定和执行党的政治路线，是党的政治建设的核心内容，它关系全局、指导全局、决定全局。

党的百年政治建设实践是党根据不同历史时期的形势和任务及时制定和坚定执行正确政治路线的历程。新民主主义革命时期，党在历经大革命、土地革命、抗日战争几个时期的探索后，到解放战争时期最终总结确立了"无产阶级领导的，人民大众的，反对帝国主义、封建主义和官僚资本主义的革命"的政治路线。这一总路线反映了中国革命的基本规律，指明了中国革命的性质、对象、动力和领导力量，为我们党取得新民主主义革命的伟大胜利提供了科学指引和基本遵循。从 1952 年下半年到 1953 年 6 月，随着新中国成立后到 1952 年年底全国范围土地改革的完成和恢复国民经济任务的顺利实现，我们党又提出了以"一化三改造"为基本内容的过渡时期的总路线。到 1956 年年底，国家的社会主义工业化取得重大进展，生产资料所有制的社会主义改造基本完成，建立起了社会主义基本制度，中国由此进入了社会主义社会——社会主义初级阶段。为总结党的七大以来特别是新中国成立后在革命和建设方面的经验，确定党在新的历史阶段的任务，1956 年 9 月，党的八大正确研判和确认在我国社会主义制度已经建立的情况下，党和国家面临的主要矛盾和主要任务。但此后，由于缺乏社会主义建设经验，经济工作出现了一些指导上的失误，政治工作也发生了偏离。

从 1978 年年底党的十一届三中全会至 1987 年 10 月党的十三大，以邓小平同志为核心的中国共产党人通过拨乱反正，不断深化对中国基本国情和社会主义建设规律的认识，明确作出我国正处在社会主义初级阶段的科学论断，提出了建设有中国特色社会主义的实践主题，并系统阐述了新时期党的政治路线的具体内容。在此基础上，党的十三大科学概括和郑重确立了党在社会主义初级阶段"一个中心""两个基本点"的基本路线，为党和国家事业奠定了政治基石。此后以江泽民同志和胡锦涛同志为主要代表的中国共产党人，都为坚持和发展这条基本路线作出了积极贡献。正是由于我们党坚定不移地贯彻执行了党在社会主义初级阶段的基本路线，使中华民族迎来了从站起来、富起来到强起来的伟大飞跃，使中国特色社会主义迎来了从创立、发展到完善的伟大飞跃，使中国人民迎来了从温饱不足到小康富裕的伟大飞跃，使中华民族以崭新姿态屹立于世界的东方。

新时代加强党的政治建设必须全面贯彻党在社会主义初级阶段的基本路线。党的十八大以来，以习近平同志为核心的党中央根据中国特色社会主义事业总体布局，将党的基本路线拓展为富强民主文明和谐美丽"五位一体"的奋斗目标，进一步丰富和发展了党在社会主义初级阶段的基本路线。习近平总书记在纪念建党 95 周年大会上强调，"党的基本路线是党和国家的生命线、人民的幸福线"，必须长期坚持，不能有丝毫动摇。因此，在新时代加强党的政治建设必须牢牢把握、全面贯彻这条基本路线。要严格按照党的十九大报告和党的政治建设的要求，坚定不移执行党的基本路线，任何时候都不能有丝毫偏离和动摇；坚决捍卫党的基本路线，对一切违背、歪曲、否定党的基本路线的言行，必须旗帜鲜明地反对和抵制。考察识别干部特别是高级干部必须首先看是否坚定不移贯彻党的基本路线。

四、始终坚持以人民为中心，关乎党的政治建设的政治根基

为人民而生，因人民而兴，始终同人民在一起，为人民利益而奋斗，是我们党立党兴党强党的根本出发点和落脚点。江山就是人民，人民就是江山，打江山、守江山，守的是人民的心。人民的拥护和支持是我们党领导和执政最重要、最牢固的政治根基。

相信人民，信仰人民，始终坚持以人民为中心，是党的政治建设的政治根基和动力之源。"以民为本"是中华民族和中华文明生生不息的伟大道统。百年来中国共产党不仅继承了这一传统道统，而且始终秉持人民是历史的创造者、是推动社会历史前进的决定力量这一历史唯物主义的立场和观点。在革命、建设和改革的历史进程中顺民意、正民心，相信人民，坚持以人民为中心的价值导向，尊重人民主体地位，发挥人民首创精神，紧紧依靠人民推动社会发展，坚持在发展中保障和改善民生，切实保障人民群众的各项权益，不断满足人民

对美好生活的期盼，促进人的全面发展。相信人民、信仰人民、始终坚持以人民为中心，既是中国共产党实现人民民主与党的领导有机统一，也是党百年不断发展壮大的深厚根基。

加强党的政治建设要始终坚定地站稳人民立场。政治立场问题是一个政党的根本问题。习近平总书记指出："中国共产党始终代表最广大人民根本利益，与人民休戚与共、生死相依，没有任何自己特殊的利益，从来不代表任何利益集团、任何权势团体、任何特权阶层的利益。"① 这不仅是马克思主义的国家权力观，更是中国共产党政治建设要坚持的政治立场。这个政治立场自我们党成立至今，一以贯之。党的十八大以来，以习近平同志为核心的党中央更是高度重视政治立场问题，强调坚持正确的政治立场是"头等大事"，要求我们的党员和各级领导干部必须"坚定政治立场""站稳政治立场"。坚定政治立场，就是要坚定马克思主义立场，坚定党和党性的立场，归根结底是要坚定人民群众的立场。人民群众的拥护和支持是我们党的力量源泉和胜利之本。只有坚定地站在人民群众的立场上，坚持把人民拥护不拥护、赞成不赞成、高兴不高兴、答应不答应作为衡量一切工作得失的根本标准，把人民放在心中最高位置，把人民对美好生活的向往作为奋斗目标，才能筑牢党的政治根基，使我们党永远立于不败之地。

新时代加强党的政治建设必须紧扣民心这个最大的政治，把赢得民心民意、汇集民智民力作为重要着力点。人心是最大的政治，人心向背关系党的生死存亡。紧扣民心这个最大的政治，既是对党的政治建设历史经验的科学总结，也是对新时代加强党的政治建设现实需要的深刻思考。为人民谋幸福，为民族谋复兴是我们党百年奋斗的主题和初心使命。让人民生活幸福是"国之大者"。我们党历经百年团结带领人民实现了当家作主的历史夙愿，全体人民真正享受着前所未有的各项权利；实现了在一穷二白的基础上创造经济社会快速发展的奇迹，探索出一条立足中国国情的后发国家的新型现代化道路与发展模式，全面建成了小康社会，历史性地解决了绝对贫困问题，人民生活水平大幅提升。新时代、新征程，我们要始终坚持人民主体地位，坚持立党为公、执政为民，践行全心全意为人民服务的根本宗旨，把党的群众路线贯彻到党治国理政全部活动中；始终坚持以百姓心为心，倾听人民心声，汲取人民智慧，努力解民忧、

---

① 习近平. 在庆祝中国共产党成立 100 周年大会上的讲话［N］. 人民日报，2021-07-02（02）.

办实事，着力解决发展不平衡不充分问题和人民群众急难愁盼问题；推动改革发展成果更多更公平惠及全体人民，推动共同富裕取得更为明显的实质性进展，把 14 亿多中国人民凝聚成推动中华民族伟大复兴的磅礴力量，去继续创造新的历史伟业。

五、建立健全规范的制度是加强党的政治建设的长远之策、根本之策

党的制度建设贯穿于党的建设各个环节的始终，是党的建设体系得以运行的基础保障。党的政治建设的制度化不仅是党的政治建设、制度建设的重要内容之一，也是加强依规治党、依制度治党的重要保证。

党的政治建设制度化是党的政治建设健康开展的制度保障。加强党的政治建设制度化，其根本目的是为了强化从严依规依制治党，实现全党的团结统一和行动一致，把我们党建设得更加坚强有力，确保我们党始终成为中国特色社会主义事业的坚强领导核心，从而为实现第二个百年奋斗目标和民族伟大复兴提供强大的政治保证。加强政治建设制度化，主要是加强党内法规、党纪和选人、用人等方面制度建设，切实规范对党组织工作、活动和党员行为的监督、考核、奖惩、保障等，以确保行使好党和人民赋予的权力。所以，加强党的政治建设制度化是不断提高党的制度建设水平和政治建设水平的内在要求。

注重党的政治建设制度化是中国共产党建党治党的重要法宝。纵观党的百年发展史，我们党历来高度重视党的政治建设制度化问题。以毛泽东同志为核心的中国共产党人制定形成了诸如《关于建立报告制度》《关于健全党委制》《党委会的工作方法》等一系列关于政治建设的重要制度规定。邓小平同志在《党和国家领导制度的改革》这篇重要讲话中提出了政治制度改革的根本任务。江泽民同志按照"三个代表"重要思想的要求加强和改进党的政治制度建设。胡锦涛同志则着眼加强党的执政能力建设和先进性建设，大力推进党的政治制度建设。党的十八大至今，以习近平同志为核心的党中央把加强党内法规特别是政治制度建设作为党的建设的长远之策、根本之策。从一定意义上说，一部中国共产党发展壮大的历史，就是一部中国共产党不断加强政治建设制度化、提高政治建设制度化水平的历史。①

新时代加强党的政治建设必须按照全面从严治党的要求，更加注重制度建

---

① 内蒙古自治区党的建设研究会. 深入推进党的政治建设制度化［J］. 实践（思想理论版），2021（6）：19.

设，形成系统完备、有效管用的政治规范体系。加强党的制度建设，用制度来规范和保障党的政治建设，实现党的政治建设制度化、规范化，是加强党的政治建设长远和根本之策。2019 年 1 月，为了坚定政治信仰、强化党的政治领导、提高政治能力、净化政治生态、实现全党团结统一和行动一致，党中央专门出台《中共中央关于加强党的政治建设的意见》，对新时代加强党的政治建设作出全面具体的部署。同年 10 月，习近平总书记在党的十九届四中全会上的讲话，从坚持和完善党的领导制度体系，进一步提高党科学执政、民主执政、依法执政水平，提出了建立"不忘初心、牢记使命"的制度、"完善坚定维护党中央权威和集中统一领导的各项制度""健全党的全面领导制度""健全为人民执政、靠人民执政各项制度""健全提高党的执政能力和领导水平制度"及"完善全面从严治党制度"六个重点任务。① 这都关涉党的政治建设，契合党的政治建设的制度要求。总之，要通过制度建设，着力把建章立制贯穿党的政治建设全过程各方面，建立健全长效机制，形成有章可循、有据可依、系统完备、有效管用的政治规范体系，形成党内监督与外部监督相结合、党员自律与健全法规相协调，权力制约和监督并举的常态化的政治局面。

---

① 中共中央关于坚持和完善中国特色社会主义制度 推进国家治理体系和治理能力现代化若干重大问题的决定［N］. 人民日报，2019-11-06（01）.

中国共产党对社会主要矛盾的百年探索及其经验启示

门小军

只有牢牢抓住社会主要矛盾，"才能清醒地观察和把握社会矛盾的全局，有效地促进各种社会矛盾的解决"①。建党 100 年来，中国共产党对社会主要矛盾的探索，顺应了中国革命、建设和改革的重大变迁和历史发展大势，成为中国共产党理论创新的逻辑起点和政策制定的现实依据。当下，我国正处于全面建设社会主义现代化国家新征程的开局时期，回顾我们党对社会主要矛盾的探索历程，从中汲取经验启示，对于党和国家中心任务的高效落实，对于实现第二个百年奋斗目标来说，有极为重要的理论和现实意义。

一、百年探索

自 1921 年建党伊始，中国共产党对社会主要矛盾的探索经历了新民主主义革命时期、社会主义革命和建设时期、改革开放新时期、新时代四个发展阶段。

1. 新民主主义革命时期

鸦片战争后，由于外国资本主义的侵入和封建统治的腐败，中国逐步滑入半殖民地半封建社会的深渊，这就是近代中国社会最基本的国情。"半封建""半殖民地"② 两个概念，是列宁在《中国的民主主义和民粹主义》《社会主义革命和民族自决权（提纲）》《帝国主义是资本主义的最高阶段》等著述中论及中国时提出的。十月革命后，我们党逐步接受了列宁的民族殖民地理论，在1922 年 7 月党的二大初步运用两个概念，解析中国社会的半殖民地半封建社会

---

① 中共中央文献研究室．十五大以来重要文献选编（上）［M］．北京：中央文献出版社，2011：14.
② 中共中央马克思恩格斯列宁斯大林著作编译局．列宁选集：第 2 卷［M］．北京：人民出版社，1995：293，569，643.

性质，第一次明确提出了反帝反封建的民主革命纲领。1937 年 5 月，毛泽东在党的全国代表会议上指出，"帝国主义和中国之间的矛盾，封建制度和人民大众之间的矛盾"，是中国社会很久以来"两种剧烈的基本的矛盾"①。经过不断探索积累，1939 年 12 月，毛泽东终于在《中国革命和中国共产党》中明确提出，"帝国主义和中华民族的矛盾，封建主义和人民大众的矛盾"②，构成近代中国社会的主要矛盾，而前者又是各种矛盾中最主要的矛盾。

近代中国的社会性质和主要矛盾的厘清有两个理论意义。首先，决定了中国革命的性质是"新式的资产阶级民主主义的革命"③，革命的主要依靠力量包括工人阶级、农民阶级、小资产阶级和民族资产阶级，摒弃了党的一大将"推翻资本家阶级的政权""消灭资本家私有制"④ 作为民主革命纲领，"不同其他党派建立任何关系"⑤ 的不成熟看法，从而将民族资产阶级由革命的对象转变为"人民大众的一部分"——"但不是人民大众的主体，也不是决定革命性质的力量"，确立了在政治上"争取他们"、在经济上"保护他们"⑥ 的长期政策方针。其次，决定了近代中国中华民族所面临的两大历史任务，一是"推翻帝国主义和封建主义的统治，实现民族独立和人民的解放"，二是"彻底改变国家贫穷落后的面貌，实现国家繁荣富强和人民共同富裕"，"这两大任务中，前者是后者的必要前提"⑦。这也是中国共产党人"为中国人民谋幸福，为中华民族谋复兴"之初心和使命提出的历史依据。

2. 社会主义革命和建设时期

由于帝国主义的封锁和国民党残余势力的破坏，新中国成立伊始我国社会主要矛盾突出表现为人民大众同帝国主义、封建主义、官僚资本主义残余之间的矛盾。这一时期，党的中心工作是扫除帝国主义和国民党残余势力，开展土

---

① 毛泽东. 毛泽东选集：第 1 卷［M］. 北京：人民出版社，1991：252.
② 毛泽东. 毛泽东选集：第 2 卷［M］. 北京：人民出版社，1991：631.
③ 毛泽东. 毛泽东选集：第 2 卷［M］. 北京：人民出版社，1991：671.
④ 中央档案馆. 中共中央文件选集：第 1 册（一九二一——一九二五）［M］. 北京：中共中央党校出版社，1989：3.
⑤ 中央档案馆. 中共中央文件选集：第 1 册（一九二一——一九二五）［M］. 北京：中共中央党校出版社，1989：8.
⑥ 毛泽东. 毛泽东选集：第 4 卷［M］. 北京：人民出版社，1991：1288-1289.
⑦ 中共中央党史研究室. 中国共产党历史：第 1 卷［M］. 北京：中共党史出版社，2011：10-11.

地改革和没收官僚资本，巩固新生政权，主要斗争对象仍"不是民族资产阶级"①。至1952年年底，这一中心工作已告完成。此时，我们党适时提出，"在打倒地主阶级和官僚资产阶级以后，中国内部的主要矛盾即是工人阶级与民族资产阶级的矛盾，故不应再将民族资产阶级称为中间阶级"②，与之相适应，逐步完成"一化三改"，成为过渡时期的总路线。这一判断是对1948年9月毛泽东、刘少奇在中共中央政治局扩大会议上的提法、1949年3月毛泽东在七届二中全会上的提法的延续。至1956年社会主义改造完成，社会主义制度基本建立，我国社会主要矛盾的性质发生了根本性变化。同年9月召开的八大正确指出："我们国内的主要矛盾，已经是人民对于建立先进的工业国的要求同落后的农业国的现实之间的矛盾，已经是人民对于经济文化迅速发展的需要同当前经济文化不能满足人民需要的状况之间的矛盾。"③ 这一判断的理论意义有两点。其一，"国内革命时期的大规模的急风暴雨式的群众阶级斗争已经基本结束"④，不是社会主义社会的主要矛盾，党的中心工作必须由国内阶级斗争转向经济建设和文化建设。八大政治决议的主要内容便是围绕工业化、经济文化建设展开。毛泽东在8月22日党的七届七中全会、8月30日的八大预备会议和9月15日的八大开幕词中皆强调，八大的基本方针是建设，即："团结全党，团结国内外一切可能团结的力量，为了建设一个伟大的社会主义的中国而奋斗"⑤。其二，实现工业化和发展生产力，改造落后的生产力，并使之同先进的社会主义制度相适应，是建设社会主义的必经阶段，这为党的十三大提出并论述社会主义初级阶段理论奠定了基础。

3. 改革开放新时期

八大关于社会主要矛盾的正确判断开启了全面建设社会主义的高潮，但不久我们党对社会主要矛盾的认知就偏离了八大的正确判断。1957年10月，毛泽东在八届三中全会闭幕式上指出："无产阶级和资产阶级的矛盾，社会主义道路

---

① 毛泽东. 新中国成立以来毛泽东文稿：第1册 [M]. 北京：中央文献出版社，1987：292.

② 中共中央文献研究室. 毛泽东年谱（一九四九——九七六）：第1卷 [M]. 北京：中央文献出版社，2013：560.

③ 中共中央文献研究室. 新中国成立以来重要文献选编：第9册 [M]. 北京：中央文献出版社，1994：314.

④ 中共中央文献研究室. 新中国成立以来重要文献选编：第10册 [M]. 北京：中央文献出版社，1994：126.

⑤ 中共中央文献研究室. 毛泽东文集：第7卷 [M]. 北京：人民出版社，1999：114.

和资本主义道路的矛盾，毫无疑问，这是当前我国社会的主要矛盾。"① 1962 年 9 月召开的八届十中全会进一步将此矛盾上升到适用于"由资本主义到共产主义过渡的整个历史时期"②，从而把一定范围内存在的阶级斗争扩大化和绝对化。这种错误认知最终导致了"文化大革命"的爆发，"使党、国家和人民遭到新中国成立以来最严重的挫折和损失"③。

直至 1978 年十一届三中全会果断停止"以阶级斗争为纲"，党和理论界方开始探讨社会主要矛盾问题。1981 年 6 月，十一届六中全会通过《关于建国以来党的若干历史问题的决议》（以下简称《历史决议》），将社会主要矛盾表述为"人民日益增长的物质文化需要同落后的社会生产之间的矛盾"④。提出这一论断的依据特别充分：1956 年基本完成社会主义改造后，我国进入全面的社会主义建设时期，这一时期的主要任务只能是"集中力量发展社会生产力，实现国家工业化，逐步满足人民日益增长的物质和文化需要"；阶级斗争虽仍在一定范围内存在，但已然不再是主要矛盾，人民民主专政的任务则转变为"在新的生产关系下面保护和发展生产力"⑤。《历史决议》将该论断适用的时空场域界定为"社会主义改造基本完成以后"，重新肯定八大的正确路线，要求今后"党的各项工作都必须服从和服务于经济建设这个中心"⑥。由于改变"落后的社会生产"，是一个大力发展生产并完善、改革生产关系和上层建筑的系统工程，因此，理论界一致认为该论断比 1956 年八大的表述更为准确，可谓是"经典论断"。

这一论断的理论意义主要有两点。其一，在社会主义社会一定范围内存在的阶级斗争，"对其他社会矛盾不起领导和决定作用"，无产阶级与资产阶级的

---

① 中共中央文献研究室. 新中国成立以来重要文献选编：第 10 册［M］. 北京：中央文献出版社，1994：606-607.

② 中共中央文献研究室. 毛泽东年谱（一九四九——一九七六）：第 5 卷［M］. 北京：中央文献出版社，2013：157.

③ 中共中央文献研究室. 关于建国以来党的若干历史问题的决议（注释本）［M］. 北京：人民出版社，1983：63.

④ 中共中央文献研究室. 关于建国以来党的若干历史问题的决议（注释本）［M］. 北京：人民出版社，1983：63.

⑤ 中共中央文献研究室. 关于建国以来党的若干历史问题的决议（注释本）［M］. 北京：人民出版社，1983：19-20.

⑥ 中共中央文献研究室. 关于建国以来党的若干历史问题的决议（注释本）［M］. 北京：人民出版社，1983：63.

矛盾不再是"整个社会主义历史阶段都适用的永恒真理"①，这直接否定了八届三中全会和十中全会关于社会主要矛盾的错误判断，清除了1957年以来党在指导思想上长期存在"左"倾错误的认知根源。其二，延续十一届三中全会的正确轨道，进一步恢复和确认了毛泽东的实事求是思想路线，强调我国的现代化建设必须"从国情出发"，不可"超越了实际的可能性"，一定要"有步骤分阶段地实现现代化的目标"②，这为党的十三大确定"三步走"战略、十五大勾画实现第三步战略的蓝图、十九大提出建成社会主义现代化强国"两步走"战略安排，提供了思想支撑，大大丰富了我们党关于社会主义初级阶段的理论认知。

4. 新时代

经典论断提出后，得到历次党的全国代表大会的确认和发展完善：十二大政治报告指出，"不断满足人民日益增长的物质文化需要是社会主义生产和建设的根本目的"③，十三大政治报告首次采用了《关于建国以来党的若干历史问题的决议》（以下简称《历史决议》）对社会主要矛盾的表述，十四大正式将其写入党章，十五大报告认为其贯彻整个社会主义初级阶段，十六大坚持了此种表述，十七大报告提出了初级阶段的国情没有变和现阶段社会主要矛盾没有变的"两个没有变"，十八大政治报告又增加了"我国是世界最大发展中国家的国际地位没有变"的论述，从而发展为"三个没有变"。十八大以来，党和国家取得了改革开放和社会主义现代化建设的历史性成就，中国特色社会主义迈入新时代。站在新时代的历史方位，2017年10月召开的十九大提出了社会主要矛盾的最新论断："人民日益增长的美好生活需要和不平衡不充分的发展之间的矛盾"④。

新论断的提出有两大背景。其一，历经40年的改革开放，中国经济已经从20世纪20年代末的"一度濒于崩溃的边缘"⑤，发展到2017年时GDP总量连

---

① 中共中央文献研究室. 关于建国以来党的若干历史问题的决议（注释本）［M］. 北京：人民出版社，1983：65.

② 中共中央文献研究室. 关于建国以来党的若干历史问题的决议（注释本）［M］. 北京：人民出版社，1983：63-64.

③ 中共中央文献研究室. 改革开放三十年重要文献选编（上）［M］. 北京：中央文献出版社，2008：269.

④ 习近平. 决胜全面建成小康社会 夺取新时代中国特色社会主义伟大胜利——在中国共产党第十九次全国代表大会上的报告［N］. 人民日报，2017-10-28.

⑤ 中共中央文献研究室. 改革开放三十年重要文献选编（下）［M］. 北京：中央文献出版社，2008：1716.

续 8 年位居世界第二位，实现了从低收入国家到中等收入国家的跨越；生产力发展水平由 1981 年十一届六中全会时的"很低"和 1987 年十三大时的"相当落后"，经由 2007 年十七大时的"总体上还不高"，发展到 2017 年时的"总体上显著提高，社会生产能力在很多方面进入世界前列"；人民群众的生活水平亦由改革开放伊始的"温饱不足"，经由 1987 年时的"基本解决了人民的温饱问题"发展到 2017 年时的"总体小康"，他们的"美好生活需要日益广泛，不仅对物质文化生活提出了更高要求，而且在民主、法治、公平、正义、安全、环境等方面的要求日益增长"。其二，党和国家工作仍存在许多不足，主要表现为，"发展不平衡不充分的一些突出问题尚未解决"，"成为满足人民日益增长的美好生活需要的主要制约因素"①。

新论断提出的理论意义亦有两点。其一，在 2002 年党的十六大正式宣布完成 1987 年十三大提出的"三步走"战略目标的第二步，并在党的十六大、十七大、十八大提出全面建设小康社会奋斗目标，对第二步加以巩固之后，第三步战略目标的具体化成为急迫的问题，新论断的提出为规划和推进新时代"两步走"战略安排、完成第三步战略目标，开启全面建设社会主义现代化国家的新征程提供了决策依据。其二，从改革开放初期的"两个文明"，到十六大报告中的"三位一体"，到十七大报告中的"四位一体"，再到十八大报告中的"五位一体"，新论断对美好生活需要日益广泛的强调，巩固了党对国家发展总体布局不断趋向全面的既有理论认知，并为十九大就统筹推进"五位一体"建设作出战略部署提供了理论支撑。

二、经验启示

回顾我们党对社会主要矛盾的百年探索历程，目的在于分析和总结其中的经验和教训，以史为鉴，启迪现实和未来。

1. 只有坚持实事求是思想路线才能正确认清不同历史时期的国情

党的百年探索史表明，凡是从基本国情出发，党对中国社会主要矛盾的判断就正确，反之则会出现失误甚至错误。新民主主义革命时期之所以发生瞿秋白、李立三和王明三次"左"倾错误，根本原因就在于未能认清中国的基本国情。正因为如此，毛泽东在《中国革命和中国共产党》中指出："认清中国社会

---

① 习近平. 决胜全面建成小康社会 夺取新时代中国特色社会主义伟大胜利——在中国共产党第十九次全国代表大会上的报告［N］. 人民日报，2017-10-28.

的性质，就是说，认清中国的国情，乃是认清一切革命问题的基本的根据。"①
新中国成立后，我们党正确分析建国伊始和社会主义过渡时期的社会实际，正
确判断社会主要矛盾，顺利完成了政权巩固和三大改造任务，确立了社会主义
制度。党的八大把"我国生产力发展还很落后这一基本国情突出出来"，突出强
调"全党要集中力量去发展生产力"，更新了对社会主要矛盾的判断，"历史证
明是正确的"②。然而，由于对社会主义建设的长期性认识不彻底，党随后提出
了"大干快上""赶英超美"等严重脱离实际的口号，导致"我们同国际水平
的差距拉得很大，要努力赶"③。十一届三中全会以后，我们党恢复八大对基本
国情的正确判断，指出"我们的生产力发展水平还很低"④，"社会主义初级阶
段"是当代国情的最大实际，强调大力发展生产力。经过改革开放40年的发
展，我国进入社会主义初级阶段以来的"落后的社会生产"和"物质文化需
要"皆发生了新的阶段性变化，因时而变，因势而异，党的十九大立足此种变
化，提出我国社会主要矛盾的新论断，"适应了我国发展的阶段性要求，体现了
党和国家事业发展战略重点的变化"⑤。

党的百年探索史还表明，凡是坚持实事求是的思想路线，党对基本国情的
认知就正确，反之就会出现偏差。在新民主主义革命时期，毛泽东深入实际调
查研究，写出了《中国社会各阶级的分析》《湖南农民运动考察报告》《中国的
红色政权为什么能够存在?》《反对本本主义》等论著，确立了实事求是的思想
路线，从而形成对近代中国基本国情的正确认知。1957年后，我们党之所以在
经济上急于求成、在政治上坚持以阶级斗争为纲，一个重要原因就在于偏离党
的思想路线，对国际国内形势和具体国情作出了错误估量。1978年12月，十一
届三中全会重新确立了解放思想、实事求是的思想路线，确定把全党工作的重
心转移到社会主义现代化建设，推动了党的历史上具有深远意义的重大转折。
随着改革开放的推进，在党的十六大、十七大、十八大报告起草过程中，都曾

① 毛泽东.毛泽东选集：第2卷［M］.北京：人民出版社，1991：633.
② 中共中央党史研究室.中国共产党的七十年［M］.北京：中共党史出版社，1991：346.
③ 冷溶，汪作玲.邓小平年谱（1975—1997）（上）［M］.北京：中央文献出版社，2004：389.
④ 中共中央文献研究室.关于建国以来党的若干历史问题的决议（注释本）［M］.北京：人民出版社，1983：574.
⑤ 中共中央宣传部.习近平新时代中国特色社会主义思想三十讲［M］.北京：学习出版社，2018：70.

有人提议修改《历史决议》关于我国社会主要矛盾的表述，但"因为时机还不成熟，这个问题未有定论"，直至十九大报告起草过程中，"几乎所有的反馈都认为，重新定义我国社会主要矛盾的时机已经成熟"①。这表明，党在十九大报告中提出社会主要矛盾的最新论断，正是基于实事求是这个"基本思想方法、工作方法、领导方法"②。

2. 只有掌握社会主要矛盾的转化规律才能正确识别其"变"与"不变"

毛泽东在《矛盾论》中正确指出了社会主要矛盾的转化规律："事物发展过程的根本矛盾及为此根本矛盾所规定的过程的本质，非到过程完结之日，是不会消灭的"，"但是事物发展的长过程中的各个发展阶段，情形又往往相互区别……因此，过程就显出阶段性来。如果人们不去注意事物发展过程中的阶段性，人们就不能适当地处理事物的矛盾。"③ 毛泽东紧接着以资本主义从自由竞争到帝国主义的转变，辛亥革命后中国资产阶级民主革命从资产阶级领导到无产阶级领导的转变进行举例说明。这意味着，社会主要矛盾在社会历史发展阶段出现剧烈演进时会发生质变，而在某一社会历史发展阶段的不同历史时期则会出现量变或局部质变。

中国革命、建设和改革的历史进程是这一认识的鲜明体现。新民主主义革命阶段的社会主要矛盾整体上具有稳定性，而其主要方面则会因历史时期的不同而有所差异：在中国共产党成立初期（1921 年 7 月至 1927 年 8 月），表现为人民大众与地主军阀及其背后的帝国主义之间的矛盾；在土地革命战争时期（1927 年 8 月至 1937 年 7 月），表现为人民大众与国民党新军阀之间的矛盾；在抗日战争时期（1937 年 7 月至 1945 年 8 月），表现为中日之间的民族矛盾；在解放战争时期（1945 年 8 月至 1949 年 9 月），表现为人民大众与国民党反动派之间的阶级矛盾。与新民主主义革命时期、新中国成立初国民经济恢复时期和社会主义过渡时期相比，社会主义建设时期社会主要矛盾的转变乃是质变。这是因为，党的八大"标志着或者说划分了全面建设时代的开始与革命时代胜利结束的历史转向"④。党的八大、十一届六中全会、十九大三次重要会议，关于

---

① 吴晶，胡浩，施雨岑. 面向新时代的政治宣言和行动纲领——党的十九大报告诞生记 [J]. 石油政工研究，2017（05）：43-49.
② 中共中央文献研究室. 十八大以来重要文献选编（上）[M]. 北京：中央文献出版社，2014：695.
③ 毛泽东. 毛泽东选集：第 1 卷 [M]. 北京：人民出版社，1991：314.
④ 王先明. "以建设为中心"思想的形成与歧变——中共"八大"与新中国建设的全面展开 [J]. 广东社会科学，2015（1）：111-119.

社会主要矛盾的认知变化体现了我国社会主义初级阶段在发展程度上的量变过程，呈现出鲜明的阶段性特征：党的八大召开之时，我国刚刚进入社会主义社会，生产力水平极度低下，急迫要求变落后的农业国为先进的工业国；十一届六中全会召开之时，国民经济得到初步发展，门类齐全的工业体系已经建立，急迫要求大力发展生产力纠正前一时期的经济混乱；十九大召开之时，我国发展已实现从经济匮乏到繁荣的转变，由温饱不足到全面小康的转变，紧迫的任务已不再是发展滞后的问题，而是发展的不平衡不充分问题。

需要指出的是，最新一次变化亦带有部分质变的特征，它深刻反映了改革开放 40 年来不同发展时期的不同矛盾表现，即由"较低层次供需矛盾向中高层级矛盾的转变，从'数量短缺型'供需矛盾向'优质不足型'的供需矛盾转变"①，但总体上又未超脱社会生产与社会需求这个矛盾的本质，"是一个总体量变中不断发生局部质变的发展过程"②。换句话说，在跨越百年时空范围的社会主义初级阶段，"不是只有一个社会主要矛盾，而是会有两个或两个以上社会主要矛盾的情况"③。《历史决议》将经典判断的开始时间界定为"社会主义改造完成以后"，但并未指出其截止时间，党的十五大将其确定为"社会主义初级阶段"的主要矛盾，认为其"贯穿我国社会主义初级阶段的整个过程和社会生活的各个方面"④，十九大关于社会主要矛盾的新论述表面上看是否定了十五大的认知，但从"总体量变"和"局部质变"的角度看，这不是颠覆，而是深化和发展，是社会主要矛盾在新时代的阶段性表现。

3. 只有坚持生产力标准才能对阶级矛盾和斗争有清醒的认识

党的八大正确"揭示了在我国社会主义改造基本完成以后推动我国社会发展的决定性的内在因素"⑤，即大力发展生产力。然而，毛泽东同时也反对"只讲所有制、生产关系和生产力的关系"，不讲"人与人的关系"⑥，此种认识在

① 陈晋. 深入理解我国社会主要矛盾的转化［N］. 北京日报，2017-11-13.
② 徐艳玲，王盛椿. 我国社会主要矛盾认知的历史流变及其启示［J］. 思想理论教育导刊，2018（10）：86-93.
③ 颜晓峰. 论新时代我国社会主要矛盾的变化［J］. 中共中央党校学报，2019（2）：5-13.
④ 中共中央文献研究室. 十五大以来重要文献选编（上）［M］. 北京：中央文献出版社，2011：14.
⑤ 石仲泉. 毛泽东的艰辛开拓［M］. 北京：中共党史出版社，1992：187.
⑥ 中共中央文献研究室. 毛泽东年谱（一九四九——一九七六）：第3卷［M］. 北京：中央文献出版社，2013：218.

国内反右斗争扩大化和国外波兰、匈牙利事件的影响下，就导致了对阶级斗争形势的估计过于严重。十一届三中全会以后，邓小平纠正了过去忽视生产力发展的错误观念，从两个视角指出，必须把生产力作为第一重要的因素来认知社会主要矛盾，强调社会主义一定要使生产力发达。一是从"什么是社会主义、怎么建设社会主义"的视角，认为"贫穷不是社会主义，社会主义要消灭贫穷。不发展生产力，不提高人民的生活水平，不能说是符合社会主义要求的"①；二是从"建设对资本主义具有优越性的社会主义"的视角，认为"社会主义的优越性归根到底要体现在它的生产力比资本主义发展更快一些、更高一些"②。列宁曾指出："劳动生产率，归根到底是使新社会制度取得胜利的最重要最主要的东西。"③邓小平的论述无疑体现了这一认识。

　　坚持生产力标准的核心地位，就是要从发展生产力出发，寻求与生产力水平相适应的生产关系和上层建筑，正确处理解放生产力与发展生产力之间的手段和目的的关系。革命和改革的意义便是解放生产力，为发展生产力破除制度和体制方面的障碍。我们党领导的第一次革命，把一个半殖民地半封建社会的旧中国变成一个社会主义新中国，其实质和目标是变革落后的生产关系和上层建筑，为发展生产力创造必要的制度前提。正如刘少奇所指出的，落后的生产关系和社会制度"无限制地掠夺中国人民的财富，欺侮和压迫中国人民，并造成长期的战争和大量的土匪，阻碍中国工业的发展，压制和毁坏已经是很低的中国的生产力"④。我们党领导的"第二次革命"——改革，其实质和目标则是从根本上变革束缚生产力发展的体制机制。在新时代，党"突出坚持和完善支撑中国特色社会主义制度的根本制度、基本制度、重要制度"⑤，推动国家治理体系和治理能力现代化，从根本上讲，亦是强调在解放生产力中发展生产力。而党在社会主义建设探索时期的失误则背离了生产力标准的核心地位，一是撇开生产力，人为推动所谓纯而又纯的社会主义生产关系和上层建筑，二是片面强调"人与人的关系"，造成了一段时期内的"以阶级斗争为纲"。

　　今天仍然强调生产力标准的核心地位，不仅仅在于社会主义建设初步探索

---

① 邓小平.邓小平文选：第3卷［M］.北京：人民出版社，1993：116.
② 邓小平.邓小平文选：第3卷［M］.北京：人民出版社，1993：63.
③ 中共中央马克思恩格斯列宁斯大林著作编译局.列宁选集：第4卷［M］.3版.北京：人民出版社，1995：16.
④ 刘少奇.刘少奇选集（下卷）［M］.北京：人民出版社，1985：1.
⑤ 中国共产党中央委员会.中国共产党第十九届中央委员会第四次全体会议文件汇编［M］.北京：人民出版社，2019：6.

时期"曾经发生过动摇的问题"①，还在于我们党在改革开放后坚持这一观点仍不时面临杂音的影响。如，在 1989 年下半年至 1991 年年底，国内有理论家认为，"只有正确估量和进行阶级斗争，才能保证现代化建设事业的社会主义性质和方向"，并提出"阶级斗争和全面建设"② 的双重任务；再如，邓小平逝世后，一些人以总结苏联解体教训为名，鼓吹"非公有制为主体的威胁""新生资产阶级已经在经济上形成的威胁""意识形态自由化的威胁""执政党弱化的威胁"，试图将阶级矛盾上升为社会主要矛盾。在种种杂音面前，我们党毫不动摇地坚持发展生产力，积累了丰富的正面经验。近年来，在美国政府将我国定位为"战略竞争对手"，并在政治、经济、科技和军事诸领域加强围堵和遏制的背景下，我们党之所以坚定认为中美战略竞争和制度竞争加剧并未改变新时代社会主要矛盾的实质，并把贸易战的压力转化为更大力度推进改革开放和科技创新的动力，而未将中美矛盾轻易上升到社会主要矛盾的高度，原因之一是以习近平同志为核心的党中央拥有坚如磐石的战略定力和战略自信，原因之二便是历史教训和经验的现实镜鉴。

三、结语

习近平总书记指出，"社会是在矛盾运动中前进的，有矛盾就会有斗争"③，"建立中国共产党、成立中华人民共和国、实行改革开放、推进新时代中国特色社会主义事业，都是在斗争中诞生、在斗争中发展、在斗争中壮大的"④。中国共产党对社会主要矛盾的百年探索史，既是一部主要任务演变史，又是一部人民需要满足史，更是一部理论创新发展史，乃是中国共产党百年奋斗史的真实写照。

1. 百年探索史是一部主要任务演变史

找出社会主要矛盾，"一切问题就迎刃而解了"⑤，这是我们党"正确地决

① 李君如 . 党对社会主义初级阶段主要矛盾认识的深化［J］. 中国党政干部论坛，1997（11）：6-8.

② 邓力群 . 坚持人民民主专政，反对和防止和平演变［N］. 人民日报，1989-06-15.

③ 习近平 . 决胜全面建成小康社会 夺取新时代中国特色社会主义伟大胜利——在中国共产党第十九次全国代表大会上的报告［N］. 人民日报，2017-10-28.

④ 习近平 . 习近平谈治国理政：第 3 卷［M］. 北京：外文出版社，2020：225.

⑤ 毛泽东 . 毛泽东选集：第 1 卷［M］. 北京：人民出版社，1991：322.

定其政治上和军事上的战略战术方针的重要方法之一"①。准确判断各个时期的社会主要矛盾，目的就在于将其作为基本依据确定主要任务，明晰前进方向。近代中国的社会主要矛盾决定了新民主主义革命时期党的主要任务是"反帝反封建"，这一任务在党的二大被确定为革命纲领，毛泽东在《中国革命和中国共产党》中亦明确将"打击这两个敌人"②作为中国革命的主要任务，并在《在晋绥干部会议上的讲话》中将依附于帝国主义和封建主义的官僚资本主义纳入"敌人"的范畴。新中国的建立、土地革命在全国的胜利，以及社会主义三大改造的完成，标志着我们党"已经完成了资产阶级民主革命，并且基本上取得社会主义革命的胜利。这就使我国出现了一种完全新的社会面貌"③。党的八大在提出社会主义建设时期的社会主要矛盾判断后即认为，"党和全国人民的当前的主要任务，就是要集中力量来解决这个矛盾，把我国尽快地从落后的农业国变为先进的工业国"④。这一任务强调在新的生产关系、上层建筑架构下，大力发展生产力，具体表现为开展大规模的社会主义建设。十一届三中全会之后，我们党对改革开放新时期社会主要矛盾的判断和论述不仅回归了八大发展生产力的正确路线，还总结历史上的沉痛教训，在不同场域将之提升到"中心任务""根本任务""首要位置""首要任务""第一个任务""压倒一切的中心任务"的高度，对发展问题强调要"扭着不放，'顽固'一点，毫不动摇⑤。新时代我国社会主要矛盾的转化，决定了当前及今后一段时间我们党的主要任务是，"在继续推动发展的基础上，着力解决好发展不平衡不充分问题，大力提升发展质量和效益"⑥。这是对以往靠拼规模、拼速度的粗放式发展模式的转型升级。整体上看，四个时期的主要任务都内含于近代中华民族的两大历史任务之中，遵循了中国人民从站起来到富起来、强起来的历史发展逻辑。

2. 百年探索史是一部人民需要满足史

马克思、恩格斯认为，"需要"是人们活动的动力源泉，"人以其需要的无

---

① 毛泽东. 毛泽东选集：第 1 卷［M］. 北京：人民出版社，1991：326-327.
② 毛泽东. 毛泽东选集：第 2 卷［M］. 北京：人民出版社，1991：637.
③ 中共中央文献研究室. 新中国成立以来重要文献选编：第 9 册［M］. 北京：中央文献出版社，2011：292.
④ 中共中央文献研究室. 新中国成立以来重要文献选编：第 9 册［M］. 北京：中央文献出版社，2011：293.
⑤ 邓小平. 邓小平文选：第 2 卷［M］. 2 版. 北京：人民出版社，1994：249.
⑥ 习近平. 决胜全面建成小康社会 夺取新时代中国特色社会主义伟大胜利——在中国共产党第十九次全国代表大会上的报告［N］. 人民日报，2017-10-28.

限性和广泛性区别于其他一切动物"①，"需要是同满足需要的手段一同发展的，并且是依靠这些手段发展的"②。社会主要矛盾的变化直接规定了不同历史时期的主要任务，并进而明晰了人民需要的满足情况及未来努力的方向。在遭受帝国主义和封建主义双重压迫的近代中国社会，"广大人民，尤其是农民，日益贫困化以至大批地破产，他们过着饥寒交迫和毫无政治权利的生活。中国人民的贫困和不自由的程度，是世界上所少见的"③。在此种社会背景下，人民迫切要求彻底废除帝国主义强加给中国的不平等条约和在华特权，实现中国从几千年封建专制政治向人民民主新政治的伟大飞跃。中国革命的胜利和社会主义制度的建立，造就了"我国历史上最深刻最伟大的社会变革，是我国今后一切进步和发展的基础"④。此后，八大、十一届六中全会和十九大，皆直接"把人民作为社会主要矛盾的主体，把人民的需要状况与人民需要的满足状况作为社会主要矛盾的两个方面"⑤，进行表述转换，贯穿其中的就是人民需要层次的不断提升和需要范围的不断拓展：从八大指出"当前经济文化不能满足人民需要"，到十一届六中全会进一步明确为"人民日益增长的物质文化需要"，再到十九大提出"美好生活需要"，强调"更好满足人民在经济、政治、文化、社会、生态等方面日益增长需要，更好推动人的全面发展、社会全面进步"⑥。时至今日，解决人民温饱问题和人民生活水平总体上达到小康水平这两个目标已提前实现，决胜全面建成小康社会取得决定性成就，并将开启全面建设社会主义现代化国家新征程。从历史的长叙事来看，我们党对社会主要矛盾的百年探索史，就是一部社会全面进步史和人的全面发展史，是人民需要不断得到满足的成就史。

3. 百年探索史是一部理论创新发展史

我们党治国理政的一条重要规律是，在分析社会主要矛盾发生变化的同时，

① 马克思，恩格斯. 马克思恩格斯全集：第49卷［M］. 中共中央马克思格斯列宁斯大林著作编译局，译. 北京：人民出版社，1982：130.

② 马克思，恩格斯. 马克思恩格斯全集：第23卷［M］. 中共中央马克思恩格斯列宁斯大林著作编译局，译. 北京：人民出版社，1972：559.

③ 毛泽东. 毛泽东选集：第2卷［M］. 北京：人民出版社，1991：631.

④ 中共中央文献研究室. 关于建国以来党的若干历史问题的决议（注释本）［M］. 北京：人民出版社，1983：63.

⑤ 颜晓峰. 论新时代我国社会主要矛盾的变化［J］. 中共中央党校学报，2019（2）：5-13.

⑥ 习近平. 决胜全面建成小康社会 夺取新时代中国特色社会主义伟大胜利——在中国共产党第十九次全国代表大会上的报告［N］. 人民日报，2017-10-28.

指出解决这一矛盾的要求和路径，起到了联通每一发展阶段基本国情和基本路线的理论中介作用，每一次的认知变化都成为理论创新的基点，构成"马克思主义中国化理论创新的内驱力"①。从近代中国的社会主要矛盾出发，我们党明晰了中国革命的性质，以及中国革命的对象、动力、领导力量、步骤和前途；制定了新民主主义革命的总路线，以及新民主主义的政治、经济和文化纲领；形成了农村包围城市、武装夺取政权的新民主主义革命道路，毛泽东思想从而破茧而出。邓小平从新中国成立后的基本国情和社会主要矛盾出发，聚焦"什么是社会主义、怎样建设社会主义"，"初步回答了我国社会主义建设的阶段、任务、动力、条件、布局和国际环境等基本问题"②，从而形成了邓小平理论。江泽民着眼于党如何正确处理现代化建设中的各种重大关系和问题，聚焦"建设一个什么样的党、怎样建设党"，从物质基础、文化支撑和社会基础三个方面揭示了社会主义制度自我完善和发展的路径。胡锦涛从新世纪我国进入发展关键期、改革攻坚期和矛盾凸显期，改革发展稳定、内政外交国防、治党治国治军所面临的新问题和新考验出发，聚焦"实现什么样的发展，怎样发展"，形成了科学发展观。习近平从新时代我国发展面临的不平衡不充分问题出发，围绕"坚持和发展什么样的中国特色社会主义、怎样坚持和发展中国特色社会主义"，提出"八个明确"核心观点和"十四个坚持"基本方略，形成了习近平新时代中国特色社会主义思想。

"中华民族伟大复兴，绝不是轻轻松松、敲锣打鼓就能实现的。全党必须准备付出更为艰巨、更为艰苦的努力。"③ 在全面建设社会主义现代化国家新征程中，我们一定要深刻认识我国社会主要矛盾变化带来的新特征新要求，对错综复杂的国际环境带来的新矛盾新挑战，保持战略定力，发扬斗争精神，以人民为中心，坚持不懈办好自己的事，以新发展理念引领高质量发展，构建新发展格局，推动民生福祉达到新水平，不断实现人民对美好生活的向往。

---

① 陈树文，庞坤缺．新中国成立以来党对社会主要矛盾的认识［J］．马克思主义理论学科研究，2019（6）：84-94.

② 中共中央文献研究室．十三大以来重要文献选编（上）［M］．中央文献出版社，2011：57.

③ 习近平．决胜全面建成小康社会 夺取新时代中国特色社会主义伟大胜利——在中国共产党第十九次全国代表大会上的报告［N］．人民日报，2017-10-28.

中国共产党地方经济治理的逻辑理路

——以长三角为中心的考察

于新娟

以上海为中心的长三角地区不仅是我国经济最具活力、开放程度最高、创新研发能力最强的区域之一，也是改革开放以来中国共产党地方治理的先行试验区，具有一定的可复制性和推广性的特点。长三角经济一体化发展显示，中国共产党的地方治理，深深植根于长三角深厚的经济文化土壤，治理模式经历了从垂直管理到横向联合、从以行政区划为单元的分散管理到跨区域联动治理、从条块分割到统筹协同，彰显出中国共产党地方治理的历史与实践的逻辑理路。

一、历史逻辑：植根于长三角深厚的经济文化土壤

在长期的历史演进中长三角地域范围不断扩大，早在春秋时期区域范围定格在以苏州为中心的太湖流域，经过一千余年的发展，六朝时期太湖西南的湖州与苏州并列为长三角东西两大中心城市。隋唐时期随着南北水运交通的发达，长江和大运河交汇点的扬州发展成全国第一大工商业城市，扬州、苏州和湖州鼎足而立，构成这个时期长三角发展的主要态势。10 世纪以后尤其进入 15 世纪，长三角地区市镇发展迅速，嘉兴、松江等兴起，尤其松江享有"衣被天下"的美誉。明清时期由于盐商麇集和漕运需要，扬州一度极为繁荣，不过在近代开埠前，苏州由于其周边农村、市镇的经济繁荣，始终在长三角诸城市中独占鳌头。1843 年后随着上海的开埠，长三角城市分布出现新的格局。

尽管不同历史时期长三角有不同的经济中心，但是长三角地区因地缘相近、人文相亲和经济文化联系紧密，区域内部的融合度一直比较高，根据不同历史时期的多次统计，上海市常住人口籍贯中 85% 以上为客籍，其居民的祖籍地大多是江浙皖三省。从经济关系看，长三角地区更是同兴衰、共命运，特别在近

现代，随着上海的崛起，上海与长三角因地缘、区位和文化传统等的密切，表现为"中心"和"腹地"的紧密关系，处于中心地位的上海成为长三角各种成长要素的高地，确立了在长三角的龙头地位。随着近代上海外贸、制造业、金融、商业等多中心地位的确立，其向腹地的扩散作用日益增强，一方面全国尤其是长三角人、财、物等各种资源集聚上海，另一方面上海又向各地扩散技术、信息。就商品流通而言，全国尤其是长三角的农副产品和出口产品源源不断地涌入上海，而上海的工业产品和进口商品则扩散到长三角等全国各地。因此近代上海与腹地之间表现出集聚为主、扩散为辅的"腹地中心型区域经济关系"。长三角地区因历史文化和经济发展的共通性，形成了广泛的区域认同感，这极有助于构建起多层次的协作治理网络，实现区域内多元互动的整合。因此以上海为中心的长三角经济区的形成，是历史发展轨迹的自然延伸。

在全球竞争日益激烈的环境下，传统单一的城市中心已经不能满足外部竞争的需求，各地需要积极整合区域资源，加强分工协作，以提升区域综合竞争力。中国共产党对长三角地区的经济治理，充分表现出尊重历史传统和与时俱进的优秀品质。

二、实践逻辑：从垂直分散和条块分割到横向联动和统筹协调治理

新中国成立以后，长三角地区的经济有了高速发展，同时，由于单一的计划经济体制，一定程度上使区域内各地之间的经济关系产生离散倾向。条块分割的体制使区域内各地缺乏横向联系，切块的工业、财政、户籍等使块块之间关系被切断，严重阻碍了区域经济的发展。为打破地区间、部门间、城乡间的分割，充分发挥上海中心城市的独特优势，改革开放以来长三角地区的经济治理，历经上海经济区、浦东开发开放和长三角高质量一体化发展三个逐步增进协作发展的实践过程。

上海经济区是改革开放后我国第一个跨省区的经济区，是研究推广经济体制改革的试验区，也是地方经济治理由垂直分割的行政管理向横向联动治理的转型探索。1978年12月党的十一届三中全会作出了改革开放的重大决策，1980年7月中央又出台《关于推动经济联合的暂行规定》，明确指出走联合之路，稳步推进横向经济联合。为了打破部门和地区的框框，促进地区的联合、企业的联合，真正按照经济规律办事，1982年中央决定成立上海经济区，通过中心城市上海"把条条块块协调起来，形成合理的经济区域和经济网络"。经济区的范

围包括上海以及长三角的苏州、无锡、常州、南通和杭州、嘉兴、湖州、宁波等城市，后来进一步扩大到江浙沪两省一市。1983 年 2 月中央和国务院在上海成立上海经济区规划办公室，规划办公室的任务是从国民经济发展的全局出发，统筹安排，制订经济区的经济、社会发展规划，协调经济区内部门之间、地方之间和部门与地方之间的关系，促进生产力的发展。时任上海经济区规划办公室主任王林指出，"上海要加速向'高、精、尖'发展的步伐，逐步把一些生产差距不大的产品，有偿地让给其他城市生产，自己则向国际水平看齐，有些产品专攻国际市场，尽量面向国外"，"苏、锡、常、杭、嘉、湖等市，除了继续发展现有的特长以外，还要吸收上海扩散出来的许多行业和技术，生产出更多质量优良的产品，更好地为本区和内地经济发展服务，供应内地市场的需要，也要争取有较多的产品打入国际市场"。

上海经济区成立以后，从以往完全用行政手段进行经济治理，改革为主要用经济手段，依据经济规律来进行治理，通过上海的中心作用把条条块块协调起来，形成合理的经济网络，依托上海整合长三角地区。经济区成立一年后就取得了显著成绩，在经济治理模式上，出现了由十个市共同组织起来的行业联席会议制度，"由过去会前各想各的，会上各说各的，会后各干各的，变成大家坐在一起平心静气地研究本行业共同关心的问题"。在企业联合上，据 1983 年不完全统计，苏州、无锡和上海的各种协作、联系的大小项目已有 120 多项。其中无锡 274 个县属工厂、106 个村属工厂与上海 106 个研究所、高等院校和企业实现挂钩协作，推广了 20 多项科技成果，开发了 375 种产品，无锡市工业产值突破 12 亿元。

随着改革开放的扩大，经济体制改革的进一步深入，中央出台一系列政策推动不同地区、部门间的经济联合，1984 年 5 月国务院发布《进一步扩大国营工业企业自主权的暂行规定》，明确了发展横向经济联合的必要性，赋予企业"有权参与或组织跨部门、跨地区的联合经营"。同年 10 月党的十二届三中全会审议通过《关于经济体制改革的决定》，明确提出"逐步形成以城市特别是大中城市为依托的、不同规模的，开放式、网络型的经济区"。1986 年国务院又发布《关于进一步推动横向经济联合若干问题的规定》，对横向经济联合的原则和目标、维护企业横向经济联合的自主权、改进计划管理和统计方法、促进物资的横向流通、加强生产与科技的结合、发展资金的横向融通、调整征税办法等问题作出了明确规定。在这个过程中上海经济区响应中央的号召，在长三角经济治理上不断探索，充分发挥上海中心城市的溢出、辐射和龙头带动作用，为江浙沪乡镇企业提供资源。余姚牟山乡的继电器厂与上海无线电八厂联营，上海厂方不仅派出经验丰富的管理和技术人员为企业培训人才，并帮助乡镇企业建立起一套完整的管理体系，同时还为乡镇企业职工提供进修学习的机会，通过学习培训取得了岗位合格证书的职工比例占全厂职工总数的84%。不仅如此，在上海厂方的支持和帮助下，余姚牟山乡继电器厂生产的洗衣机定时器合格率达到100%，成为上海三种名牌洗衣机的重要配套产品，被上海电子仪表公司誉为该系统中成功的联营典型。浙江海宁黄湾乡闸口村多味糖果食品厂与上海糖业烟酒公司建立产销和技术协作，通过上海的技术、设备和市场优势，对企业进行技术改造，成效显著，多味糖果厂生产的产品在上海市场供不应求，年产值达386万元，利润达到32万元。紧邻上海的昆山充分利用靠近上海的区位优势，提出了"要发展靠上海"的发展理念，通过与上海老字号品牌金星电视、凤凰自行车进行合营，奠定了早期工业发展的基础，并与上海的宝山、金山合作，成立了第一家上市公司三山集团。

以上海经济区为制度平台，经济区的合作首先表现为横向经济联系，许多江浙乡镇企业利用横向联合，与上海的国有企业挂上钩，进行多种形式的技术经济合作，同时江浙地区也为上海一些知名品牌"凤凰牌"自行车、"蝴蝶牌"缝纫机等提供零部件的生产和加工。据资料显示，当时有50%的上海企业与江苏和浙江有经济技术合作关系。其次是区域内的经济合作还体现在上海品牌的共享方面，很多江浙地区的乡镇企业在自己的企业冠名前加上"上海经济区"的牌子，这对在中国内地打开产品销路有事半功倍之效，而且在一定程度上江浙地区乡镇企业对中国内地市场的产品优势，正是从这里开始的。这样以上海为中心的长三角跨区域横向经济联系，从过去以物资协作为主转为技术、资金、人才等多方面的协作，从临时性的单项协作发展成为长期性的多项协作和经济联合。

改革开放初期，计划经济体制占主导地位，在此情况下，上海经济区的建立为江浙沪不同性质企业的技术联系提供了合法依据，正处于快速发展时期的江浙乡镇企业对上海经济区表现出了极大的热情，在短短几年时间里，上海经济区突破了纵向联系为主、条块分割的旧的格局，地区、部门之间开始打破封锁，按照互利互惠、共同发展的原则，在生产、流通、科技领域实现了多层次、多形式的横向经济联系。不过由于上海经济区在进行跨区域的横向合作时，经济区和行政区之间的隔阂始终难以解决，这也是此后若干年中国区域治理中面临的难题，也是各界政府和社会各界一直在探索解决的区域一体化的关键。

上海经济区成立初期，江浙乡镇工业利用土地和劳动力成本等优势蓬勃发展，相比较，上海庞大的轻工业却因原料耗费高等原因而受到冲击，1986 年开始遭遇财政收入连续滑坡，20 世纪 70 年代末上海 GDP 占全国比重为 7%，至 1990 年降至 4.08%，加剧了上海国有工业的困境。上海作为经济区中心城市的作用日趋式微，上海经济区模式的长三角经济治理也遇到了难以解决的难题，但是推动区域协调发展始终是地方经济治理的重要任务。

为此上海政府提出了以浦东开发开放为突破口，浦东浦西联动发展，1991 年 3 月 18 日，上海市委在外宣工作会议上正式提出"开发浦东、振兴上海、服务全国、面向世界"的十六字方针，浦东开发开放进一步增强了长三角地区的凝聚力。1991 年对江浙皖政府机关、研究部门以及 30 家企业的问卷调查显示，58.6% 的受访者认为中央宣布浦东开发以前，长三角经济发展的离心力大于向心力，另有 41.4% 的受访者认为向心力大于离心力。中央宣布开发浦东之后，离心力和向心力比值相应变为 8.3% 和 91.7%。可见浦东开发开放的决策，有利于重构各地间的经济关系和长三角外向型经济的共同市场，发挥区域经济的整体效益。1992 年中共十四大报告明确提出："以上海浦东开发开放为龙头，进一步开放长江沿岸城市，尽快把上海建成国际经济、金融、贸易中心之一，带动长江三角洲和整个长江流域地区经济的新飞跃。"长三角地方经济治理进入了浦东开发开放时期。邓小平在视察上海时指出，开发浦东，"不只是浦东的问题，是关系上海发展的问题，是利用上海这个基地发展长江三角洲和长江流域的问题。"随着 1992 年国务院批准设立上海浦东新区，长三角地区协同发展进入了新阶段，浦东作为经济增长极，起到创新、示范、扩散、带动和服务作用。1997 年党的十五大报告鼓励浦东新区在体制创新、产业升级、扩大开放等方面继续走在前面，发挥对全国的示范、辐射作用。

上海市政府为加快浦东开发开放，同时使各地企业能充分利用上海的优势条件，实现联动发展，1998 年制定了《关于进一步服务全国扩大对内开放的若干政策意见》，推出了八项措施，无论上海工业企业还是市外在沪工业企业，"都将视为上海的一个工业基体，把两者尽快地融合起来"；加入上海市委的相关工业行业协会，都会得到相应的信息服务，都纳入上海困难企业计划，"同样享受上海市有关财税和金融等优惠政策"，市外企业的专业技术人员同样可以申请上海技术职称的评定以及培训和技能鉴定，其产品的技术鉴定、技术创新等，同样得到上海市经委的鉴定和优惠政策支持，等等。在这八项措施的推动下，上海企业出现了"星期天工程师"现象，上海工程师和技术人员利用星期天为周边乡镇企业提供技术服务。紧邻上海的湖州、昆山等地乡镇企业发展，就是充分利用了上海星期天工程师指导生产，"星期天工程师"们奔波于上海与乡镇企业所在地，为企业解决技术难题，并帮助企业培训技术人员和一线工人。

浦东开发开放以后，长三角经济合作中江浙腹地表现出不同的合作模式。江苏主动接受浦东开发开放的辐射，利用上海对外开放的平台引进国外直接投资，构建起新的苏沪合作模式。浙江则希望尽快融入以上海为中心的经济圈，以民间力量为主导，采取进入上海创办企业以求发展的合作模式。

进入 21 世纪，长三角区域规划上升到国家层面，中国共产党对长三角的经济治理进入更高层次的协同发展阶段。2003 年时任浙江省委书记的习近平到上海、江苏学习考察，提出浙江要与上海、江苏真诚合作，互利共赢，与两地分别签署了经济技术交流和合作协议。2007 年调任上海市委书记的习近平在上海市第九次党代会报告中指出，必须把上海的未来发展"放在国家对长江三角洲区域发展的总体部署中来思考和谋划"，积极实施国家区域发展总体战略，"更好地服务长江三角洲地区、服务长江流域、服务全国"，"进一步推动长江三角洲地区联动发展"。国家十一五计划中长三角成为区域规划的重点对象，2010 年国务院正式批准实施《长江三角洲地区区域规划》，2016 年又通过《长江三角洲城市群发展规划》，第一次将安徽省的 8 个省市划入，这是长江三角洲规划范围的重大突破。2018 年习近平总书记作出重要批示，要求上海进一步发挥龙头带动作用，苏浙皖各扬所长，使长三角实现更高质量的一体化发展。至此长三角一体化发展成为各界共识，也成为我国探索区域一体化发展的标杆和典范。

在长三角区域一体化的历史演进中，地方经济治理表现出了明显的阶段性目标性特征。上海经济区的设立，就是为解决条块矛盾探索出一条依托中心城市发展区域经济的新路，是区域横向协同发展的试验区。因此"在上海经济区规划办公室组织下，采用省、市长间和市长间的双边或多边的联席会议方式"。浦东开发开放是为了重聚向心力，消除离心力，重构各地间的经济关系和长三角外向型经济的共同市场或区域的共同体，为此 1992 年长三角自发形成 15 市协作办主任联席会议，1997 年升级为市长峰会，2005 年确立了长三角主要领导定期会晤机制。随着长三角一体化发展的深入，为统一市场，有效破除区域间的行政分割壁垒，完善不同层级和不同地域间的政府合作机制，构建完成了多层级的区域合作体制，分别是以江浙皖沪三省一市主要领导座谈会为主体的决策层，以三省一市常务副省（市）长会议为主体的协调层，以及由各省（市）级发改委和长三角城市经济协调会为主要部门的执行层，形成了上下分层、各司其职、有序递进的区域合作治理机制。

综上所述，长三角区域经济一体化的历史进程显示出，中国共产党地方经济治理无论是治理理念、治理方式、治理模式，都在探求如何通过建设有效的区域治理机制，提高区域资源配置效率和全球资源吸纳能力，实现协同、协调和协商的发展。从设立上海经济区到浦东开发开放再到长三角高质量一体化发展，中国共产党的创新治理贯穿始终。改革开放是长三角一体化发展的关键一招，创新治理更是长三角一体化发展的内在要求。中国的改革是从分权开始的，而单纯的分权又会导致资源分割，妨碍产业分工和经济发展，由此提出了依托中心城市的区域横向协同发展的创新治理。建立上海自贸区是长三角一体化发展的重大机遇，自贸区的核心是制度创新，其从成立、深化到联动，大胆探索创新治理模式，如探索清单式管理、事中事后监管和智能政府建设等政府治理新做法，形成了一系列制度和治理模式的创新成果。自贸区的创新和改革措施在长三角复制推广，更好地发挥示范引领和辐射作用，推动长三角一体化高质量发展。

艰难的历程，伟大的复兴

——纪念中国共产党成立 100 周年

魏宝杰

一、艰难的奋斗历程

中国共产党 1921 年 7 月宣告成立，从此打破了旧中国的黑暗历史，引领了中国历史的发展方向，最终中国共产党带领中国人民推翻了帝国主义、封建主义和官僚资本主义三座大山，给长期受尽封建专制主义压迫和资本帝国主义欺凌的中国人民带来了解放的希望，但中国共产党为此所付出的代价、所历经的艰辛和磨难也是人类历史上绝无仅有的。

1. 共产党这颗明珠的诞生

中国是世界四大文明古国之一，中国人民勤劳、聪慧、勇敢、善良，曾经创造出辉煌灿烂的文化，为人类社会的进步作出了巨大贡献。但是从 1840 年鸦片战争以后，西方资本主义势力侵入中国，一步步地把一个独立的封建大国变成了半殖民地半封建国家，中华民族面临着黑暗的前途。于是反对列强的欺凌，争取民族独立，摆脱封建专制的统治，改变中国贫穷落后的面貌，成为当时中国面临的主要问题，同时也成为先进分子前赴后继反复求索的历史问题。19 世纪林则徐领导的抗英禁烟运动、洪秀全领导的太平天国农民革命运动、洋务派领导的自强求富的洋务运动、康梁领导的维新变法运动等试图使中国图强进步的一系列运动均归于失败。1911 年，伟大的民主主义革命的先行者孙中山领导的"辛亥革命"，推翻了在中国统治了几千年的封建君主专制制度，建立了中华民国，使民主共和的观念深入人心，实现了 20 世纪中国的第一次历史性巨变。但是这次革命并没有改变中国半殖民地半封建社会的性质，资产阶级的软弱性和妥协性决定了它们不能取得民主主义革命的胜利。历史的结论昭示我们：解决中国的历史问题，实现中华民族的振兴要依靠新的阶级、新的理论和新的道路。中国工人阶级，因其在政治经济上的地位，决定了它领导代表先进的生产力，决定了它领导革命的坚定性和彻底性，因此只有它才能担负起领导民主革命取得胜利的重任。中国工人阶级的先锋队——中国共产党顺应历史发展的需要而产生。

中国共产党是先进文化与先进生产力、马克思主义与中国工人运动相结合的产物。1921 年 7 月 23 日，中共一大的召开标志着中共的成立，给灾难深重的中国人民带来了光明和希望。随后召开的二大，破天荒地第一次提出了明确的反帝反封建的民主革命纲领，为中国革命指明了方向。

2. 第一次严重挫折

年轻的中共吸取初期领导工人运动的经验教训，确定了建立革命统一战线的战略。党的三大上决定共产党员以个人身份加入国民党，采取党内合作的方式实现了第一次国共合作，同国民党一道办黄埔军校，创办了农民运动讲习所，开展农民运动，然而党的四大对如何实现无产阶级的领导权缺乏足够认识，以蒋介石为代表的国民党右派则趁机掌握了国民党和国民革民军的最高权力，虽然北伐战争取得胜利，但是蒋介石却公开叛变革命，1927 年 4 月 12 日，以蒋介石为首的国民党新右派在上海发动反对国民党左派和共产党的武装政变，大肆屠杀共产党员、国民党左派及革命群众。这就是历史上著名的"四一二"反革命政变。"四一二"反革命政变使中国大革命受到严重的摧残，标志着大革命的部分失败，是大革命从胜利走向失败的转折点，同时也宣告国共两党第一次合作失败。

3. 被迫长征

国民革命的失败，并没有使党屈服，南昌起义打响了武装反抗国民党反动派的第一枪，其后毛泽东领导的秋收起义开始创建井冈山革命根据地，开始了中共独立领导革命武装斗争和创建人民军队的新时期。然而蒋介石领导的国民党反动派为了彻底地消灭共产党领导的红军队伍，共动用了百万军队于 1930 年10 月到 1933 年 10 月先后发动了五次对红军的围剿，给红军造成了巨大的损失，特别是 1934 年 10 月，第五次反"围剿"失败后，中央主力红军为摆脱国民党军队的包围追击，被迫实行战略性转移，退出中央根据地，被迫进行了二万五千里长征。长征途中，前有国民党及地方军阀的拦截，后有蒋介石国民党追兵的穷追不舍，中央红军被迫共进行了 380 余次战斗，攻占 700 多座县城，其间共经过 14 个省，翻越 18 座大山，跨过 24 条大河，冲破数十万国民党军的围追堵截，翻越终年积雪的崇山峻岭，通过人迹罕至的茫茫草地，克服无数艰难险阻，终于完成了战略转移的艰巨任务。但红军为此付出了惨重的代价，人数锐减，牺牲了营以上干部多达 430 余人，平均年龄不到 30 岁，1935 年 10 月 19 日，党中央长征到达陕北时所率领的部队还不到 8000 人。这时党已丧失了陕甘宁边区以外的一切革命根据地，党员减至 4 万余人，红军不足 3 万人，在国统区的党组织几乎丧失殆尽，中国革命面对着几乎从零开始的局面。

4. 抗日战争中的中国共产党

从 1931 年，日本帝国主义就开始了对中国的侵略，到 1937 年 7 月 7 日日本发动了全面的侵华战争，中国人民开始了反对帝国主义的不屈不挠的斗争，中国共产党领导的武力和民众已成了抗日战争中的中流砥柱。中国共产党北上抗日到达陕北后，开始从无到有在沦陷区先后建立起的 19 个抗日根据地，经历了无数次残酷的"扫荡"，付出了巨大牺牲，但日军没有从战略上摧毁任何一个根据地，根据地反而是越挫越勇、越抗越大，一直斗争到日本投降！

5. 解放战争中的中国共产党

解放战争是 1946 年 6 月至 1949 年 9 月中国人民解放军在中国共产党的领导下，为推翻国民党统治、解放全中国而进行的战争，是一场事关中国前途命运的决战，战争中国共力量对比悬殊，国民党拥有 420 万人的军队，而中国人民解放军 170 万人以上，面对如此巨大的差距，在整个解放战争中由于战争时间跨度大，自然难以估计，只能根据三大战役情况推算。据官方记录，解放战争中解放军方面伤亡 130 万人，其中，牺牲 26 万人，失踪和被俘 19 万人。

二、伟大的成就孕育着中华民族伟大复兴的希望

1. 新中国的诞生

中国共产党领导全国各族人民，推翻了压在人民头上的帝国主义、封建主义和官僚资本主义三座大山，取得新民主主义革命的胜利并建立了中华人民共和国，毛泽东主席在天安门城楼上向全世界庄严宣告："中华人民共和国中央人民政府今天成立了！"新中国的成立，开辟了中国历史的新纪元，从此，中国结束了一百多年来被侵略被奴役的屈辱历史，真正成为独立自主的国家，中国人民从此站起来了，成为国家的主人。抗美援朝的胜利，两弹一星的成绩——构建起新中国的自信。

2. 社会主义制度的建立，探索适合中国国情的建设社会主义道路

新中国成立后，党成为掌握全国政权的执政党，人民成为新国家、新社会的主人。在经济文化十分落后的基础上进行社会主义革命和建设，没有现成经验可以借鉴，必然会遇到许多新矛盾新问题。以毛泽东同志为核心的党的第一代中央领导集体，就是在这样的历史条件下，团结带领全国各族人民开始为实现国家繁荣富强和人民共同富裕而奋斗的伟大征程的。其间，党经历了两次重大历史关头的考验。新中国成立伊始，面对百废待兴、百业待举的复杂局面，面对以美国为首的西方阵营孤立、封锁、遏制中国的政策和军事威胁，党领导人民在巩固新生人民政权、开展社会民主改革、进行抗美援朝战争的同时，迅速恢复了在旧中国遭到严重破坏的国民经济。在此基础上，党适时制定过渡时期总路线，创造性地开辟了一条适合中国特点的社会主义改造的道路。社会主义基本制度在中国的确立，实现了中国历史上最伟大、最深刻的社会变革。与此同时，党强调坚持在建国前夕提出的"两个务必"，继续保持同人民群众的血肉联系，大力加强自身建设，经受住了在全国范围内执掌政权的考验。社会主义基本制度建立后，领导社会主义建设成为党的中心任务。面对全新的事业，能否探索一条适合中国国情的建设社会主义道路，是对党的一个新的重大考验。党提出以苏为鉴，对建设社会主义道路进行了不倦探索，积累了重要经验。在探索中，也发生了把阶级斗争扩大化和在经济建设上急躁冒进的错误。党为纠正这些错误作出过积极努力，但这种努力没能阻止"以阶级斗争为纲"的"左"倾思想的积累和发展，最终导致了"文化大革命"的发生。万事开头难。这个时期，党带领人民建立新国家、新社会、新制度，探索新道路，是非常不容易的。历史表明，探索建设社会主义道路，认识和运用社会主义建设规律，是一项长期的历史任务。20世纪五六十年代党探索建设社会主义道路的经验教训，为党的十一届三中全会实现伟大历史转折奠定了重要基础，为后来党创立和发展中国特色社会主义理论体系提供了重要思想来源。

3. 建设有中国特色社会主义的探索

党的十一届三中全会开启了改革开放和社会主义现代化建设新时期。党在推进改革开放和现代化建设中所肩负的任务的艰巨性和繁重性世所罕见，在改革发展稳定中所面临的矛盾和问题的规模和复杂性世所罕见，在前进中所面对的困难和风险也世所罕见。改革开放以来，邓小平同志、江泽民同志和胡锦涛同志，团结带领人民承前启后、继往开来，不断探索和回答什么是社会主义、怎样建设社会主义，建设什么样的党、怎样建设党，实现什么样的发展、怎样

发展等重大理论和实践问题，成功开辟了中国特色社会主义道路，创立和发展了中国特色社会主义理论体系。20 世纪 80 年代末 90 年代初，党和国家面临又一个重大历史关头，国际国内发生严重政治风波，世界社会主义运动出现严重曲折，我国社会主义事业发展面临新的巨大困难和压力。以江泽民同志为核心的党的第三代中央领导集体，紧紧依靠人民，经受住了政治风波的重大考验。党领导人民高举邓小平理论伟大旗帜，准确把握时代特征，科学判断党所处的历史方位，坚持改革开放、与时俱进，创建社会主义市场经济体制，开创全面开放的新局面，推进党的建设新的伟大工程，创立"三个代表"重要思想，成功地把中国特色社会主义伟大事业推向 21 世纪。改革开放和现代化建设的航船继续沿着正确的方向破浪前进。

4. 进入中国特色社会主义新时代

跨入新世纪，我国进入全面建设小康社会、加快推进社会主义现代化的新阶段。党和国家事业发展站在一个新的历史起点上。经济体制深刻变革，社会结构深刻变动，利益格局深刻调整，思想观念深刻变化，空前的社会变革在给我国社会发展进步带来巨大活力的同时，也带来一系列新情况新问题。党的十六大以来，以胡锦涛同志为总书记的党中央，适应国内外形势发展变化，顺应人民新期待，坚持以邓小平理论和"三个代表"重要思想为指导，提出和深入贯彻落实科学发展观，强调第一要义是发展，核心是以人为本，基本要求是全面协调可持续，根本方法是统筹兼顾，党大力加强执政能力建设和先进性建设，着力推动科学发展，促进社会和谐，完善社会主义市场经济体制，团结带领人民在全面建设小康社会实践中坚定不移地把中国特色社会主义事业继续推向前进。中华民族伟大复兴展现出更加光明美好的前景。

三、中国共产党的力量源泉

1. 中国共产党是在马克思主义的指导下建立起来的

我们党坚持解放思想、实事求是、与时俱进，始终坚持马克思主义基本原理同中国实际相结合，为党和人民事业胜利发展提供强大思想保证。马克思主义是立党立国的根本，是指引中国发展进步的旗帜，是全国各族人民团结奋斗的思想基础。100 年党的历史昭示我们：只有坚持马克思主义同中国国情和时代特征相结合，善于把握客观情况的发展变化，善于总结人民群众的实践经验，才能不断推进马克思主义中国化、时代化、大众化，党和人民的开拓奋进才会始终有光辉旗帜的引领，真理的光芒才能转化成推进党和人民事业发展的强大物质力量。

中国共产党100年的发展历程证明，没有马克思主义，就没有中国共产党，就没有中国革命、建设和改革的成功。

2. 中国共产党是人民利益的代表

中国共产党为什么能够夺取政权？为什么能够长期执政？一个非常重要的原因是我们党始终代表着广大人民的根本利益，我们党坚持一切为了群众、一切依靠群众，从人民群众的智慧和力量中汲取推动事业发展的不竭动力，不断实现好、维护好、发展好最广大人民的根本利益。人民是历史的真正创造者，是中国共产党最深厚的力量源泉和胜利之本。100年党的历史昭示我们：党来源于人民、植根于人民、服务于人民。我们党始终坚持尊重社会发展规律与尊重人民历史主体地位的一致性，坚持为崇高理想奋斗与为最广大人民谋利益的一致性，坚持完成党的各项工作与实现人民利益的一致性，立党为公、执政为民，坚持权为民所用、情为民所系、利为民所谋，不断谱写人民美好生活新篇章。

3. 独立自主是中国共产党取胜的法宝之一

坚持独立自主，从实际出发探索适合本国国情的发展道路，领导人民不断开创通往美好未来的康庄大道。各国的国情不同，发展道路也必然不同，不可能有适用于一切国家、一切时代的固定不变的道路和模式。100年党的历史昭示我们：坚持独立自主、自力更生，坚定不移走适合中国国情的发展道路，无论过去、现在还是将来，都是根本的立足点和出发点。坚持中国的事情按照中国的情况办、依靠中国人民自己的力量办，中国特色社会主义道路就会越走越宽广。

4. 一代又一代中国共产党人的奋斗拼搏

我们党为什么能够成功？还有一个重要原因，就是我们党是伟大、光荣、正确的马克思主义政党。中国共产党成立以来，一直为实现民族独立、人民解放、国家富强和人民富裕而努力奋斗。100年来，中国共产党相继完成和推进了建立新中国、确立社会主义基本制度和开创并发展中国特色社会主义三件大事，书写了人类发展史上惊天地、泣鬼神的壮丽史诗。这三件大事的完成，显然与一代又一代共产党人的奋斗拼搏，与共产党的正确领导分不开。

5. 不断加强党的自身建设是胜利的保证

中国共产党为什么从一个当初只有50多人的小党发展成为拥有8000多万人的大党？为什么能带领人民创造中华民族发展史上最辉煌的成就？这与我们

党不断加强自身建设是分不开的。我们党坚持以改革创新的精神加强和改进党的建设，不断加强党的执政能力建设，保持和发展党的先进性，不断提高党的创造力、凝聚力、战斗力，党就能够始终成为团结带领人民沿着中国特色社会主义道路阔步前进的坚强领导核心，我国既面临难得的历史机遇，也面对诸多可以预见和难以预见的风险挑战。我们必须从中国和世界的现在和未来着眼，准确把握时代特征和历史方位，准确把握人民群众的新期待，科学制定并正确执行党的路线。

面对无限光明的未来，中国共产党人任重道远。在未来的征程上，中国共产党人必将继续高举中国特色社会主义伟大旗帜，肩负人民的重托和期望，为不断开创中国特色社会主义伟大事业新局面，不断谱写人民美好生活新篇章而不懈奋斗！

百年进程中我国反腐倡廉党规国法建设的经验与启示

徐小平

　　腐败是指滥用公共权利以谋取私人利益的行为。① 阿克顿勋爵指出："权力导致腐败，绝对权力导致绝对腐败"②。腐败产生的根本原因在于公共权力没有得到有效的约束。从公共权力产生并行使的那一天起，腐败就如同附骨之蛆，如影随形，始终纠缠在一起，成为世界各国政治治理中一个难以根治的顽疾。腐败将公共资源纳入私人囊中，损害社会公共利益，侵害社会公平正义，削弱政府的合法性，降低执政党的公信力。党规，即党内法规，是党的中央组织、中央纪律检查委员会以及党中央工作机关和省、自治区、直辖市党委制定的体现党的统一意志、规范党的领导和党的建设活动、依靠党的纪律保证实施的专门规章制度。2013 年中共中央办公厅颁布的《中国共产党党内法规制定条例》第四条明确指出党内法规的名称为党章、准则、条例、规则、规定、办法、细则。另外，把决定、决议、意见、通知列为规范性文件。反腐倡廉党内法规是指党的有立法权限的机关所制定的与防止腐败倡导廉洁相关的规范性文件。国法，是指国家法律。反腐方面的国法，是指我国国家法律中涉及对腐败行为进行规制的法律法规。我国尚未通过专门的反腐败法律，有关反腐败的法律规定散见于各单行法律法规及相关司法解释中。如《刑法》《刑事诉讼法》《公务员法》《政府信息公开条例》《监察法》等法律法规中。中国共产党从建立之初起，就把拒腐防变、加强自身的廉洁性作为党的建设的重要组成部分，在领导中国人民进行革命和建设的过程中，不断完善反腐倡廉方面的党规与国法建设，逐渐形成完备的"双笼治腐"体系，为反腐倡廉法治建设的不断完善积累了有

---

① 彭吉龙．腐败现象滋生蔓延问题的调查与治理对策［M］．北京：中国方正出版社，2007：3.

② 阿克顿．自由与权力：阿克顿勋爵论说文集［M］．侯健，范亚峰，译．北京：商务印书馆，2001：342.

益的经验，打下了坚实的基础。研究百年进程中中国共产党反腐倡廉党规与国法的历史发展，探索其中的基本规律并总结其中的基本经验，对完善我国的反腐倡廉法治建设，营造清正廉明的政治风气，构建"不敢腐、不想腐、不能腐"的体制机制，提高党的执政能力，确保党和国家的长治久安具有十分重要的意义。

一、百年进程中我国反腐倡廉党规国法的历史发展

从中国共产党建党至今的一百年中，我国的反腐倡廉党规国法建设经历了萌芽、初创、恢复发展和完善阶段。

（一）反腐倡廉党规国法建设的萌芽阶段：1921—1949 年

中国共产党从成立之初就非常重视反腐倡廉问题。随着第一次国共合作顺利实现，中国共产党的组织规模不断壮大，从 1925 年到 1926 年，党员人数从九百多人增长到一万多人，很多投机分子进入党的队伍中，党员素质出现良莠不齐的现象。"在革命潮流仍在高涨的情况下，许多思想不纯、品质恶劣的投机分子混入革命队伍中，党内出现了许多不良现象，例如官僚主义、官本位倾向、贪腐腐化蔓延等。"① 为了防止党内腐败现象抬头，1926 年 8 月，陈独秀亲自签发中国共产党历史上的第一份反腐文件：《中央扩大会议通告——坚决清洗贪污腐化分子》，体现了中国共产党在建党初期坚决惩治党内腐败的决心。1933 年，在中央苏区第一次党代表大会通过的《党的建设问题决议案》中，第一次将严肃党的纪律、反对官僚腐化现象作为党的建设工作的中心任务之一。

随着革命形势的发展，中国共产党建立了一系列革命根据地，在根据地建立了地方政权，颁布了一系列反腐倡廉的法律法规。1931 年中华苏维埃共和国临时中央政府成立，1933 年 12 月，苏维埃政府中央执行委员会发布了《关于惩治贪污浪费行为》第 26 号训令，训令规定："凡苏维埃机关，国有企业及公共团体的工作人员利用自己地位贪污公款以图私利者，按贪污公款数额分别进行惩处"，"凡挪用公款为私人营利者以贪污论罪。"这是中国共产党执政历史上颁布的第一个反腐法规，该法规定凡贪污公款在五百元以上者，即可判处死刑。1934 年 2 月，通过了第一部专门的审计法规——《中华苏维埃共和国中央政府执行委员会审计条例》，《条例》强调，政府的预算与决算必须经过审计委员会

---

① 中央档案馆．中共中央文件选集：第二册［M］．北京：中共中央党校出版社，1989：172.

审查。抗日战争时期，各根据地根据自身情况，出台了各自的反腐法律法规。陕甘宁边区在 1938 年颁布了《陕甘宁边区惩治贪污条例》，条例中明确规定了贪污腐败的定义和惩处方法。其他边区的反腐法令还有《山东省惩治贪污暂行条例》《晋西北惩治贪污暂行条例》《晋察冀边区惩治贪污条例》等。根据中央文献记载，在 1939 年到 1941 年这两年期间，仅陕甘宁边区高等法院就受理贪污案件一百八十多件，查处乡级干部一百多名，区级以上干部二十多名。① 在解放战争时期，东北行政委员会于 1947 年 5 月颁布《东北解放区惩治贪污暂行条例》，1948 年 1 月，晋冀鲁豫边区颁布《惩治贪污条例》。

在这一阶段，中国共产党初步创立了反腐倡廉方面的党规和"国法"，其主要内容以威慑为主，多为惩罚性的规定，且对腐败行为的处置也颇为严厉，显示了早期中国共产党痛恨腐败、严惩腐败的决心，推动了新民主主义革命时期中国共产党自身的净化，为新民主主义革命的胜利奉献了力量，也为今后的反腐法治建设奠定了基础。

（二）反腐倡廉党规国法建设的初创阶段：1949—1978 年

新中国成立之初，中国共产党从一个革命型政党转变为一个执政型政党，掌握政权后能否用好权力，是否滥用权力，成为中国共产党人必须面对的问题。1949 年 9 月《中国人民政治协商会议共同纲领》颁布，规定："中华人民共和国的一切国家机关，必须厉行廉洁的、朴素的、为人民服务的革命工作作风。严惩贪污，禁止浪费，反对脱离人民群众的官僚主义作风。"作为临时宪法的《共同纲领》，在国家最高法律的层面上对于反腐倡廉作出了宣示性的规定。1951 年 12 月 1 日，党中央通过《关于实行精兵简政、增产节约、反对贪污、反对浪费和反对官僚主义的决定》，在党和国家机关内部开展"三反"运动。1952 年 1 月 26 日，党中央又发出《关于首先在大中城市开展"五反"斗争的指示》，要求在全国范围内开展反对行贿、反对偷税漏税、反对偷工减料、反对盗骗国家财产、反对盗窃国家经济情报的"五反"斗争。为了配合"三反""五反"运动的展开，中央人民政府也制定了相关的法律。中央人民政府于 1952 年 3 月先后颁布了《关于处理贪污、浪费及克服官僚主义错误的若干规定》《关于追缴贪污分子赃款赃物的规定》。1952 年 4 月 18 日，中央人民政府通过了《中华人民共和国惩治贪污条例》，详细规定了贪污罪的概念、贪污罪的处罚、惩治贪污

---

① 徐家林，邓纯余，陈静，等. 中国共产党反腐倡廉建设史论 [M]. 北京：中国方正出版社，2009：103.

罪的基本原则等重大法律问题，这是新中国建立以来发布的第一个反贪法令，为这一时期反腐败斗争提供了有力的法律武器，使得对腐败的惩处上升到国家法律的层面，为党规与国法相结合、双管齐下惩治腐败奠定了基础。

在这一时期，中国共产党由革命党转变为执政党，为了继续保持廉洁的革命作风，在反腐倡廉党内法规建设方面主要以开展"三反"运动的决定和"五反"运动的指示为主。在反腐倡廉的国家立法方面，最大的成就是颁布了我国第一个反腐方面的单行法规，将对反腐败的惩治上升到国家法律的层面。"三反""五反"斗争的开展，揭发出贪污分子和有贪污行为者 1226984 人，其中判处有期徒刑的 9942 人，判处无期徒刑的 67 人，判处死刑立即执行的 42 人，判处死刑缓期二年执行的 9 人。①"三反""五反"运动通过动员全国党员和群众参加反腐运动，揭发并处理了一大批贪污分子，尤其是对像刘青山、张子善这样的大贪、巨贪的惩治，打击了腐败分子的气焰，提高了党的威信，在全社会形成了一种威慑力量，为新中国初期执政党保持清廉的工作作风起到了巨大的推动作用。但是，随着 1957 年反右斗争扩大化之后，这种用群众性运动来反腐的方式，虽然有效地打击了腐败现象，但是也造成了很多冤假错案，给社会主义建设事业造成了不小的损失。而在之后的"文化大革命"中，公检法被砸烂，很多法律被弃之不用，党内和政府部门的反腐机构也受到冲击，甚至被取消，对反腐事业的推进带来了消极的影响。

（三）反腐倡廉党规国法建设的恢复发展阶段：1976—2012 年

1978 年 12 月，中国共产党十一届三中全会召开，会议决定把党和国家的工作重心从阶级斗争转移到经济建设上来，实行改革开放。随着改革开放的逐步推进，社会制度结构发生了深刻变化，体制的改变释放出巨大的活力，整个社会呈现出勃勃生机。然而由于权力过于集中，各项制度尚不健全，公共权力缺乏有效的监督制约机制，官员滥用权力、以权谋私、贪污受贿、官商勾结等腐败现象也随之悄然蔓延，人民群众对政府官员贪腐之风的不满日益增加。

以邓小平同志为核心的第二代中央领导集体创造性地提出了要依靠法制进行反腐的思想，他指出："我们过去发生的各种错误，固然与某些领导人的思想、作风有关，但是组织制度、工作制度方面的问题更重要。这些方面的制度

---

① 《中国反贪调查》编辑委员会. 中国反贪调查：第 1 卷 ［M］. 北京：中国检察出版社，2004：125-131.

好可以使坏人无法任意横行，制度不好，可以使好人无法充分做好事。"① 1992年1月，邓小平在南方谈话时强调："对于干部和共产党员来说，廉政建设要作为大事来抓。还是要靠法制，搞法制靠得住些。"② 邓小平同志关于依靠法制进行反腐的系列讲话为改革开放以来的反腐治理奠定了理论基础，指明了依靠法制反腐的发展方向，为反腐法治建设打开了新局面。以江泽民同志为核心的第三代中央领导集体对反腐法治建设提出了一系列新论断、新观点。江泽民同志指出："要适应社会主义市场经济条件下深入开展党风廉政建设和反腐败斗争的需要，进一步制定、修改和完善党风廉政法规制度，不断提高党风廉政建设和反腐败的法制化水平。"③ 在党的十五大上，江泽民提出，反腐要"坚持标本兼治，教育是基础，法制是保障，监督是关键"，这一论断标志着中国共产党对反腐治理的认识更进了一步，为构建教育、法制、监督、惩罚四位一体的反腐机制奠定了思想理论基础。在十七大报告中，胡锦涛明确指出："把反腐倡廉建设放在更加突出的位置，旗帜鲜明地反对腐败"。

在这一时期，反腐倡廉方面的党内法规逐渐出台，并初步形成一个以党章为核心，以准则为主干，以条例为主要内容，涵盖其他党内法规的法规体系。中共中央、国务院于1979年11月颁布了《关于高级干部生活待遇的若干规定》，规定严禁利用职权为个人建造住宅、严禁用公款请客送礼等。1980年2月，党的十一届五中全会通过了《关于党内政治生活的若干准则》，其中明确规定党员干部要接受党和群众的监督，不准搞特权。从1984年起到1988年年底，中共中央和国务院先后颁布了《关于禁止党政机关和党政干部经商办企业的决定》《关于禁止领导干部的子女、配偶经商的决定》《关于清理整顿公司的决定》《关于进一步清理整顿公司的决定》等一系列规范性文件，对官员经商谋取私利现象进行治理整顿。1993年10月，中共中央、国务院发布《关于反腐败斗争近期抓好几项工作的决定》，要求切实抓好领导干部的廉洁自律五条规定，规定领导干部不得利用自身职务为自己及家人捞取经济利益。1995年4月，中共中央办公厅、国务院办公厅印发了《关于党政机关县（处）级以上领导干部收入申报的规定》，要求县处级以上领导干部必须依照规定申报收入。1997年2月27日中共中央印发《中国共产党纪律处分条例（试行）》，对党员的违纪情况

---

① 邓小平. 邓小平文选：第2卷［M］. 2版. 北京：人民出版社，1994：333.

② 邓小平. 邓小平文选：第3卷［M］. 北京：人民出版社，1993：379.

③ 中共中央文献研究室. 十六大以来重要文献选编（上）［M］. 北京：中央文献出版社，2005：64-65.

作出了相应规定。纪律处分条例（试行）在 2003 年进行了修正，去掉了"试行"两个字，对违反党纪进行处分的内容也进行了相应的调整。1997 年 3 月，中共中央印发《中国共产党党员领导干部廉洁从政若干准则（试行）》，禁止领导干部利用职权和职务上的影响谋取不正当利益。1998 年 11 月，中共中央、国务院发布《关于实行党风廉政建设责任制的规定》，把党风廉政建设作为党的建设的主要内容，列入考核目标，明确指出党委、政府以及党委和政府的领导班子对职责范围内的党风廉政建设负领导责任，并规定了相应的责任追究制度。2002 年 7 月，中共中央颁布《党政领导干部选拔任用工作条例》，其中一条选拔任用干部的基本条件就是"清正廉洁，勤政为民，反对任何滥用职权、谋求私利的不正之风。"2003 年 12 月 31 日，中共中央印发了《中国共产党党内监督条例（试行）》，将领导干部作为重点监督对象，纪委列为专门的党内监督机构。2010 年 1 月 18 日，中共中央发布《中国共产党党员领导干部廉洁从政若干准则》，详细规定了领导干部从政的 8 项禁止性规定。

在这一时期全国人大及其常委通过了一系列反腐倡廉方面的国家法律，1979 年 7 月，五届全国人大二次会议通过了《中华人民共和国刑法》，对贪污、贿赂、玩忽职守、徇私舞弊等犯罪行为作出了详细规定，为惩治腐败行为提供了有力的法律保障。1982 年 3 月，针对当时套汇、索贿、受贿、投机倒把等经济方面的犯罪活动，五届全国人大常委会通过了《关于严惩严重破坏经济的罪犯的决定》，并对刑法中的相关条款进行补充、修改，对受贿罪增设了死刑规定。1988 年 1 月，全国人大常委会通过了《关于惩治贪污罪贿赂罪的补充规定》。1994 年 8 月人大常委会通过了《中华人民共和国审计法》，规定对公职机构的财务收支进行审计监督。1997 年 3 月，八届人大五次会议通过了修改后的《中华人民共和国刑法》，把贪污贿赂罪设为专章加以规定，完善并增加了新的罪名，加大了打击腐败的力度。1997 年 5 月，第八届全国人民代表大会常务委员会第二十五次会议通过了《中华人民共和国行政监察法》，对国家行政机关及其公务员和国家行政机关任命的其他人员的执法、廉政等违纪行为进行监察。《行政监察法》是新中国成立后制定的第一部行政监察方面的国家级法律，这标志着我国的行政监察工作步入了法制化道路。2005 年 4 月 27 日，人大常委通过了《中华人民共和国公务员法》，其中明确规定："清正廉洁、公道正派"是国家公务员必须履行的义务。与此同时，国务院及其所属部委也通过了一系列反腐方面的行政法规。1990 年 12 月，国务院颁布《行政复议条例》《中华人民共和国行政监察条例》，1991 年 12 月，国家监察委员会发布《监察机关举报工作办法》。2007 年 1 月 17 日国务院通过了《中华人民共和国政府信息公开条例》，将政府工作置于公众监督之下，以提高政府工作的透明度，从而减少腐败发生的概率。2007 年 4 月，国务院颁布《行政机关公务员处分条例》，以促进公务员遵纪守法、勤政廉政。

从改革开放到党的十八大召开这一时期，我国反腐倡廉方面的党规国法逐渐得到恢复和发展，并逐步构成一个初步的反腐倡廉党规国法体系，在党内法规建设方面，两个重要的准则——《关于党内政治生活的若干准则》和《廉洁从政若干准则》已经出台，并随反腐实践的发展进行了修订，党内监督方面的几个重要条例也已经出台，如《中国共产党党内监督条例》《中国共产党纪律处分条例》《党政领导干部选拔任用工作条例》《关于党政机关县（处）级以上领导干部收入申报的规定》等，反腐倡廉方面的党内法规体系基本形成。在反腐倡廉国家立法方面，这一时期的立法建设一方面仍然着重于对腐败行为进行惩罚，在刑法中，将贪污贿赂罪列为专章进行规范，完善了刑法中对贪污腐败行为的惩治规定；另一方面是加强了反腐倡廉方面的行政法规建设，《行政监察法》《政府信息公开条例》的颁布，将行政机关的行为置于法律监督之下，以增进政府行为的阳光和透明，有利于减少腐败的发生。另外还是颁布了《公务员法》和《行政机关公务员处分条例》，对公职人员的公务行为进行规范。这一时期反腐倡廉党规国法的恢复和发展，依靠制度进行反腐治理的理念得到了贯彻，为预防和惩治腐败建立了基本的制度框架，提供了有力的法律支撑，反腐倡廉党规国法制度体系初步形成。"依靠制度建设根治腐败的认识，标志着我们党和政府开始认清反腐败工作的基本规律。"①

（四）反腐倡廉党规国法建设的日益完善阶段（2012 年至今）

党的十八大以来，以习近平同志为核心的党中央高度重视反腐败制度建设，习近平总书记指出："铲除不良作风和腐败现象滋生蔓延的土壤，根本上要靠法规制度。要加强反腐倡廉法规制度建设，把法规制度建设贯穿到反腐倡廉各个领域，落实到制约和监督权力各个方面，发挥法规制度的激励约束作用，推动形成不敢腐、不能腐、不想腐的有效机制"②。习近平总书记强调："要继续全面推进惩治和预防腐败体系建设……加强反腐败国家立法，加强反腐倡廉内法

---

① 中央纪委研究室. 中国反腐倡廉建设理论文选［M］. 北京：中国方正出版社，2009：72.

② 习近平. 在中共中央政治局第二十四次集体学习时的讲话［J］. 中国纪检监察，2017（7）：11.

规制度建设。"①

十八大以来，以习近平同志为核心的党中央更加重视反腐倡廉党规国法的建设。2018 年 2 月，中共中央印发《中央党内法规制定工作第二个五年规划（2018—2022 年）》，提出到建党 100 周年时形成以党章为根本、以准则条例为主干，覆盖党的领导和党的建设各方面的党内法规制度体系。

2015 年 10 月，《中国共产党廉洁自律准则》颁布实施，对领导干部和普通党员的廉洁自律作出规范。2016 年 6 月 28 日，中共中央政治局召开会议，审议通过《中国共产党问责条例》，落实全面从严治党的主体责任、领导责任和监督责任。2015 年修订了《中国共产党纪律处分条例》（2016 年 1 月 1 日起施行），把对党组织和党员的要求细化，明确规定党员干部不能触碰的"负面清单"，涵盖政治、组织、廉洁、群众、工作、生活六大类纪律，删除了与《刑法》《治安管理处罚法》等法律法规重复的条文，进一步明确了纪、法分开，更加突出"党纪严于国法"的特色。2015 年 8 月 3 日，党中央印发修订的《中国共产党巡视工作条例》，对执行党章和其他党内法规、遵守党的纪律、落实全面从严治党主体责任和监督责任等情况进行监督。2016 年，党的十八届六中全会通过《关于新形势下党内政治生活的若干准则》，强调全面从严治党，严厉惩治腐败，净化党内政治生态。2016 年 10 月，修订颁布了新的《党内监督条例》，确保党章党规党纪在全党有效执行。2017 年中纪委通过《中国共产党纪律检查机关监督执纪工作规则（试行）》，对执纪机关的具体工作作出了具体规定。为了推进党务公开工作制度化、规范化、程序化，在 2017 年 11 月 30 日又通过《中国共产党党务公开条例（试行）》。

十八大以来，反腐倡廉国家立法取得了很大的进展，十八届四中全会明确提出要"加快推进反腐败国家立法，完善惩治和预防腐败体系，形成不敢腐、不能腐、不想腐的有效机制，坚决遏制和预防腐败现象"。党的十九大再次强调"加快推进反腐败国家立法"。

2015 年 8 月，第十二届全国人民代表大会常务委员会第十六次会议通过《中华人民共和国刑法修正案（九）》，对贪污受贿罪作出了修改，如将利用国家公职人员的影响力，给予其近亲属财物牟利的行为入罪，对贪污受贿的立案标准不仅考虑数额还要考虑具体情节，对行贿犯罪增加财产刑等，从法律上加大了对贪污、受贿等犯罪行为的打击力度，依法从严惩治腐败。

---

① 习近平. 习近平谈治国理政：第一卷［M］. 北京：外文出版社，2018：388.

2018 年 3 月，第十三届全国人民代表大会第一次会议表决通过《中华人民共和国宪法（修正案）》，将国家监察体制纳入宪法，以最高法律权威的形式确立了监察权力体系的合法性。这次会议表决通过了《中华人民共和国监察法》，对所有行使公权力的公职人员进行监督，实现国家监察的全面覆盖。国家监察法，是我国第一个对所有公职人员进行监督的国家法律，在反腐败立法方面具有里程碑的意义，使腐败惩治更加制度化、规范化。2018 年 10 月，第十三届全国人民代表大会常务委员会第六次会议通过关于修改《中华人民共和国刑事诉讼法》的决定，实现监察法与刑事诉讼法的衔接，加强反腐败国际追逃追赃的工作力度，建立刑事缺席审判制度。党纪法规的不断健全、双管齐下，使不能腐的笼子越筑越牢。《中华人民共和国公职人员政务处分法》由中华人民共和国第十三届全国人民代表大会常务委员会第十九次会议于 2020 年 6 月 20 日通过，自 2020 年 7 月 1 日起施行。政务处分是对违法公职人员的惩戒措施。《监察法》中首次提出政务处分概念，并以其代替"政纪处分"，将其适用范围扩大到所有行使公权力的公职人员。制定《政务处分法》，将监察法的原则规定具体化，把法定对象全面纳入处分范围，使政务处分匹配党纪处分、衔接刑事处罚，构筑惩戒职务违法的严密法网，有利于实现抓早抓小、防微杜渐，建设一支忠诚干净的公职人员队伍。

二、百年进程中我国反腐倡廉党规国法建设的基本经验

（一）在反腐倡廉党规国法建设的指导思想上，从以惩罚为主逐渐改变为以预防为主

在反腐倡廉党规国法建设的指导思想上，从以惩罚为主逐渐改变为以预防为主，将惩罚、预防、教育相结合，从用严刑峻法的威慑使其不敢腐，到用制度构建不敢腐、不能腐、不想腐的笼子，用党规和国法对腐败行为进行全面的规范，防范权力被滥用的可能性。从党的建立到改革开放这一段时间，我国反腐倡廉方面的重要的党内法规和国家立法基本上都以惩治贪污为主，如 1926 年中国共产党历史上颁布的第一个反腐倡廉文件《中央扩大会议通告——坚决清洗贪污腐化分子》，而我国颁布的第一个反腐倡廉方面的国家立法——《中华人民共和国惩治贪污条例》也以惩治贪污为主要目的。改革开放之后到 20 世纪 80 年代末 90 年代初，党规国法建设仍然以惩罚腐败为主，在恢复新中国成立以来的一些仍然适用的制度的基础上，加大了对腐败行为规范的广度，将受贿纳入

法律规范的范围。20世纪90年代之后，尤其是十五大将依法治国建设社会主义法治国家作为治国的基本方略之后，以防止权力滥用，规范领导干部、公务人员的行为，增加公权行使的公开和透明为核心的一系列党规国法不断出台，将反腐重心调整为用制度来预防腐败的发生和蔓延。党内法规方面有《关于党政机关县（处）级以上领导干部收入申报的规定》《中国共产党党员领导干部廉洁从政若干准则（试行）》《关于实行党风廉政建设责任制的规定》《中国共产党党内监督条例（试行）》等，国家立法方面有《中华人民共和国审计法》《中华人民共和国行政监察法》《中华人民共和国公务员法》《中华人民共和国政府信息公开条例》《行政机关公务员处分条例》等。十八大之后，党内法规建设更加趋于成熟，形成了一个覆盖党的领导和党的建设的完整体系，国家立法也实现了重大突破，颁布了《中华人民共和国国家监察法》，将国家监察制度纳入宪法体系之中，颁布了《中华人民共和国公职人员政务处分法》，将对公务员进行法律规范扩大到对所有公职人员进行法律规范。从反腐成本来看，惩罚型党规国法是对已经产生的腐败行为的惩处，具有高成本、滞后性的特点，因为已经发生的腐败已经造成了国家或社会资源的浪费。预防型党规国法立足于防范腐败行为的产生，将腐败行为扼杀在萌芽状态，成为更高效反腐的途径。从世界各国的反腐实践来看，预防型立法成为主流，如意大利的《反腐败法》十分重视预防措施的适用，规定涉腐高风险岗位为法定轮岗制、公共职能部门内部设反腐负责人岗位制等制度，越南的《反贪污腐败法》以专章形式规定了腐败的预防，约占全文条款的50%。[①]

（二）在反腐倡廉党规国法实施的具体方式上，由"运动式反腐"方式转变为"制度化反腐"方式

"运动式反腐"方式是指在党和政府主导下，在特定的一段时间内，依靠群众积极参与，检举揭发批判腐败分子，并对其施以重罚，从而对腐败分子进行震慑以减少腐败的方式。中国共产党早期在瑞金建立地方性政权之后，就开始采用"运动式反腐"的方式，来清除政府中的贪污分子。1932—1934年秋这段时间里，苏维埃临时中央政府发动了一次大规模的群众性检举贪污运动，揪出了一大批贪污分子，还枪毙了瑞金市叶坪村的苏维埃主席谢步升，这是中国共产党反腐史上枪毙的第一个贪官。新中国成立后这一方式更是得到全面推广，成为普遍采用的反腐斗争方式。1951年，毛泽东同志在为中央起草的重要指示

---

① 越南反腐败法［M］. 孙平，黄贵，译. 北京：中国方正出版社，2013.

中说："应把反贪污、反浪费、反官僚主义的斗争看作如同镇压反革命的斗争一样的重要，一样的发动广大群众包括民主党派及社会各界人士去进行，一样的大张旗鼓去进行。"① 随后在全国范围内开展了"三反""五反""四清"等运动，揭批出一大批腐败分子，起到了一定的威慑作用。这些"运动式反腐"方式的基本特征是：反腐取决于最高领导人的意志推动，依靠大规模的群众参与，以思想政治教育、批评与自我批评、检举揭发等作为主要的斗争手段，把党纪国法制裁作为辅助配合手段，形成运动的高压态势，使腐败分子没有藏身之处。这种方式带有强烈的阶级斗争特征和群众运动色彩。"运动式反腐"主要靠行政手段主导，缺乏必要的程序性、规范性，在斗争扩大化、过火化的情况下有时不利于当事人个人权利的保护。"运动式反腐"方式还缺乏长期性、持续性，针对某一方面进行的运动结束之后，腐败现象又卷土重来，反腐败的成果难以巩固。

"制度化反腐"方式是指用党规国法等制度对权力作出规范，包括用制度界定权力主体、权力范围、权力实施、权力监督、滥用权力的后果等等内容，以制度约束权力，通过预防和惩治两条路径有效遏制腐败现象发生的反腐方式。

"制度化反腐"方式强调反腐倡廉建设需要进行全面的制度设计，并且需要保证制度的顺畅实施。通过制度的设计，构建一个权力相互配合而又相互制约、监督全面高效又透明公开的制度体系，如财政管理制度、国有资金审计制度、干部人事管理制度、党纪处分制度、公职人员处分制度、公职人员财产公示制度、国家监察制度等等，建立起完善的监督机制、防范机制、惩治机制、问责机制、保障机制和自律机制等，使党和国家反腐倡廉制度体系逐步完善和成熟。"制度化反腐"方式的核心内容在于构建制度的笼子，使腐败之手根本无法伸出，想腐也没有机会腐，从而防范腐败的发生。"制度化反腐"的基本目的是使反腐倡廉建设有法可依、有规可循，避免反腐工作因为某个领导人的意志和注意力的改变而改变，避免"以言代法""以言废法"等人治现象的产生，也使反腐倡廉建设拥有长效机制，不会因为反腐运动过去了就不再开展，而是依靠制度的规定长期稳定地进行。制度化反腐方式还要求保证制度的顺畅实施，这就需要通过党规国法将各种制度进行进一步的细化、具体化，使其具有可操作性、可执行性，然后要求党和国家机关工作人员严格按照制度规定的内容与程

---

① 中共中央文献研究室. 新中国成立以来重要文献选编：第 2 册〔M〕. 北京：中央文献出版社，2011：442.

序依法行事。为确保制度的贯彻落实，还须进一步强化执行力度，健全组织机制，优化组织设置，使其分工明确、权责一致，从而避免制度执行上的漏洞和缺陷，确保制度得以严格执行。

（三）在反腐倡廉党规国法的内容建设上，由单纯注重实体性法规建设转变为实体性法规建设与程序性法规建设并重

受我国法制传统中重实体轻程序的影响，程序性规范的功能与作用未能得到应有的重视。在我国党规国法建设中，程序性规范在反腐倡廉党内法规中严重缺失，在国家立法上也重视不足，使反腐倡廉工作的开展因缺乏相关程序而无法落实，也使得反腐对象的权利缺乏程序性保障，从而影响反腐的公正性。从百年反腐党内法规建设来看，从建党到党的十六大之前，专门的程序性法规是缺位的，党内法规中的程序性条款也比较缺乏。十六大之后，对党内程序性法规的建设才逐步开始进行，如在 2002 年发布的《党政领导干部选拔任用工作条例》、2003 年发布的《党政领导干部选拔任用工作监督检查办法（试行）》、2009 年发布的《中国共产党巡视工作条例（试行）》、2010 年发布的《党政领导干部选拔任用工作责任追究办法（试行）》等党内法规中，都包含有大量程序性条款，表明程序性规定在党内法规建设中逐渐受到重视。十八大以来，党内程序性法规得到进一步发展，如 2014 年发布的《中国共产党发展党员工作细则》、2015 年发布的《中国共产党党组工作条例（试行）》、2015 年修订的《中国共产党地方委员会工作条例》等，较为细致地规定了发展党员、党组议事决策、地方党委决策等事项的程序。2017 年中纪委通过《中国共产党纪律检查机关监督执纪工作规则（试行）》，对执纪机关的反腐工作程序作出比较细致的规定，在领导体制、监督检查、线索处置、谈话函询、初步核实、审查调查、审理和监督等方面都规定了大量程序性的处理步骤，使反腐工作权责分明、程序清楚，被审查对象的程序性权利得到保障。

在反腐倡廉国家立法方面，同样呈现出重实体轻程序的现象，从建党以来，一直没有制定相关的程序性法规，直到 1979 年 7 月，五届人大才通过《中华人民共和国刑事诉讼法》，对人民检察院直接受理案件的侦查作出了相关程序性的规定。十五大之后，反腐倡廉国家立法中对程序性立法越来越重视，在相关立法中会有专章对程序问题作出规范。如 1997 年颁布的《中华人民共和国行政监察法》中第五章规定了行政监察的程序，2007 年公布的《中华人民共和国政府信息公开条例》中第三章规定了政府信息公开的方式和程序。2007 年公布的《行政机关公务员处分条例》中第五章规定了处分的程序。

  2018 年，中共中央印发了《中央党内法规制定工作第二个五年规划（2018—2022 年）》，规划提出到建党 100 周年时形成比较完善的党内法规制度体系。任何一套完善的法制规范除了有实体性规范之外，还应包含程序性规范，因为程序的基本功能就是通过公开、透明的"看得见"的程序，一步一步保障实体权利的实现，从而实现实体结果的公正。

  总之，建党百年进程中党规国法建设的经验证明，权力与腐败形影相随，执政与反腐也须形影不离，在中国特色社会主义建设的新时期，我们需要吸取我国反腐倡廉党规国法建设中的基本经验，不断完善我国的反腐倡廉党规国法建设，以防范腐败的滋生和蔓延，营造一个清正廉明的执政党形象。

中国共产党"守初心、担使命"的理论与实践逻辑①

郭　琳

2017年10月18日，习近平总书记在十九大报告中正式提出，在全党开展"不忘初心、牢记使命"主题教育，用党的创新理论武装头脑，推动全党更加自觉地为实现新时代党的历史使命不懈奋斗。② 2019年5月，中共中央政治局召开会议，决定从2019年6月开始，在全党自上而下分两批开展"不忘初心、牢记使命"主题教育。③ 毋庸置疑，该主题教育活动已然成为我国政治生活中的一件大事，它既是中国共产党全面推进党的建设的伟大工程的重要举措，同时又是向各级各层疏导社会主义核心价值观的重要路径。

鉴于此，本文试从理论逻辑、实践探索、时代要求这三个维度，剖析中国共产党坚守初心、践行使命的逻辑线索，深入探究党"守初心，担使命"的时代价值，以期深化对新时代党的建设问题的理解，更好地把握党的领导是中国特色社会主义制度最大的优势这一科学命题。

一、中国共产党坚守初心的理论逻辑

习近平总书记在十九大报告中明确提出："中国共产党人的初心和使命，就是为中国人民谋幸福，为中华民族谋复兴。"④ 我们不禁发问，中国共产党为何要为中国人民谋幸福、能否为中国人民谋幸福、怎样为中国人民谋幸福？中国共产党又为何要为中华民族谋复兴、怎样谋复兴？

① 基金项目：2022年度上海市教育科学研究项目"高校思政课获得感的提升路径研究"（项目号：C2022332）。

② 习近平在中国共产党第十九次全国代表大会上的报告［R/OL］. 人民网，2017-10-28.

③ 习近平主持中共中央政治局会议 研究部署在全党开展"不忘初心、牢记使命"主题教育工作等［EB/OL］. 2019-05-13.

④ 习近平在中国共产党第十九次全国代表大会上的报告［R/OL］. 人民网，2017-10-28.

中国共产党自成立之日起就一直将马克思主义作为党的指导思想和理论基础。那么，马克思主义的初心究竟是什么？马克思主义为何要有此初心？这些问题必须回到五百多年前寻求答案。

1516 年，英国人文主义政治家托马斯·莫尔（Thomas More，1478 — 1535）出版了代表作《乌托邦》（*Utopia*），莫尔也因此被誉为欧洲空想社会主义学说的创始人。在《乌托邦》中，莫尔对资本主义的社会现象进行了无情的揭露和嘲讽，把资本主义制度的产生比喻为"羊吃人"。这是人类历史上第一次就社会的应然性和资本主义实然性进行比较，并强烈批判了资本主义。

莫尔用"乌托邦"来表示一个幸福的、理想的、完美的国家。莫尔在详细描绘了乌托邦后得出结论：私有制乃万恶之渊薮。私有制使"一切最好的东西都落到最坏的人手中，而其余的人都穷困不堪。"因此"只有完全废除私有制度，财富才可以得到平均公正的分配，人类才能有福利。"莫尔在社会主义史上第一次提出了消灭私有制、建立公有制的问题。当然，处于文艺复兴时期的莫尔尚不能理解资本主义在历史上的地位，也无法指出实现理想制度的真正途径，莫尔的乌托邦最终止步于空想，但它同时亦是完美理念的核心所在。

距《乌托邦》问世三百多年后，马克思和恩格斯合作发表了《共产党宣言》，标志着马克思主义的诞生。马克思主义的产生是建立在对资本主义社会基本矛盾的深刻认识之上的，充分揭示了无产阶级政党之使命所在，"无产阶级经历了各个不同的发展阶段。它反对资产阶级的斗争是和它的存在同时开始的"。[①] 马克思、恩格斯在《共产党宣言》中强调：共产党是阶级斗争发展到一定阶段的产物，它的最终目标是建立一个没有阶级、没有私有制的社会。这绝非只是对莫尔乌托邦的呼应，这决定了共产党人第一步就是"使无产阶级形成为阶级，推翻资产阶级的统治，由无产阶级夺取政权。"[②] 为此，马克思、恩格斯提出了关于党的领导的原则：第一，只有无产阶级政党才是无产阶级革命事业的领导者，共产党的正确领导是实现无产阶级伟大历史使命的根本保证；第二，共产党作为无产阶级的政党是工人阶级的先锋队；第三，共产党有科学的

---

① 马克思，恩格斯.共产党宣言［M］.中共中央马克思恩格斯列宁斯大林著作编译局，译.北京：人民出版社，2018：35.

② 马克思，恩格斯.共产党宣言［M］.中共中央马克思恩格斯列宁斯大林著作编译局，译.北京：人民出版社，2018：41.

理论作为指导；第四，共产党作为无产阶级的先锋队，始终代表整个运动的利益。① 马克思主义最核心、最本质的追求就是实现劳动者的解放，让人民过上好日子，最终实现人的自由和全面发展。这是马克思一生的理想信念，也是马克思和恩格斯孜孜以求的目标。

中国共产党人无疑是马克思主义的忠实传人。中国共产党成立百年来，始终坚守初心。以毛泽东、邓小平、江泽民、胡锦涛为代表的中国共产党人，尤其是以习近平同志为核心的党中央，继承了马克思主义的初心，在实践马克思主义的过程中结合中国的历史和现实，并将之凝结成"为中国人民谋幸福、为中华民族谋复兴"的神圣初心。从毛泽东概括的"十月革命一声炮响，给我们送来了马克思列宁主义"，到习近平总书记强调的"把学习贯彻党的创新理论作为思想武装的重中之重，同学习马克思主义基本原理贯通起来"，② 每一代中国共产党人，每一代中国共产党的领袖们接力、传承了马克思主义的核心思想，即为人民解放、为自由而奋斗。因此，中国共产党确立了"为中国人民谋幸福、为中华民族谋复兴"的初心与使命，这既是马克思主义根本原则的要求，又是中国共产党政治担当的宣示。

二、中国共产党践行初心的实践探索

中国共产党在革命实践的过程中就是依循了马克思主义的内在逻辑。中国共产党通过带领全国人民反帝、反封建、反殖民，推翻了长期压在中国人身上的不平等；通过"打土豪、分田地"，建立起革命武装根据地；在新中国成立后，中国共产党创造性地通过三大改造，彻底地消灭了剥削阶级，建立起社会主义制度，使得中国人民实现了政治上的翻身，实现了人民当家作主。正是因为有了中国共产党人的不懈奋斗，中国人民才从此站起来了。

新中国成立后，当时的经济局面异常贫乏，中国共产党带领全国人民在一穷二白、百废待兴的国情下开始了社会主义建设的探索。经过第一个五年计划，中国开展了 156 项重大工程项目，在工业能源交通军工等方面进行了战略布局，为国民经济体系的基本架构打牢了地基。然而，中国共产党践行初心的道路绝

---

① 马克思，恩格斯. 共产党宣言［M］. 中共中央马克思恩格斯列宁斯大林著作编译局，译. 北京：人民出版社，2018：41.

② 习近平. 在"不忘初心、牢记使命"主题教育总结大会上的讲话［N］. 人民日报，2020-01-08.

非平坦通畅。20 世纪五六十年代，中国在探索社会主义建设的过程中因为一味地效仿"苏联模式"而走了一段时期的弯路。僵化的苏联体制制约了中国经济的发展，加之当时中国共产党领导人对于社会主义建设规律的认识存有偏差，导致新中国建设时期遇到了极大的困难。1978 年，十一届三中全会召开，中国共产党进行了自我革命，开启了改革开放，开辟了中国特色社会主义建设的新道路。1991 年 12 月苏联解体后，中国毅然扛起了社会主义的大旗。习近平总书记感慨道："苏联为什么解体？苏共为什么垮台？一个重要原因就是意识形态领域的斗争十分激烈……最后，苏联共产党偌大一个党就作鸟兽散了，苏联偌大一个社会主义国家就分崩离析了。这是前车之鉴啊！"①

近代以来，中国历经变革，今天的中国社会早已发生了巨大的变化。在中国共产党的带领下，中国人民通过艰苦卓绝的新民主主义革命，实现了站起来；通过改革开放，初步实现了富起来；党的十八大后，中国特色社会主义进入新时代，中国正在进行强起来的伟大飞跃。

中国取得的历史性成就、历史性变化举世瞩目。在 2008 年 8 月份《时代周刊》亚洲版封面上刊登了一幅漫画：一个熊猫正在给憋气了的地球充气，这一期的主打文章就是《中国能否拯救世界？》；在风靡全球的电影《2012》中，拯救人类最后的希望"诺亚方舟"的建造地选在了中国西藏；2010 年美国一批著名学者访问中国时，提出了"G2"之说，意为美、中两国主宰世界。尽管中国并不认可任何霸权理论，但从曾经八国联军侵华到今日之"G2"，历史出现了惊人的翻转，国际地位上升的前提就是中国经济社会取得了前所未有的进步和发展。在过去的四十年中，中国经济保持了持续稳定的高增长，前 30 年，世界的平均增长率是 3.2%，中国是 9.8%，我们甚至可以毫不夸张地认为，世界每前进一步，中国便走了三步。

近代以来的中国亟须改变面貌，亟须在国际舞台上展现自己——奥运会、世博会的成功举办成为中国向世界展示自己的最佳方式。1908 年，时任农业主管的张伯苓先生去美国开完世界谷物大会后，绕道欧洲，在伦敦看到第四届奥运会时不禁感叹：中国人何时能参加奥运会？中国运动员何时能夺得奥运会奖牌？中国何时能自己举办奥运会？2008 年北京奥运会圆了这个百年梦想。在闭幕式上，国际奥委会主席罗格先生连续用两个"无与伦比"评价了北京奥运会。1894 年，郑观应在《盛世危言》中说到，中国如果要举办世界性博览会的话，

---

① 习近平. 在于坚持和发展中国特色社会主义的几个问题［J］. 求是，2019（7）.

必定是先从上海开始，而 2010 年上海世博会印证了郑观应的说法。两个百年梦想的圆梦之旅表明了中国已经以新姿态站在了世界面前，而这个过程，恰恰是中国人民在共产党领导下，不屈不挠努力拼搏得来的。中国不再是可以被忽略、被无视的国家，今日之中国完全有资格担当起世界引领者的角色。

中国历史性变化给予我们珍贵的启示：第一，政治领导力量是中国共产党，不是别的党；第二，理论基础是马克思主义，不是其他主义；第三，指导思想是中国特色社会主义理论，不是别的思想理论；第四，发展路径是改革开放；第五，政治制度是立足于中国国情的政治制度，而不是模仿或照搬他国的制度。在所有这些经验中，最大的优势、最重要的特征就是要坚持中国共产党的领导。

中国共产党的初心与使命始终不曾改变过，只不过在不同的历史时期，具体的任务不同。"为人民谋幸福"并不是一句空洞的话语，而是关乎每一位中国人民的生存与发展，人民的幸福需要有坚实的物质基础、充分的经济实力、完善的公共服务；这不仅是指高质量的物质生活，它还包括更高程度的政治民主、更多的发展机会、更加公平的社会环境，以及更加优美的生态环境。

党的十八大以来，聚焦于人民对美好生活的向往，党中央以政治、经济、文化、社会、生态文明五位一体的总体布局，以四个全面——全面建成小康社会、全面深化改革、全面依法治国、全面从严治党——为战略布局，办成了许多过去想办而没有办成的大事。一路走来，中国共产党的初心不改，中国共产党人用实际行动践行初心，不辱使命。

三、不忘初心、勇担使命的时代要求

党的十八大和十九大闭幕后有两个细节值得注意：一个是十八大闭幕后，习近平总书记率领中央政治局全体常委来到国家博物馆，参观《复兴之路》展览时第一次提出了"中国梦"，并指出中国梦就是"实现中华民族伟大复兴，就是中华民族近代以来最伟大的梦想。"[1] 可以认为，中国梦就是当代中国共产党人的历史使命。另一个细节是十九大结束后，习近平总书记率领全体常委到上海，在参观中共一大会址和嘉兴南湖纪念馆时反复强调：要记住我们是从哪里出发的，要到哪里去。总书记在展览馆的"时局图"前驻足良久、凝重深思，说道："事业发展永无止境，共产党人的初心永远不能改变。唯有不忘初心，方

---

[1] 习近平. 习近平谈治国理政：第一卷［M］. 北京：外文出版社，2014：35.

可告慰历史、告慰先辈，方可赢得民心、赢得时代，方可善作善成，一往无前。"① 中国共产党把初心写在旗帜上、把使命担在肩上，这不是轻轻松松就能达到目的的，而是要通过无畏牺牲、艰苦努力、卓越引领才能实现既定的发展目标。

初心不易守，使命不易担，守初心、担使命需要奉献甚至牺牲。我们总说红旗是革命烈士的鲜血染红的，历经 28 年的革命战争中，有名有姓的烈士是 370 万；在这 28 年间，平均每天牺牲人数达 178 位，足以可见革命时期的初心就意味着牺牲。毛泽东的家人中有六位为革命献出了生命。党的一大的 13 位代表中，有 3 位牺牲，1 位病故，4 位脱党，3 人背叛革命背叛了党，其中 2 人还成了大汉奸，只有 2 位走到了革命胜利之时。这 13 位中共党员代表曾经都有相同的目标、同样的勇气，然而革命的残酷、各种恶劣环境的考验使得最初这批共产主义者中的许多人也未能坚守初心。要想让初心成恒心，使命成行动，这并非是一劳永逸或者简单的事情。

革命战争时期初心不易守，和平建设时期初心也不易守。习近平总书记明确指出了新时代下中国共产党人的初心与使命所在。

守初心，就是要牢记全心全意为人民服务的根本宗旨，以坚定的理想信念坚守初心，牢记人民对美好生活的向往就是我们的奋斗目标；以真挚的人民情怀滋养初心，时刻不忘我们党来自人民、根植人民，人民群众的支持和拥护是我们胜利前进的不竭力量源泉；以牢固的公仆意识践行初心，永远铭记人民是共产党人的衣食父母，共产党人是人民的勤务员，永远不能脱离群众、轻视群众、漠视群众疾苦。

担使命，就是要牢记我们党肩负的实现中华民族伟大复兴的历史使命，勇于担当负责，积极主动作为，用科学的理念、长远的眼光、务实的作风谋划事业；保持斗争精神，敢于直面风险挑战，知重负重、攻坚克难，以坚忍不拔的意志和无私无畏的勇气战胜前进道路上的一切艰难险阻；在实践历练中增长经验智慧，在经风雨、见世面中壮筋骨、长才干。②

"两个一百年"奋斗目标是中国共产党对中国人民、对世界的政治承诺。中

---

① 中共中央党史和文献研究室，中央"不忘初心、牢记使命"主题教育领导小组办公室. 习近平关于"不忘初心、牢记使命"论述摘编 [M]. 北京：中央文献出版社，2019：14.

② 习近平. 在"不忘初心、牢记使命"主题教育工作会议上的讲话 [M]. 北京：人民出版社，2009：6-7.

国特色社会主义进入新时代，十几亿人的温饱问题已稳定解决，总体上实现小康，中国人民离梦想从未如此接近，中国正在走近世界舞台的中心。但我们同时也要看到"行百里者半九十"，正如习近平总书记在十九大报告最后所指出："中华民族伟大复兴，绝不是轻轻松松、敲锣打鼓就能实现的。全党必须准备付出更为艰巨、更为艰苦的努力。"① 我们距离实现中华民族伟大复兴的目标越近，就越不能懈怠，越要加倍努力。

当代世界正处在百年未有之大变局中，国际国内的挑战和困难仍然巨大，甚至是高风险。只有坚定初心，才能勇担使命。面对各种挑战和困难，中国共产党只有坚守初心，以自我革命的勇气攻坚克难，全体共产党员也必须在政治上、思想上、行动上和党中央保持高度一致，才能实现社会主义现代化强国，夺取新时代的伟大胜利。

综上所述，本文从理论逻辑、实践探索和时代要求三个维度考察了中国共产党的初心、使命问题，阐明了新时代"不忘初心、牢记使命"的必要性与艰巨性。中国共产党人是马克思主义的忠实传人，"雄关漫道真如铁，而今迈步从头越"，只有不忘初心才能勇担使命。在新时代下，一方面我们深信中国共产党将以更大的勇气、更高的智慧团结和带领全国人民为实现中华民族伟大复兴的中国梦不懈奋斗；另一方面，我们必须时刻牢记，在实现民族复兴的伟大征程中，党的领导是关键，党的建设是实现中国梦最重要的政治保证。

---

① 习近平. 决胜全面建成小康社会，夺取新时代中国特色社会主义伟大胜利——在中国共产党第十九次全国代表大会上的报告［M］. 北京：人民出版社，2009：15.

专题二：

党史与党建研究

以思政的视角简述大学生党史学习

王　静

　　站在历史长河特殊的时间方位，学习探究青年大学生学习党史这个课题，特别有意义。2021 年是中国共产党建立 100 周年，是中国共产党提出的"两个一百年"奋斗目标的历史交汇点，在交汇点上，大学生去了解、回顾、学习党的百年发展历程，能够更加深刻地领悟历史的延续和肩上的责任。

一、学好党的历史，树立远大理想

（一）大学生为什么要学党史

　　首先明确一个概念。2020 年开展了"四史"学习，"四史"虽然各有侧重、各有"知识点"，但不能简单认为它们是孤立与割裂的。通过学习，既要清楚"四史"之间的区别，更要明白它们在历史、理论、实践逻辑上的密切关联。这种关联可简单归纳为：科学社会主义理论的产生，推动社会主义从理论走向实践，包括俄国十月革命胜利与苏联社会主义建设；十月革命给中国送来了马克思列宁主义，成为中国共产党创建的重要条件；党领导人民进行革命的历史，是以社会主义为取向建立新社会、新国家的历史。以 1949 年为起点的新中国史，是党领导人民建设社会主义、推进改革开放的历史，也是探索中国特色社会主义、推动社会主义从一种模式走向多种形态的历史。改革开放史既是党史、新中国史，也是社会主义在中国深入发展的历史，即在马克思主义科学社会主义理论指导下一以贯之地坚持和完善中国特色社会主义的历史。这样联系起来学习，可以更深刻地体会红色政权来之不易、新中国来之不易、中国特色社会主义来之不易。

　　其次理解学习党史的重要意义在于，必须先明白为什么要学历史。这不仅仅是历史观的问题，更是涉及哲学上所谓的"终极三问"，即我是谁、我从哪里来、我到哪里去。尽管有"自古以来，有多少史学家，几乎就有多少种历史概念"的说法，不同学者对历史概念有不同的理解，但不得不承认，不去了解历史、学习历史，我们就没法更好地回答这个问题。

最后回到我们为什么要学习党史。习近平总书记在党史学习教育动员大会上的一段讲话，完整回答了这个问题。总书记说，"党的历史是最生动、最有说服力的教科书"。① 党的十八大以来，党中央高度重视学习党的历史，习近平总书记在不同场合提出了要求，归纳起来，主要有："一是我们党已经发展成为一个走过百年光辉历程的政党、在最大的社会主义国家执政 70 多年、拥有 9100 多万党员的世界上最大的马克思主义执政党，中国共产党立志于中华民族千秋伟业，百年恰是风华正茂，要始终站在时代潮流最前列、站在攻坚克难最前沿、站在最广大人民之中，永远立于不败之地。二是历史是最好的老师，我们党的历史是中国近现代以来历史最为可歌可泣的篇章，历史在人民探索和奋斗中造就了中国共产党，我们党团结带领人民又造就了历史悠久的中华文明新的历史辉煌。一切向前走，都不能忘记走过的路，走得再远、走到再光辉的未来，也不能忘记走过的过去，不能忘记为什么出发。三是学习党的历史，是坚持和发展中国特色社会主义、把党和国家各项事业继续推向前进的必修课，这门功课不仅必修，而且必须修好。四是中国革命历史是最好的营养剂，重温这部伟大历史能够受到党的初心使命、性质宗旨、理想信念的生动教育，必须铭记光辉历史、传承红色基因。五是要学习党史、新中国史、改革开放史、社会主义发展史，广大党员要以学习党的历史为重点，做到知史爱党、知史爱国，在学习领悟中坚定理想信念，在奋发有为中践行初心使命。六是我们党的历史就是我们党与人民心心相印、与人民同甘共苦、与人民团结奋斗的历史，一定要一块过、一块干，始终保持同人民群众的血肉联系。七是全面宣传党的历史，充分发挥党的历史以史鉴今、资政育人的作用，是党和国家工作大局中一项十分重要的工作。八是回顾历史不是为了从成功中寻求慰藉，更不是为了躺在功劳簿上、为回避今天面临的困难和问题寻找借口，而是为了总结历史经验、把握历史规律，增强开拓前进的勇气和力量。九是要坚持用唯物史观来认识历史，坚持实事求是的思想路线，分清主流和支流，坚持真理，修正错误，发扬经验，吸取教训。这些都是我们党对党的历史的一贯立场和态度，体现了我们党对学

---

① 习近平 . 在党史学习教育动员大会上的讲话［EB/OL］. 人民网，2021-03-31.

习运用党的历史重要性和必要性的深刻认识。"① 青年大学生群体，学习党史学好党史就是要坚定应有的理想抱负：牢记初心使命，为党的事业而奋斗，为实现"两个一百年"奋斗目标、实现中华民族伟大复兴的中国梦而奋斗。

（二）大学生学党史，重点学什么

1. 深刻铭记中国共产党百年奋斗的光辉历程。中国共产党的百年历史，是党领导人民进行新民主主义革命，进行社会主义革命和建设，进行改革开放、奋进新时代并取得伟大胜利的历史。中国共产党人为实现民族独立和人民解放、国家富强和人民幸福矢志不渝，接续奋斗，历经千难万险，战胜各种考验，书写了中华民族发展史上的壮丽篇章。通过学习，深刻铭记我们党走过的光辉历程、付出的巨大牺牲、展现的巨大勇气、彰显的巨大力量，深刻认识中国共产党的领导、中国特色社会主义道路是历史的选择、人民的选择，不断增强继往开来走好新时代长征路的自觉性与坚定性。

2. 深刻认识中国共产党为国家和民族作出的伟大贡献。一百年来，党领导人民团结一心、艰苦奋斗，牢牢把握中国社会主要矛盾，推翻了"三座大山"，建立了新中国，建立了社会主义制度，开辟了中国特色社会主义道路，完成了全面建成小康社会的千年夙愿，创造了世所罕见的经济快速发展奇迹和社会长期稳定奇迹，实现了从落后时代到大踏步赶上时代、引领时代的历史性跨越。通过学习，牢牢铭记我们党为实现国家富强、民族振兴、人民幸福和人类文明进步事业作出的伟大历史贡献，深刻认识中国共产党是中国人民和中华民族的主心骨，没有中国共产党就没有新中国，就没有中国特色社会主义，就没有中华民族的伟大复兴。

3. 深刻感悟中国共产党始终不渝为人民的初心宗旨。中国共产党为人民而生、因人民而兴，始终坚持以人民为中心，把为中国人民谋幸福、为中华民族谋复兴作为初心使命，坚持全心全意为人民服务的根本宗旨，始终代表最广大人民根本利益。无论干革命、搞建设，还是抓改革、谋复兴，归根到底都是为了让人民过上好日子。通过学习，始终牢记为了谁、依靠谁、我是谁，牢记人民是真正的英雄，是我们党执政的最大底气，自觉坚持人民立场、践行群众路线，永远和人民群众同呼吸、共命运、心连心，不忘初心、牢记使命、永远奋斗。

4. 系统掌握中国共产党推进马克思主义中国化形成的重大理论成果。一百

---

① 习近平. 在党史学习教育动员大会上的讲话 ［EB/OL］. 人民网，2021-03-31.

年来，中国共产党坚持把马克思主义基本原理同中国具体实际和时代特征相结合，形成了毛泽东思想、邓小平理论、"三个代表"重要思想、科学发展观、习近平新时代中国特色社会主义思想等一系列重大理论成果。特别是以习近平为主要代表的中国共产党人，创立了习近平新时代中国特色社会主义思想，开辟了马克思主义发展新境界，为新时代新征程提供了科学指引。青年大学生要通过学习，深刻认识马克思主义是我们立党立国的根本指导思想，在当代中国坚持和发展习近平新时代中国特色社会主义思想，就是真正坚持和发展马克思主义，必须坚持不懈用党的创新理论武装头脑、指导实践。

5. 学习传承中国共产党在长期奋斗中铸就的伟大精神。一百年前，中国共产党的先驱们创建了中国共产党，形成了坚持真理、坚守理想，践行初心、担当使命，不怕牺牲、英勇斗争，对党忠诚、不负人民的伟大建党精神，这是共产党人的精神之源。青年大学生要通过学习，始终牢记革命理想高于天、崇高精神永不过时，高度珍视精神财富，自觉继承革命传统、传承红色基因、补足精神之钙，在具有许多新的历史特点的伟大斗争中，接续努力不断书写中国共产党人新的精神史诗。

6. 深刻领会中国共产党成功推进革命、建设、改革的宝贵经验。一百年来，中国共产党始终坚持马克思主义政党的政治本色，坚持党对一切工作的领导，加强党的自身建设，以伟大自我革命推动伟大社会革命，始终坚守革命理想，坚持人民至上、一切为了人民、一切依靠人民，坚持实事求是、与时俱进、改革创新，加强党对人民军队的绝对领导，团结一切可以团结的力量，战胜各种风险挑战，不断从胜利走向胜利，积累了弥足珍贵的历史经验。通过学习，充分认识中国共产党为什么"能"、马克思主义为什么"行"、中国特色社会主义为什么"好"，深刻汲取我们党坚持真理、修正错误的经验教训，统筹中华民族伟大复兴战略全局和世界百年未有之大变局，认清形势，把握规律，抓住机遇，应对挑战，为实现第二个百年奋斗目标而接续奋斗。

以上可以概括为学"光辉历程""伟大贡献""初心宗旨""理论成果""伟大精神"和"宝贵经验"等。

（三）大学生怎样学党史

1. "点"的积累。这个"点"，既是"知识点"，更是"典型"，它可以通过一个小小的知识或者故事，反映出中国共产党最本质的特征和最根本的追求。具体来说，它可以是党史小知识、党史故事、党的故事。比如，总书记多次提起的"真理的味道非常甜"的故事、"半条被子"的故事等。它可以是党的历史上具有转折意义的重要会议。比如，八七会议、遵义会议、十一届三中全会等。它也可以是我军历史上经历过的重要战役，比如，南昌起义、秋收起义、平型关战役、解放战争三大战役、渡江战役等。它还可以是中国共产党在各个历史时期锻造的伟大精神，比如，红船精神、井冈山精神、延安精神以及现在的抗疫精神等。

2. "线"的梳理。用"线"把"点"串起来，把握其中的发展脉络和逻辑关系。在线的学习中，我们可以重点把握：①党的三大历史发展阶段。即1919—1949年新民主主义革命时期，1949—1978年社会主义革命和社会主义建设时期，1978年至今的改革开放和社会主义现代化建设时期，尤其要把握每个时期的主要矛盾和主要特征。②党的历次代表大会（从一大到十九大）。我们既要对每次代表大会的主要议题和主要贡献心中有数，更要从历史发展演进中发现党的路线、方针和政策通过历次代表大会得到的继承和发展，以及出现的转折性的、开创性的历史贡献。③党章。党章就是党的根本大法，是全党必须遵循的总规矩。我们既要全面掌握党章基本内容，也要对照党章深入思考党章对党组织和党员的要求是哪些、怎样身体力行，自己哪些没做到、应该如何提高。要特别关注历次党的章程的修改情况，作为党的根本大法，党章的修改背后含义丰富、意义深远，是掌握党的思想理论和路线方针发展的重要线索。④掌握党的思想路线、组织路线的变化发展等。

3. 提升到"理论"的把握。时代是思想之母，实践是理论之基。学习思想和理论，只有"进入"到那个时代的现实和实践中去，才能更好把握思想的精髓。有了党史的知识，再把党史知识串起来，厘清知识之间的历史脉络和思想脉络，最终，我们需要上升到理论的高度，把握蕴含在一条条线索中的理解问题、分析问题、解释问题的视角和思维的方式与方法。其中最根本的方法就是辩证唯物主义与历史唯物主义的方法论。知识上升到理论的高度，才能产生认识世界和改造世界的能力，要去读原著、学原文。我们要去认真学习党的历史上的重要历史文献，尤其要把文献放在产生文献的历史情景下去理解和把握。比如说，我们学习毛泽东的《矛盾论》《实践论》《星星之火可以燎原》等重要著作时，要去了解，这些文章是在什么样的情况下产生的，毛泽东为了写这些文章作了哪些调查和研究，他准备要解决什么样的问题，这些文章产生了什么样的作用，等等。

二、谨记习近平总书记嘱托，勇担青年责任

（一）中国共产党的青年观

中国共产党"两个一百年"的伟大目标，是通过一代又一代共产党人接续奋斗来实现的，这一代代人传承、接续奋斗干成宏伟事业，意味着中华民族伟大复兴的中国梦离不开青年的力量。

中共一大召开的时候，13 位代表都处在 20 岁到 30 岁的阶段，毛泽东 28岁；邓恩铭 20 岁，牺牲时 30 岁；王尽美 23 岁，积劳成疾病逝时 27 岁；陈潭秋25 岁，牺牲时 47 岁。他们投身革命的时间就更早了。他们把人生最美的青春年华贡献给了党的事业，类似的例子还有很多，所以说，一部中共党史也就是一部中国共产党领导青年一代不断发展奋进的历史。总书记的这段讲话充分代表了中国共产党的青年观。青年观的核心是如何正确认识和看待青年，对此，总书记在一系列讲话中进行了阐述：

1. 关于青年的特点。总书记认为，"青年最富有朝气，最富有梦想，是未来的领导者和建设者"①"他们朝气蓬勃、好学上进、视野宽广、开放自信，是可爱、可信、可为的一代"②。

2. 关于青年的特殊地位和重要作用。总书记指出，青年是祖国的未来、民族的希望，也是我们党的未来和希望，"青年兴则国家兴，青年强则国家强"③，"中国的未来属于青年，中华民族的未来也属于青年"④，"历史和现实都告诉我们，青年一代有理想、有担当，国家就有前途，民族就有希望，实现我们的发展目标就有源源不断的强大力量"⑤。

3. 对青年寄予厚望。总书记指出，"对当代高校学生，党和人民充分信任、寄予厚望"。"展望未来，我国青年一代必将大有可为，也必将大有作为。这是'长江后浪推前浪'的历史规律，也是'一代更比一代强'的青春责任"⑥。

（二）习近平总书记关于青年的重要思想

总书记对青年的理解和认识，反映了马克思主义坚持全面、辩证、发展地

---

① 习近平 . 在联合国教科文组织第九届青年论坛开幕式上的贺词［N］. 人民日报，2015-10-27.
② 习近平 . 在全国高校思想政治工作会议上的讲话［N］. 人民日报，2016-12-07.
③ 习近平 . 携手建设中国—东盟命运共同体［N］. 人民日报，2013-10-04.
④ 习近平 . 在中国政法大学考察时的讲话［N］. 人民日报，2017-05-04.
⑤ 十八大以来重要文献选编（上）［M］. 中央文献出版社，2014：278.
⑥ 十八大以来重要文献选编（上）［M］. 中央文献出版社，2014：278.

认识和看待青年的观点视角，强调青年在时代发展中的积极意义、独特历史地位和重要现实作用。正是基于这样的青年观，习近平总书记对青年的成长成才极其重视，他曾指出，"中国共产党自成立之日起，就始终把青年工作作为党的一项极为重要的工作"。总书记为青年一代健康成长指明了正确的道路，概括为"一个观""两种人""三个我"。

1. "一个观"是指引导青少年树立和践行社会主义核心价值观。"青年的价值取向决定了未来整个社会的价值取向，而青年又处在价值观形成和确定的时期，抓好这一时期的价值观养成十分重要。这就像穿衣服扣扣子一样，如果第一粒扣子扣错了，剩余的扣子都会扣错。人生的扣子从一开始就要扣好。"①

2. "两种人"，一是德智体美劳全面发展的社会主义建设者和接班人，二是堪当民族复兴重任的时代新人。怎样成长为这两种人，总书记在不同场合多次论述提出要求。2014 年，他在北京大学师生座谈会上指出，"一是要勤学，下得苦功夫，求得真学问。二是要修德，加强道德修养，注重道德实践。三是要明辨，善于明辨是非，善于决断选择。四是要笃实，扎扎实实干事，踏踏实实做人"。2018 年，他在北京大学师生座谈会上指出，"一是要爱国，忠于祖国，忠于人民。二是要励志，立鸿鹄志，做奋斗者。三是要求真，求真学问，练真本领。四是要力行，知行合一，做实干家"。2019 年 4 月 30 日，习近平总书记在纪念五四运动 100 周年大会上将他对青年成长成才的期望概括为六个要点，"要树立远大理想""要热爱伟大祖国""要担当时代责任""要勇于砥砺奋斗""要练就过硬本领""要锤炼品德修为"。2021 年上半年总书记在考察清华大学时提出了要爱国爱民、要锤炼品德、要勇于创新、要实学实干的要求等。

3. 总书记关于青年成长成才的重要思想，重点是围绕"三个我"的辩证关系进行了论述，即砥砺小我、实现大我和超越自我。砥砺小我主要着眼于青年群体个人成长成才过程中对于自身全方位的提升，其中最重要的是提升道德品格，同时青年的身心健康是个人提升的基础性条件，而读书学习则是个人成长成才的直接动力。实现大我是在砥砺小我的前提下，将个人发展与更宏伟的目标相结合。新时代青年要确立正确的"实践观"和"奋斗观"，知行合一、艰苦奋斗，发挥青年一代创新创业的优势，让个人的成长成才更快、更深、更广地融入时代发展，服务时代发展，推动时代发展。超越自我是砥砺小我和实现

---

① 习近平. 青年需自觉践行社会主义核心价值观——在北京大学师生座谈会上的讲话 [EB/OL]. 新华社，2014-05-14.

大我的最终归宿。超越自我需要青年一代坚定马克思主义的理想信念，胸怀共产主义远大理想，在葆有中国情怀的同时，建立起人类命运共同体的宽广胸怀，积极推动"一带一路"建设，投身经济全球化浪潮，承担起提升全球治理水平的责任。

（三）当代青年的时代使命和责任

从总书记高屋建瓴的嘱托出发，从身边事做起，扎扎实实履行好大学生的时代使命和责任。

1. 大学生的第一任务是学习。大学生一定要好好学习，这是最基本的要求，也是大学生上大学的职责。每一个学生进入大学，都要问一问自己为什么来？是为了毕业后高薪的工作、为了父母家人的期望，还是为了对学问的兴趣、为了心中的抱负，等等。当然，答案可能是交织的，但是什么是主导却非常重要，会影响学习观。告诫大学生的是，如果你淡化了纯粹"为了谋生而求学"的目的，那么你的学习就具有了高尚性，你对学问就有了一种尊崇，你就有了一种理想主义的情怀。

2. 大学生应该保持一种理想主义。理想主义是深藏于个人心灵深处的精神源泉，对于青年学生来说至关重要。有了理想，就会懂得为了什么学习、怎样学习；有了理想，就会把学习和研究的辛苦当作乐趣和享受，面对困难也能坦然处之、勇于克服；有了理想，就会有责任感，想方设法让这个不甚完美的世界变得更加美好，让人类有一个更加辉煌的未来。中国共产党领导的社会主义大学都愿意为有着那么一种理想主义的学生提供永久的精神家园。

3. 大学生要承担各种社会责任。以上外为例，回顾学校校史，传承大学精神，新时代的上外学生不应忘记爱国荣校的传统，要通过志愿活动等积极地参与社会实践、承担责任，同时也得明白当现实和理想产生差距的时候，不能慷慨激昂、采取激烈的行动。要认识到，社会具有自我调节的功能，作为大学生我们最大的责任还在于学习，离开教室、离开图书馆、离开校园去直接介入社会（包括网络空间）的现实情况，不是社会所希望看到的。

三、坚定理想信念，听党话跟党走

理想信念是理性选择和价值追求的统一，既是真理的思辨，又是为了追求真理奋不顾身。理想因其远大而为理想，信念因其执着而为信念。但是，坚定的理想信念，必须建立在对马克思主义的深刻理解之上，建立在对历史规律的深刻把握之上。具体地讲，就是大学生要增强"四个自信"，深刻认识"四个为什么"。

（一）增强"四个自信"，坚定理想信念

信仰信念任何时候都至关重要。对马克思主义的信仰，对社会主义和共产主义的信念，是共产党人的政治灵魂，是共产党人经受住任何考验的精神支柱。在新时代，坚定信仰信念，最重要的就是要坚定"四个自信"。中国共产党的百年奋斗历程和伟大成就是大学生增强"四个自信"最坚实的基础。

经过一百年的奋斗，中国共产党团结带领人民在一个有着几千年封建社会历史的国家实现了最广泛的人民民主，人民真正成为国家、社会和自己命运的主人。我们国家在一穷二白的基础上创造了经济社会快速发展的奇迹，用几十年时间走完了发达国家几百年走过的工业化历程，跃升为世界第二大经济体，综合国力、科技实力、国防实力、文化影响力、国际影响力显著提升；我国人民生活由温饱不足到全面小康，整体上彻底摆脱了绝对贫困，成为世界上中等收入人口最多的国家；我国长期保持社会和谐稳定、人民安居乐业，成为国际社会公认的最有安全感的国家之一。这次抗击新冠肺炎疫情的伟大斗争，充分彰显了党的领导和我国社会主义制度的显著优势，极大增强了全党全国各族人民的信心信念，当今世界，要说哪个政党、哪个国家、哪个民族能够自信的话，那中国共产党、中华人民共和国、中华民族是最有理由自信的！

（二）深刻认识"四个为什么"

中国共产党为什么"能"？理论和实践都证明，中国共产党能带领中国人民取得巨大成功绝非偶然，而是因为她有一系列优秀特质。中国共产党有远大理想追求，有科学理论引领，有选贤任能机制，有严明纪律规矩，有自我革命精神，有强大领导能力。正是依靠诸多优秀特质，中国共产党成为始终走在时代前列、人民衷心拥护、勇于自我革命、经得起各种风浪考验、朝气蓬勃的马克思主义执政党。

马克思主义为什么行？习近平总书记指出：中国革命和建设的"实践证明，马克思主义的命运早已同中国共产党的命运、中国人民的命运、中华民族的命运紧紧连在一起，它的科学性和真理性在中国得到了充分检验，它的人民性和实践性在中国得到了充分贯彻，它的开放性和时代性在中国得到了充分彰显！"① 新中国成立 70 年来，中华民族迎来了从站起来、富起来到强起来的伟大飞跃，马克思主义在中国大地放射出灿烂光芒、结出丰硕果实，马克思主义中国化理论成果不断将马克思主义推向新的历史高度，生动诠释了马克思主义为什么"行"。

中国特色社会主义为什么好？中国特色社会主义是党和人民历经千辛万苦、付出各种代价取得的宝贵成果。有伟大光荣正确的中国共产党领导，有马克思主义科学理论指导。它从奋斗中得来，是实现全面建成小康社会、全面建成社会主义现代化强国、中华民族伟大复兴的必由之路；它是科学社会主义理论逻辑和中国社会发展历史逻辑的辩证统一，焕发出科学社会主义的强大生机活力；它始终坚持以人民为中心，致力于造福最广大人民群众。

中国特色社会主义制度为什么优？历史唯物主义认为，生产力同生产关系、经济基础同上层建筑的矛盾运动，推动人类社会从低级向高级发展。制度属于上层建筑，必须适应经济基础的状况，必须适合社会生产力发展的要求。社会主义制度之所以优于资本主义制度，说到底，就是因为它更能满足越来越发达的社会化大生产对制度的要求，代表了当今世界先进社会生产力的发展方向。中国特色社会主义制度最根本的优势就在这里。党的十九届四中全会立足中国特色社会主义事业发展全局，从 13 个方面系统总结了中国制度的显著优势。总书记说过，鞋子合不合脚，穿鞋的人最知道，中国特色社会主义制度的优势，要看事实，要看中国人民的判断，而不是看那些戴着有色眼镜的人的主观臆断。中国共产党人和中国人民完全有信心为人类对更好社会制度的探索提供中国方案。

（三）端正入党动机 坚定不移跟党走

"大学生为什么加入中国共产党和加入中国共产党为什么"，这两个问题实质上是一个铜板的两面，答案应该是同一个：全心全意为人民服务。这是中国共产党的根本宗旨，人民至上是中国共产党的价值追求。习近平总书记强调，"每个共产党员都要弄明白，党除了人民利益之外没有自己的特殊利益，党的一切工作都是为了实现好、维护好、发展好最广大人民根本利益"。② 也就是说，加入中国共产党的目的不是为了谋取任何的特殊利益，唯一的目的就是为人民

①　习近平. 在纪念马克思诞辰 200 周年大会上的讲话［N］. 人民日报，2018 - 05 - 05（02）.

②　习近平. 在"不忘初心、牢记使命"主题教育总结大会上的讲话［N］. 人民日报，2020 - 01 - 09.

服务。

这两个问题的统一关系反映出了个人价值与社会价值的辩证统一。马克思主义认为，人在本质上是一种关系的存在，人类社会的繁荣发展与个体自身价值的实现密切相关。马克思和恩格斯曾经说到，人类的本性是这样的：人只有为同时代人的完美、为他们的幸福而工作，自己才能达到完美。历史把那些为共同目标工作因而自己变得高尚的人称为最伟大的人物；经常赞美那些为大多数人带来幸福的人是最幸福的人。……如果我们选择了最能为人类而工作的职业，那么，重担就不能把我们压倒。也就是说，只有追随中国共产党在全心全意为人民服务的伟大奋斗和不懈追求中，个人才能实现个人价值与社会价值的统一。正是因为个人价值与社会价值的辩证统一关系，大学生入党可以有那么一点儿"私心"，这个"私心"，就是总书记要求把自己的梦想融入人民实现中国梦的壮阔奋斗之中，把自己的名字写在中华民族伟大复兴的光辉史册上。

"思想上入党比组织上入党更为重要"。大学生能以入党誓词内容为内涵追求，思想上先入党，然后在行动上积极向党组织靠拢，在如理论学习、政治自觉、言行举止、学业学习以及日常生活、群众关系、社会工作和社会实践等各个方面认真接受群众的监督、组织的考察，争取早日加入中国共产党。习近平总书记指出，"时间之河川流不息，每一代青年都有自己的际遇和机缘，都要在自己所处的时代条件下谋划人生、创造历史。"① 青年是标志时代的最灵敏的晴雨表，时代的责任赋予青年，时代的光荣属于青年。青年大学生只有牢记习近平总书记的勉励，真正将学党史强信念听党话落实到跟党走的行动上，才能不辜负党和人民的殷切希望和期待。

---

① 十八大以来重要文献选编（中）［M］. 北京：中央文献出版社，2016：2.

探索建立新时代"师生联建联学"党支部组织建设模式

孙宇伟

党支部是中国共产党的基础组织,是党的组织系统中最基本的单位和构成细胞,既是党的全部工作和战斗力的基础,又是党在社会基层组织中的战斗堡垒,更是我们党执政的基础。全面提升党支部组织力,强化党支部政治功能,巩固党长期执政的组织基础,进一步增强基层党支部的战斗力,是全面贯彻党的教育方针、深入落实立德树人根本任务,努力培养担当民族复兴大任的时代新人,培养德智体美劳全面发展的社会主义建设者和接班人的必然要求。面对高校基层党组织建设的现实情况,探索建立新时代"师生联建联学"党支部组织建设模式:创新组织活动方式,调整教师党员归属教工党支部,大学生党员归属学生支部的组织活动方式,建立教师党员与学生党员组成的"联建联学"的党支部组织建设模式,使师生在高校基层党建活动中,互为服务、学习对象,把师生党员共同提高作为高校基层党建工作的目标和组织保障,提高党员教育内容的针对性实效性,不断提高党支部建设质量,加强基层党组织的组织力。

一、加强高校基层党支部建设的必要性

(一) 推进基层党政治建设 提升高校育人工作水平

2016 年 12 月,习近平在全国高校思想政治工作会议上强调要遵循思想政治工作规律、教书育人规律、学生成长规律开展思想政治工作,要加强高校党的基层组织建设,创新体制机制,改进工作方式,提高党的基层组织做思想政治工作能力。要做好在高校教师和学生中发展党员工作,加强党员队伍教育管理,使每个师生党员都做到在党爱党、在党言党、在党为党。

《中国共产党组织工作条例》第十三条指出:"党的基层组织是党在社会基层组织中的战斗堡垒,是党的全部工作和战斗力的基础。坚持大抓基层的鲜明

导向，以提升组织力为重点，大力加强企业、农村、机关、学校、医院、科研院所、街道社区、社会组织等基层党组织建设，推进组织设置和活动方式创新，增强党组织政治功能，选优配强党组织带头人，把各领域党的基层组织建设成为宣传党的主张、贯彻党的决定、领导基层治理、团结动员群众、推动改革发展的坚强战斗堡垒。"《中国共产党普通高等学校基层组织工作条例》的文件精神指出，高校基层党组织是党在高校全部工作和战斗力的基础。坚持和加强党对高校的全面领导，必须夯实高校党建工作基础，增强基层党组织的创造力凝聚力战斗力。要坚持抓基层强基础，强化院（系）党组织政治功能，全面加强师生党支部建设，全面增强高校基层党组织生机活力。

高校基层党支部是从思想上、政治上团结、凝聚广大师生，落实立德树人根本任务的战斗堡垒，进一步增强党组织的凝聚力和战斗力。我们应以党的基层组织建设带动其他各类高校基层组织建设和工作，推动高校提升育人工作水平，因此加强高校基层党支部建设具有重大的现实意义。

（二）目前高校基层党支部的设置现状

高校中大部分党支部的设置情况是"师生相对分离式"的——教师和学生分设教工、学生支部。担任学生支部书记的大部分是学生辅导员或优秀学生党员，担任教工支部书记的是教师。其中，高校根据教育部关于基层党建工作的要求，还在院系配备了专职党建组织员，并聘请了优秀退休党员教师作为特邀党建组织员，组成专兼职相结合的基层党建工作队伍。

当前，部分高校存在多校区办学管理空间的现象，尤其在北京、上海、广州等高校集中的城市，多校区之间距离较远，教师往往在课后停留时间较短，师生之间在第二课堂的沟通显得局促；学生和教师作为高校的两个主要群体，各有自己工作、学习的规律，学生之间因学分制的实行带来了学生按课程分散上课，以班级为单位的集中时间较少等问题，学生党支部组织活动多数安排在周末或晚上课程结束后进行，和教师课余时间较难配合；在高校的院系基层党组织中，一般是分党委（党总支）书记直接指导教工支部工作，分党委（党总支）副书记分管学生工作，直接指导辅导员开展学生党支部工作，而辅导员因工作需要担任学生党支部书记，较少参与教工党支部的活动；师生因年龄阅历的不同，有些活动学习主题无法相互形成交流等等。

目前这种较为普遍的支部设置方式确实有一定的合理性：如师生工作学习各有自身特点，分设支部，能够让组织活动更为有针对性；党员教师有定期主题党日活动用于集中学习；学生则可以以班级、住宿楼、专业等不同方式设置组成党支部，有效保证支部活动，保证支部活动的有效性。

（三）目前高校基层党支部建设工作存在的问题

在高校采取的"师生相对分离式"的设置党支部的基层党建工作，存在着一定问题，这些问题突出表现在师生支部之间因分隔而带来的交流不充分。具体表现在：

1. 党员教师发挥育人表率作用不全面

党员教师在与学生的课余交流中发挥了他们的能动性和主体性，也较充分地表现出他们的责任意识和奉献精神。但教师的教学、科研任务繁重，有的教师只在平时有教学任务时才来学校上课，学生们在课外时间与教师进行深入交流显得较少，党员教师课余时间参与学生活动的多数限于与专业学习相关的活动，党员教师对学生党建工作的参与度不够高，党员教师教书育人的表率作用难以充分发挥。

2. 大学生党支部组织力发挥不充分

在高校各教师群体中，与学生接触较多的是辅导员，辅导员是大学生日常接触较多的党员教师。辅导员是职业化的基层党建工作力量，学生支部书记一般从优秀辅导员中选拔担任，但由于辅导员的岗位流动或党支部组织换届，党建工作队伍不稳定，影响了学生党支部的自身组织建设，学生党支部发挥思想政治引领的作用不充分。

二、"师生联建联学"党支部建设符合教书育人规律

高校的根本任务是立德树人，全面贯彻党的教育方针，坚守为党育人、为国育才，培养德智体美劳全面发展的社会主义建设者和接班人。建立"师生联建联学"党支部组织活动方式，使师生在党组织活动中，互为服务、学习对象，把师生共同提高作为落实立德树人根本任务的工作目标和组织保障是十分必要的。建立"联建联学"师生党支部建设，使教师党员对学生党员除了课堂专业的指导外，还能在"联建联学"的党组织生活中引导学生筑牢理想信念根基，全面发展、健康成长，深化了高校基层党建工作的针对性和有效性，促进全方位育人。

"师生联建联学"党支部建设机制符合教学相长规律，符合全员全过程全方位育人的原则，有助于学生的成长成才。"教学相长"语出《学记》，从学习的角度来说，教学可以相长。"学然后知不足，教然后知困；知不足，然后能自反也；知困，然后能自强也，故曰教学相长也"。"教学相长"是通过施教的知识

外化过程从授课对象处获得反馈信息，可以了解更多的未知，从而达到更自强的学习境界，边学边教可以相互促进。从教学角度来说，"教学相长"要求教学中教师的教促进学生的学，学生的学也促进教师的教，教师的主导作用要同学生的学习主动性相互促进，教师的主导水平要和学生的发展水平呈正相关。"教学相长"揭示了教与学是辩证统一的关系，是一种交互的积极影响关系。

在"教学相长"的规律中，"长什么"是一个非常重要的内容。通常我们的理解是教师和学生双方在知识技能方面的共同增长。当我们谈到"师生联建联学"党支部活动方式遵循教学相长的规律时，除增长知识学养外，这里的"长什么"，是指教师学生双方在人格魅力、党性修养方面的相互促进。知识学养的相互促进，可以通过课堂教学和课下专业类交流活动完成；而"师生联动联学"的党支部活动方式侧重于党性修养的塑造。优秀的学生党员突出的综合素质和表现，既是教师党员事业成就感的来源，又可以以自身言行影响感染教师党员，在某种程度上减弱教师的职业倦怠感，可以促进教师的师德建设。

三、以"联建联学"师生党支部建设提高组织力

结合高校基层党支部建设的实际情况，提出以下对策。

（一）探索新型党支部组织设置

建立"师—生"基层党建组织联动建设模式，调整教师党员隶属教工党支部、学生党员隶属学生支部组织模式，建立以专业或年级为单位的教师党员与大学生党员组成的党支部联动组织活动方式，创新组织建设模式。

（二）选拔青年骨干教师担任本科学生党支部书记

根据《中国共产党普通高等学校基层组织工作条例》第九条"注重从优秀辅导员、骨干教师、优秀学生党员中选拔学生党支部书记"的精神，可选拔部分青年骨干教师与低年级大学生党员共同组成党支部，意在让青年教师尤其是新进校的青年教师全程全方位参加大学生党建的各环节，在对大学生开展理想信念教育的同时也促进了青年教师师德、师风的培养。通过组织培养与发展的平台，促进教师党员与广大学生相互了解，创造师生思想交流的平台，更全面地实现组织育人；这有利于师生双方共同成长提升，进一步提高青年教师的育人意识和育人能力，积极落实立德树人任务。

（三）安排学识丰富的研究生导师参与研究生学生支部的组织建设

从事研究生教学的教师党支部与大学高年级学生党员在组织建制上可以分

别设立或可以依托重大项目组、科研平台或者学生社区等设置师生党支部，但党组织活动互动参加，以学生身边的教师党员人格魅力、学术魅力更能获得研究生的认同与学习。激发研究生党员、入党积极分子的学习热情，提高其学习能力。教师党员也可以从学生专业学习计划、职业规划进行指导，引导研究生树立正确的世界观、人生观、价值观，增强使命感、责任感，既做学业导师又做人生导师。通过师—生基层党建联动模式，共同培养师生党员积极向上、创新进取的精神，发挥教师党员、学生党员的先进性。

四、"师生联建联学"党支部建设的意义

（一）创新组织设置和党支部工作内容——落实立德树人根本任务

通过师生党建联动工作模式，工作角度更多地从关注学生出发，为学生办实事、办好事，更多地服务社会关注民生，把党的影响与感染传递到学生的心里，体现党的先进性。开展了领导在网上与师生对话，定期在网上向全校干部和师生通报工作情况，不定期地向师生作形势报告，一对一结对谈心，就业困难、家庭经济困难学生帮扶活动，实现了师生零距离沟通，解决了学生学习、生活、思想、心理、就业等方面遇到的问题和困难。依托志愿服务活动，引导大学生服务社会关注民生，围绕和谐社会、科学发展、服务社会建设等专题开展深入调研，并建言献策。

（二）创新党员教育形式——党建教育与专业教育相融合

以"党建+"的理念，把党建教育与专业教育更为紧密地有机融合起来。教师党员在专业教育中拓展党建教育，突出思想性；在思想教育中渗透专业教育，体现科学性。以党员讲堂等品牌活动，凸显教师党员身份，融合党建教育；教师党员可与共建支部学生就学生关心的话题开展谈心、座谈、团队辅导等，与学生交流感情、沟通思想，更好地了解学生的个性特点、想法和思想动向，从而根据学生的不同特点进行个性化指导，做到因材施教。

（三）创新学生培养模式——培养学生创新能力与提高教师教学科研水平相结合

按照"四有"好老师的要求，提高教师课堂育人、科研育人/实践育人等的意识，引导学生在教学实践、科研课题方面得到价值引导，指导学生主动参与科研和社会实践，培养学生探索未知、追求真理的责任感和使命感，努力成为担当民族复兴大任的时代新人。

多维度解码"中国共产党为什么能"

蒙象飞

　　1840 年鸦片战争爆发，中国陷入内忧外患的黑暗境地。鸦片战争之后的 80 年间，面对国家危机、民族灾难，无数仁人志士不屈不挠、前仆后继进行了艰辛的探索和斗争，但终究未能改变旧中国社会性质和中国人民的悲惨命运。直到 1921 年中国共产党成立，中国革命和中国社会从此发生了翻天覆地的变化，中国共产党团结和带领人民进行了 28 年艰苦卓绝的浴血奋战，建立了中华人民共和国，进行了社会主义革命，确立了社会主义基本制度，完成了近代以来实现民族独立、人民解放的历史任务和中华民族有史以来最为广泛而深刻的社会变革，为中华民族走向繁荣富强奠定了根本政治前提和制度基础。党的十一届三中全会科学研判和准确把握新的历史方位，吹响改革开放和经济建设的号角，开辟中国特色社会主义道路，使中国大踏步赶上时代。经过 40 多年的改革开放和经济建设，特别是党的十八大以来，党和国家事业发生了历史性变革，迎来了实现中华民族伟大复兴的光明前景。纵观近 180 年的历史，我们不难发现，是历史和中国人民选择了中国共产党，也正是在中国共产党的领导下，中华民族迎来了从站起来、富起来到强起来的伟大飞跃，创造了让世界惊叹的"中国奇迹"。中国共产党能夺取全国政权并长期执政、带领中国人民取得如此巨大的成功绝非偶然，有其历史必然性，这种历史必然性引出这样一个重大课题：中国共产党为什么"能"？其成功的背后原因是什么？科学回答这一重大课题，对于始终坚持中国共产党领导、实现中华民族伟大复兴具有十分重要的意义。

一、强大信仰力量是"中国共产党为什么能"的精神密码

　　信仰是人们的一种高级的精神活动，是指对某种思想或宗教及对某人某物的信奉敬仰。信仰与信念不同，为了某种信仰甚至可以付出自己的生命。有了

信仰，人就有了精神寄托，有了行动指南。信仰对每个人来说，不存在有和无的问题，只有自觉还是盲目、坚定还是摇摆、正确还是错误、先进还是落后的区别。对信仰的不同选择，体现了一个人生命的宽度和厚度，对政党而言，对信仰的不同选择，则体现了一个政党的高度和长度。1921 年中国共产党第一次全国代表大会在上海召开，在浙江嘉兴南湖的一条游船上胜利闭幕，庄严宣告中国共产党的诞生。自此，革命之火熊熊燃烧，形成燎原之势。中共一大时，仅有包括毛泽东同志在内的 13 名代表，全国党员共 57 人，今天发展成有 9000多万名党员、460 多万个基层党组织，在 14 亿人口的大国长期执政的党，成为世界上第一大党、世界上最坚强的政党。中国共产党人将曾经一盘散沙的国家凝聚成一个强大整体，从革命建国到经济富国再到现在的治理强国，一路走下来并取得成功，就在于共产党人把共产主义作为自己的信仰，隐藏其背后的，就是信仰的力量。

马克思主义、共产主义理想是共产党人的"命脉和灵魂"，是共产党人在革命、建设和改革各个时期经受住任何考验的"精神支柱"。中国共产党之所以能夺取政权并长期执政，重要原因之一就是有一批坚定的马克思主义信仰追随者。翻阅世界政党的历史，中共所遭受的是世界政党史上前所未有的残酷境遇，全世界没有哪一个政党遭受过中国共产党这般炼狱地火似的考验。大革命失败后，在严酷的白色恐怖之中，党的组织被打散，党员同党组织失去联系，彷徨者、动摇者、贪生怕死者纷纷脱党，有的公开在报纸上刊登反共启事，并指认捉拿搜捕自己的同志，但更多的是为了主义视死如归者。党的历史上，为了主义、信仰付出一生甚至生命的共产党人不胜枚举，正是凭借着对马克思主义的信仰、信念、信心，共产党人克服了无数艰难险阻，迈过一个又一个坎，创造了彪炳史册的人间奇迹。党的十八大以来几乎在所有讲到党的建设、思想政治工作和党员干部队伍建设时，习近平总书记都要讲共产党的信仰、共产党人的理想，如"长征胜利启示我们：心中有信仰，脚下有力量；没有牢不可破的理想信念，没有崇高理想信念的有力支撑，要取得长征胜利是不可想象的。"① "我们共产党人的根本，就是对马克思主义的信仰，对共产主义和社会主义的信念，对党和人民的忠诚。立根固本，就是要坚定这份信仰、坚定这份信念、坚定这份忠

---

① 习近平. 在纪念红军长征胜利 80 周年大会上的讲话［EB/OL］. 新华网，2016-10-21.

诚，只有在立根固本上下足了功夫，才会有强大的免疫力和抵抗力。"①

二、始终心系人民是"中国共产党为什么能"的力量源泉

"得天下有道，得其民，斯得天下矣。得其民有道，得其心，斯得民矣。"得天下自有它的规律可循，得民心方得天下，失民心必失天下，民心的"向"与"背"历来决定是"载舟"还是"覆舟"。苏共1991年自行解散，被迫交出政权和退出历史舞台，其原因固然有诸多的方面，但最大原因就在于丧失了民心。习近平总书记多次强调"人心是最大的政治"②。中国共产党之所以能，就在于始终心系人民，以人民利益为己任。能否代表最广大人民的根本利益是马克思主义政党区别于其他政党的显著标志，带领人民创造美好生活是中国共产党始终不渝的奋斗目标。每个政党都有追求，但不同政党的追求很不相同。毛泽东在党的七大上指出：我们共产党人区别于其他任何政党的又一个显著的标志，就是和最广大的人民群众取得最密切的联系，全心全意为人民服务，一刻也不脱离群众，一切从人民的利益出发，而不是从个人或小集团的利益出发。③从毛泽东"我们的责任，是向人民负责"，④ 到邓小平"一切以人民利益作为每一个党员的最高准绳"，⑤ 到江泽民"实现、维护和发展人民群众的利益，始终是我们最大最重要的政治"，⑥ 到胡锦涛"权为民所用、情为民所系、利为民所谋"，⑦ 到习近平"人民对美好生活的向往，就是我们的奋斗目标"，⑧ 坚持全心全意为人民服务始终是中国共产党人一以贯之的价值理念和追求。

新民主主义革命时期，中国共产党为了取得革命的胜利，实行了一系列爱民、护民、保民的政策，赢得了民心，充分调动了广大人民支持革命、参加革命的积极性，为新民主主义革命的胜利奠定了坚实的群众基础。新中国成立后，

① 习近平.2015年9月11日在中央政治局第二十六次集体学习时的讲话［EB/OL］.中国共产党新闻网，2015-09-12.
② 习近平谈治国理政：第3卷［M］.北京：外文出版社，2020：326.
③ 毛泽东选集：第3卷［M］.北京：人民出版社，1991：1094.
④ 中共中央文献研究室.毛泽东著作专题摘编（下）［M］.北京：中央文献出版社，2003：1715.
⑤ 邓小平文选：第1卷［M］.北京：人民出版社，1994：257.
⑥ 中共中央文献研究室.江泽民思想年编（1989—2008）［M］.北京：中央文献出版社，2010：371.
⑦ 中国共产党第十七次全国代表大会文件汇编［M］.北京：人民出版社，2007：53.
⑧ 习近平谈治国理政［M］.北京：外文出版社，2014：424.

新旧政权更替，各种思想相互激荡。面对复杂多变的国际国内环境，中国共产党一方面通过意识形态改造运动来巩固新生政权和保障制度的运行，另一方面领导全国人民开始进行大规模的经济建设，建立了独立的、比较完整的工业体系和国民经济体系，确立了社会主义基本制度。1953 年到 1976 年，我国国内生产总值年均增长 5.9%，其中工业年均增长 11.1%，人民物质生活和文化生活的水平得到逐步提高，建立了人民当家作主的社会主义根本政治制度、以公有制为基础的社会主义基本经济制度等，成功实现了中国历史上最伟大、最深刻的社会变革。然而，新中国成立至改革开放前，中国共产党试图以平均主义的方式实现社会民众经济利益的共享并没有带来共产主义式的"共同富裕"，反之换来的却是普遍的贫穷与落后。这种贫穷与落后甚至打破了社会民众对共产主义社会的美好幻想。伴随"实践是检验真理的唯一标准"大讨论，改革开放、发展经济成为民众内心的真实呼声。党的十一届三中全会抛弃了"以阶级斗争为纲"的错误方针，把党和国家工作的重点转移到社会主义现代化建设上来。以公有制为主体、多种所有制并存的经济体制，以按劳分配为主体的多种分配方式有步骤地推进，社会民众追求经济利益的诉求和致富的动机与中央建设小康社会的目标高度吻合。但由于计划经济向市场经济的转型，以及生产资料所有制结构的调整、收入分配方式的变革、城乡二元结构的打破、东西部地区发展的不均衡等，利益格局、社会阶层出现了多元化变动，阶层分化、利益分化现象明显。利益关系和利益格局的深刻变化引发了利益由平均化向多极化、由稳定性向多变性转变，以追求经济利益为目标的价值导向又激化了贫富差距的扩大和社会财富分配的不公等等。党中央意识到，经济绩效是获取社会民众信任和拥护的必要条件但不是充分条件，政治的稳定性需要调节各种利益关系。为此，党中央着眼于制度的合法性、公平性和有效性，不断推进社会主义民主政治制度化、规范化、程序化，从落实国家权力属于人民的根本制度上建构社会民众对党和国家的信任。党的十八大之后，党中央推进"四个全面"战略布局、"五位一体"总体布局，广大人民群众的幸福感、获得感和满意度得到极大提升。"老百姓是天，老百姓是地。忘记了人民，脱离了人民，我们就会成为无源之水、无本之木，就会一事无成。我们要坚持党的群众路线，始终保持党同人民群众的血肉联系，始终接受人民群众批评和监督，心中常思百姓疾苦，脑中常谋富民之策，使我们党永远赢得人民群众信任和拥护，使我们的事业始终拥有不竭的力量源泉。"① 心系人民是中国共产党走向成功的重要因素。

三、重视纪律建设是"中国共产党为什么能"的重要保证

人不以规矩则废，党不以规矩则乱。政党作为政治组织，一般都有自己的章程，都有纪律规矩。没有规矩不成其为政党，更不成其为马克思主义政党，但像中国共产党这样有着严明纪律规矩的政党，世所罕见。党的规矩主要包括以下几个方面：一是党章，党章是全党必须遵循的总章程，也是总规矩；二是党的纪律，即党的政治纪律、组织纪律、廉洁纪律、群众纪律、工作纪律和生活纪律等刚性约束，其中政治纪律更是全党在政治方向、政治立场、政治行动方面必须遵守的刚性约束；三是国家法律，国家法律是党员、干部必须遵守的规矩，法律是党领导人民制定的，全党必须模范执行；四是党在长期实践中形成的优良传统和工作惯例，如每个党员应有的政治意识、组织意识、原则意识、团结意识、程序意识等政治思想觉悟以及我们党在长期奋斗过程中形成的理论联系实际的作风、密切联系群众的作风和批评与自我批评的作风等等。

中国共产党很早就重视党的纪律建设。1927 年党的五大决定成立中央监察委员会，专门负责党的纪律监察工作。土地革命时期，党把支部建在连上，加强党对军队的领导，制定"三大纪律八项注意"。延安时期开始，党的纪律规矩逐步丰富成熟，党中央制定和实行了一系列纪律规矩。在革命时期，中国是一个半殖民地半封建国家，在内部没有民主制度，受封建制度压迫；在外部没有民族独立，受帝国主义压迫。这种特殊的国情，决定了中国无产阶级政党只能走武装斗争的道路。毛泽东曾指出：没有一个全国范围的、广大群众性的、思想上政治上组织上完全巩固的、布尔什维克化的中国共产党，这样的任务是不能完成的。民政和组织部门统计，中国共产党成立到 1949 年中华人民共和国成立这 28 年间，牺牲的可以查到姓名的中共党员有 370 多万名。白色恐怖极其严重的条件下，中国共产党要领导中国革命成功，一方面需要崇高的信念，另一方面需要高度的组织性和纪律性，没有组织性、纪律性，中国共产党不可能领导中国革命取得成功。1945 年黄炎培到延安考察谈道："其兴也浡焉，其亡也忽焉"，毛泽东当场表示："我们已经找到新路，我们能跳出这周期率。这条新路就是民主。只有让人民来监督政府，政府才不敢松懈。只有人人起来负责，才不会人亡政息"。毛泽东讲话中重点谈到了两点，一是民主，二是纪律。在党的

---

① 习近平. 在纪念红军长征胜利 80 周年大会上的讲话 [EB/OL]. 新华网，2016-10-21.

七届二中全会的报告中毛泽东进一步指出：可能有这样一些共产党人，他们是不曾被拿枪的敌人征服过的，他们在这些敌人面前不愧英雄的称号；但是经不起人们用糖衣裹着的炮弹的攻击，他们在糖弹面前要打败仗。我们必须预防这种情况。如何跳出"历史周期律"，如何不被敌人的糖衣炮弹所攻击，中国共产党一直以来高举纪律规矩大旗和反腐倡廉大旗，取得了积极成效。从新中国初期发生的"第一大案"到十八大以来我们党以猛药去疴、重典治乱的决心勇气，推动反腐败斗争向纵深发展，打虎拍蝇雷霆万钧，正风肃纪驰而不息。

中国共产党一贯重视纪律规矩，不仅有健全的纪律规矩，还能严格执行纪律规矩，包括以作风建设带动纪律建设、强调纪律教育、加强党的巡视工作、推进党的纪律检查体制改革、创新党内法规制度、开展以海外追逃为核心的反腐败的国际交流与合作、加强纪检监察干部队伍建设等等。关于纪律建设，习近平总书记指出，"我们党是靠革命理想和铁的纪律组织起来的马克思主义政党，纪律严明是党的光荣传统和独特优势。"① "如果管党不力、治党不严，纪律松弛、组织涣散，正气上不来、邪气压不住，人民群众反映强烈的党内突出问题得不到及时有效解决，那么我们党迟早会出大问题。"② 正是钢铁般的纪律才能锻造出具有强大战斗力的队伍。

四、创新思想理论是"中国共产党为什么能"的强大武器

对一个政党而言，思想理论建设非常重要。政治上的坚定离不开理论上的清醒。党员干部只有理论上彻底学懂弄通，政治上才会更加坚定，行动上才会更加自觉。高度重视和加强理论修养，是马克思主义政党建设的应有之义。回顾党的奋斗历程可以发现，中国共产党之所以能够不断历经艰难困苦而不断发展壮大，并带领中国人民创造世所罕见的经济快速发展奇迹和社会长期稳定奇迹，重要的一条就是中国共产党始终重视思想理论创新，坚持用科学理论武装广大党员、干部的头脑，使全党始终保持统一的思想、坚定的意志、强大的战斗力。2020 年 1 月习近平总书记在"不忘初心、牢记使命"主题教育总结大会上指出，"马克思主义政党的先进性，首先体现为思想理论上的先进性。注重思

---

① 习近平．在十八届中央纪委二次全会上的讲话［EB/OL］．中国共产党新闻网，2013-01-23.

② 习近平．在十八届中央政治局第七次集体学习时的讲话［EB/OL］．中国共产党新闻网，2015-01-13.

想建党、理论强党，是我们党的鲜明特色和光荣传统"。①

中国共产党从成立之日起，就把马克思主义作为指导思想。这是因为，中国共产党人深刻地认识到"全盘西化"和"中学为体、西学为用"等主张都解决不了中国的问题。只有以马克思主义为指导，走社会主义道路，中国才有希望和出路。以毛泽东同志为主要代表的中国共产党人把马克思列宁主义基本原理同中国革命具体实践结合起来，创立了毛泽东思想，完成了新民主主义革命，建立了中华人民共和国，确立了社会主义基本制度，发展了社会主义经济、政治和文化。党的十一届三中全会以后，以邓小平同志为主要代表的中国共产党人创立了邓小平理论，科学回答了建设中国特色社会主义的一系列基本问题，成功开创了中国特色社会主义。党的十三届四中全会以后，以江泽民同志为主要代表的中国共产党人形成了"三个代表"重要思想，成功把中国特色社会主义推向 21 世纪。党的十六大以后，以胡锦涛同志为主要代表的中国共产党人形成了科学发展观，成功在新的历史起点上坚持和发展了中国特色社会主义。党的十八大以来，以习近平同志为主要代表的中国共产党人，从理论和实践结合上系统回答了新时代坚持和发展什么样的中国特色社会主义、怎样坚持和发展中国特色社会主义这个重大时代课题，形成了习近平新时代中国特色社会主义思想，推动中国特色社会主义进入新时代。原苏东国家的共产党，之所以相继垮台，一个重要原因就是长期思想僵化，理论没能跟上时代发展，不仅不能指导新的实践，甚至连现实都解释不了。而反观中国共产党，70 多年来之所以能够在长期执政过程中取得巨大成功，关键在于我们党以科学的态度对待马克思主义，始终坚持马克思主义的指导地位，把坚持马克思主义与发展马克思主义有机统一起来，不断开辟马克思主义新境界。

马克思主义对人类所产生的广泛而深刻的影响是前无古人的。马克思主义不仅深刻改变了世界也深刻改变了中国，极大推进了人类文明进程。对待马克思主义要反对两种错误倾向：一是把马克思主义当成僵死不变的教条主义；二是认为马克思主义已经"过时"，否认它的真理性和指导作用。学习马克思主义，要理论联系实际，这个实际，不仅包括现实实际，还包括历史实际。学习历史是为了更好地掌握理论，更好地理解和把握马克思主义尤其是当代马克思主义的精髓。

---

① 习近平. 在"不忘初心、牢记使命"主题教育总结大会上的讲话［EB/OL］. 新华社，2020-01-08.

中国共产党领导制度体系建设的制度化探索

丁冬汉

新中国成立后的三十年间，党的领导制度体系既基于初创的制度、规则，也基于开国领袖群体的权威，严峻的时代决定其难以稳定化、制度化。以邓小平同志为核心的第二代中央领导集体确立后，对时代主题的判断从战争与革命转化为和平与发展，为党的领导制度体系建设稳定化、制度化创造了条件。新的时代需求，也要求党的领导制度体系建设与时俱进。"改革开放以来，我们党开始以全新的角度思考国家治理体系问题，强调领导制度、组织制度问题更带有根本性、全局性、稳定性和长期性。"①

以1978年党的十一届三中全会，特别是1982年宪法为标志，中国共产党的领导制度体系开始新历史阶段的探索、发展。

改革开放初期以"放权让利"为取向的社会经济变革，离不开调动地方政府积极性，恢复民间活力，这需要党的领导制度体系改革来为社会、经济"松绑"。如通过"党政分开"，党的领导从高度集权转变为逐步放权，地方政府、企业单位等开始获得较大自主权。

同时吸取过去的经验、教训，开始把制度建设作为基础性建设贯穿于党和国家的方方面面。1980年8月，邓小平在《党和国家领导制度的改革》中又说："由于没有在实际中解决领导制度问题以及其他一些原因，仍然导致了'文化大革命'的十年浩劫。这个教训是极其深刻的。不是说个人没有责任，而是说领导制度、组织制度问题更带有根本性、全局性、稳定性和长期性。这种制度问题，关系到党和国家是否改变颜色，必须引起全党的高度重视。"② 在党的领导

---

① 习近平．习近平谈治国理政：第一卷 ［M］．北京：外文出版社，2014：104.
② 邓小平．邓小平文选：第二卷 ［M］．北京：人民出版社，1994：333.

制度体系制度化方面，主要有如下四大方面的举措。

（1）将党的民主集中制、集体领导体制制度化。邓小平在 1980 年 8 月中央政治局扩大会议上指出："权力过分集中于个人或少数人手里，多数办事的人无权决定，少数有权的人负担过重，必然造成官僚主义，必然要犯各种错误，必然要损害各级党和政府的民主生活、集体领导、民主集中制、个人分工负责制等等。"① 为此，会议决定对党中央的组织领导体制予以改革。

主要有取消党内主席职位，改设总书记，重新设立中央书记处。中央书记处只是办事机构，不再具有决策权力。规定总书记是中央政治局常务委员会的成员之一，负责召集政治局会议和政治局常务委员会会议，重大决策均通过民主协商和集体讨论作出。明确规定党的代表大会每五年召开一次等。这为从源头上完善党的集体领导制度、民主集中制奠定了基础。

党的第三、第四代中央领导集体进一步加强党的民主集中制和集体领导制度建设。江泽民指出，民主集中制"不仅是党和国家的根本组织制度和领导制度，也是最重要的组织纪律和政治纪律。"② 党的十四届四中全会通过《中共中央关于加强党的建设几个重大问题的决定》，强调民主集中制不仅是党的根本组织制度，也是党的根本领导制度。

对地方党的组织领导制度化，有进一步的探索。2002 年中央印发《党政领导干部选拔任用工作条例》规定：市（地）、县（市）党委、政府领导班子正职的拟任人选，由上级党委常委会提名，党的委员会全体会议审议，进行无记名投票表决；党的委员会全体会议闭会期间，由党委常委会作出决定，决定前应征求全委会的意见。这就在组织制度上，保证了民主集中制贯彻落实。

党的十四届四中全会通过《中共中央关于加强党的建设几个重大问题的决定》规定："凡属方针政策性的大事，凡属全局性的问题，凡属重要干部的推荐、任免和奖惩，都要由中央或地方党委集体决定。"并强调指出，"对集体的决定，任何个人无权改变，个人或少数人有不同意见允许保留，但必须无条件服从，并在行动上积极执行。"③

（2）确立党必须在宪法、法律下活动的原则。新中国前三十年，党对国家的领导，更多体现为运动、党的政策等形式，依法治国不彰显。改革开放后，

① 邓小平．邓小平文选：第二卷［M］．北京：人民出版社，1994：329.
② 江泽民．论党的建设［M］．北京：中央文献出版社，2001：351.
③ 何毅亭．十八大以来党的领导在全面从严治党中不断加强［J］．中国纪检监察，2018（24）：8-10.

社会、经济变革使主要依靠运动、党的政策等来领导国家，已不适应新的时代要求。党的第十三次全国代表大会明确提出："党领导人民制定了宪法和法律，党应当在宪法和法律的范围内活动。"

（3）重新确立党的纪检、监察制度。十一届三中全会重新恢复了中共中央纪律检查委员会，重建地方各级纪律检查机关。1982年十二大修改的党章，专门设立"党的纪律检查机关"一章，规定中央和地方各级党委纪律检查委员会的任务，是维护中国共产党章程和其他重要的规章制度，协助党的委员会整顿党风，检查党的路线、方针、政策和决议的执行情况等。

（4）改进党的领导执政体系。新的形势下党如何执政，如何发挥领导核心作用，正确处理党与国家政权的关系是重要环节。

一是从宪法上规定党的领导主要是政治、思想和组织领导。1980年邓小平指出："党的组织不是政府，不是国家的权力机关，要认真考虑党在整个国家社会生活中的地位，党的机关、国家机关怎么改革这些问题。"① 为纠正以党的权力直接领导政府的弊端，小平同志说："今后凡属政府职权范围内的工作，都由国务院和地方各级政府讨论、决定和发布文件，不再由党中央和地方各级党委发指示、作决定。"②

继承1954年宪法基本原则，经过两年多时间讨论修改通过的1982年宪法，重新强调党的领导主要是政治、思想和组织领导。彭真同志说："党的领导是政治思想领导、方针政策领导。党的决定是政治性的，而不是法律，没有强制力，只能靠说服教育，不能强制推行。党的意见只有同人民的意见结合起来，经过全国人大或其常委会通过，才能成为法律。"③

1982年宪法将党的领导执政体系进一步制度化。恢复设立国家主席。废除领导干部职务终身制。规定国务院实行总理负责制，国务院各部委实行部长、主任负责制。规定国家设立中央军事委员会领导全国武装力量，中央军事委员会实行主席负责制等。

二是在组织机制上改变党直接领导的模式。根据"党政分开"调整党的具体领导体制。1986年邓小平首次提出"党政分开"。"首先是党政要分开，解决

---

① 冷溶，汪作玲. 邓小平年谱（1975—1997）（上）［M］. 北京：中央文献出版社，2004：685.
② 邓小平. 邓小平文选：第二卷［M］. 北京：人民出版社，1994：339-340.
③ 《彭真传》编写组. 彭真年谱：第5卷［M］. 北京：中央文献出版社，2012：155.

党如何善于领导的问题。这是关键，要放在第一位。"① 《中国共产党第十二次全国代表大会报告》指出："党的工作和政府工作，企事业单位中党的工作和行政、生产工作必须适当分工，党不是向群众发号施令的权力组织，也不是行政组织和生产组织。"② 领导制度为此相应变革。

如实行地方主要党政领导分任制。地方各级党委第一书记不再兼任政府主要工作，基层企事业单位党委书记也不再兼任主要行政职务。改变"分口"领导模式，取消各级党委分管书记，逐步撤销党委设置的与政府对口的工作部门等。

十一届三中全会到 2012 年党的十八大，党的领导制度体系建设，是在坚持民主集中制、集体领导制度等根本原则基础上进行的，即在制度上予以完善、落实。小平同志曾特地阐明，中国共产党领导下的我国基本制度是优越的，存在弊端和需要改革的是党和国家的具体领导制度。

2012 年党的十八大召开以来，中国特色社会主义进入新时代。党的领导制度体系建设进入新的发展阶段。其不是简单对已有领导制度的修修补补，而是党面对新的时代使命、要求，对党的领导制度体系的战略重塑。十八届三中全会提出"完善中国特色社会主义制度，推进国家治理体系和治理能力现代化"。十九届四中全会通过的《决定》，将党的领导制度定位为最重要的根本制度，并第一次使用"党的领导制度体系"这个称谓。主要建设举措有：

（1）坚持和加强党的全面领导，纠正改革开放以来党的领导制度体系发展偏差。改革开放以来，党的领导制度体系建设取得了很大成就，但在发展中也出现了一些偏差。

如在"党政分开"指导下，党的权威、领导能力有所削弱。典型有 1987 年党的十三大决定"逐步撤销党组"，并以党章部分条文修正案的形式，取消在政府机关、经济、文化组织中设立党组的规定（1989 年后被撤销党组陆续恢复）。

为避免重犯党内"家长制"错误，强调党的集体领导，在十六大以后，取消党的领导核心提法，党的领袖群体核心权威被削弱，导致几届中央领导集体一度面临"多年想做而没有做成的事情""多年想解决而没有解决的问题"的困境。③ 党内腐败高发，也与此密切相关。

---

① 邓小平. 邓小平文选：第三卷［M］. 北京：人民出版社，1994：177.
② 《红旗》杂志编辑部. 社会主义现代化建设的纲领——学习胡耀邦同志在十二大的报告［M］. 北京：红旗出版社，1982.
③ 《党的十九大报告辅导读本》编写组. 党的十九大报告辅导读本［M］. 北京：人民出版社，2017：8.

十八大以来，党中央提出，新时代党的建设总要求，首要是"坚持和加强党的全面领导"。十九大把"坚持党对一切工作的领导"，作为新时代坚持和发展中国特色社会主义基本方略的第一条，并将其写入党章。党中央强调各级党员干部要自觉在政治立场、政治方向、政治原则、政治道路上，同以习近平同志为核心的党中央保持高度一致。坚决维护习近平总书记在党中央的核心、全党的核心地位，坚决维护党中央权威和集中统一领导。并通过加强党内巡视等制度，来检查、督促党中央决策、部署的落实情况。

2017 年全国人大专门委员会新设立分党组，加强党对人大的领导。2020 年10 月，中共中央发布《中国共产党中央委员会工作条例》（以下简称《条例》），并发出通知指出，坚持和加强党的领导，最重要的是坚定维护以习近平同志为核心的党中央权威和集中统一领导；坚持和完善党的领导制度体系，最关键的是强化"两个维护"的制度保障。《条例》第二十五条规定："中央政治局会议一般定期召开，遇有重要情况可以随时召开。会议议题由中央委员会总书记确定。"第二十六条规定："中央政治局常务委员会会议一般定期召开，遇有重要情况可以随时召开。会议议题由中央委员会总书记确定。""会议议题由中央委员会总书记确定"，从制度上保障了党的领导核心的权威、地位。

（2）加强党内法规制度建设。十八大以来，以习近平同志为核心的党中央，将加强党内法规制度建设作为党的领导制度体系建设的重要举措。2013 年 5 月发布《中国共产党党内法规制定条例》和《中国共产党党内法规和规范性文件备案规定》，为党内法规制度体系建设提供基本依据和规范。

2017 年中共中央印发《关于加强党内法规制度建设的意见》提出，到建党100 周年时，形成比较完善的党内法规制度体系、高效的党内法规制度实施体系、有力的党内法规制度建设保障体系，党依据党内法规管党治党的能力和水平显著提高。2012 年至 2018 年年底，共制订、修订 140 多部党内法规，约占220 多部现行有效党内法规的 60%。

（3）建立国家监察委员会厘清党纪国法。改革开放四十多年，随着社会、经济变化，国家发展逐渐从革命理想性转向世俗化，利己主义、享乐主义是世俗化的重要组成部分。世俗化的社会、经济环境，党的纪律这根弦，一旦在思想、制度上放松，很容易因人情等原因而弱化。因此，更要强调党的纪律，更需要从制度上加强对党内干部的约束。2012 年以前腐败高发，与反腐肃贪制度体系不完善密切相关。

2012 年以来，党中央一方面铁腕肃贪，一方面探索建立党政干部不敢腐、不能腐的长效机制。2016 年 11 月，中共中央部署在北京、浙江、山西三省市设立各级监察委员会，在制度上探索党的纪检机构与国家反贪腐机关之间的有机协调、配合机制。2018 年 3 月，第十三届全国人民代表大会第一次会议通过宪法修正案，在《宪法》第三章"国家机构"增写第七节"监察委员会"，2018 年 3 月通过《中华人民共和国监察法》，依法赋予监察委员会职责权限和调查手段。国家监察委员会设立，不仅实现了对行使公权力人员的全覆盖，也从领导制度上解决了过去党纪前置于国法的弊端。

（4）完善党和国家机构职能体系。改革开放以来，党的领导制度体系在党政关系上一直在进行探索，但依然有很多职能未理顺。典型如泛政治化与泛行政化并存，特别是泛行政化明显，如用行政科层制取代党的政治性、领导灵活性、群众路线等。

2014 年 12 月中央政治局会议通过《关于加强和改进党的群团工作的意见》，指出"有的群团组织工作……存在机关化、脱离群众现象。"要加强党委对群团工作的领导。2018 年中央发布《深化党和国家机构改革方案》提出："以加强党的全面领导为统领，以国家治理体系和治理能力现代化为导向，以推进党和国家机构职能优化协同高效为着力点，改革机构设置，优化职能配置……积极建构系统完备、科学规范、运转高效的党和国家机构职能体系。"

有人将其概括为："优结构、抓大事、强部门、顺职能、全覆盖。"党政关系体现为党政融合。并明确党高于政的政治性。① 优结构，如组建国家监察委员会，将国家监察委员会、国家预防腐败局融合其中；抓大事，如新组建中央教育工作领导小组，并将原有的四个领导小组改为委员会；强部门，如中央组织部统一管理中央机构编制委员会办公室和公务员工作，中央宣传部统一管理新闻出版工作和电影工作；顺职能，如取消中央政法委员会及其办公室，将其职责归入中央政法委等。

1921 年中国共产党成立到今天，党的领导制度体系从革命战争年代的初创，到新中国成立后的前三十年的发展探索，再到改革开放以来党的领导制度体系不断制度化，其有一个根本逻辑，那就是与时俱进，不断在改进不足，修正错误、偏差中，使党的领导制度体系日益制度化、科学化。

---

① 刘炳辉. 党政科层制：当代中国治体的核心结构［J］. 文化纵横，2019（2）.

"红船精神"在思想建党中的作用

陈　晓

　　思想建党是中国共产党自身建设的一个基本经验和重要法宝。在党的建设伟大工程中，思想建党的确立、发展和深化一直贯穿其中，使中国共产党统一了思想，推动了理论创新，也武装了中国共产党人的头脑，坚定了中国共产党人的理想信念，成为党永葆纯洁性、先进性的重要法宝。中国特色社会主义进入新时代新阶段，提高党的思想建设质量，把党建设得更加坚强有力，传播、践行"红船精神"，是加强党的思想建设、思想建党的一个有效举措。

一、中国共产党百年思想建党的历程

　　习近平总书记在纪念马克思诞辰二百周年大会上提道，"中国共产党之所以能够历经艰难困苦而不断发展壮大，很重要的一个原因就是我们党始终重视思想建党、理论强党，使全党始终保持统一的思想、坚定的意志、协调的行动、强大的战斗力。"思想建党是马克思主义政党的显著特征，从1921年迄今的100年里，中国共产党从仅有50多名共产党员的弱小组织成长壮大为拥有9100多万党员的强大政党，其发展的历程一步也离不开自身思想建设的开展。中国共产党把思想建党放在自身建设的首位，始终用马克思主义的基本立场、观点、方法武装自己，用中国化的马克思主义统一思想、凝聚共识、坚定信念。中国共产党自成立以来，带领中华民族实现了从站起来、富起来到强起来的三次伟大历史飞跃。中国共产党思想建党的确立、发展和深化，也是伴随三大历史飞跃而进行的。

　　中国共产党诞生于半殖民地半封建社会，这个国情赋予党的建设特殊性。由于近代工业很少，产业工人数量相对较少，农民和小生产者在数量上占据绝对优势。第一次国内革命战争结束以后，党的工作重心由城市转移至农村，党的组织发展工作也长期在农村进行。这就造成了组织成员结构中农民和小资产阶级出身的党员占绝大多数，这对如何保持无产阶级政党的先进性和纯洁性提出了挑战。

毛泽东同志是提出党的思想建设问题的第一人。创建井冈山革命根据地之初，毛泽东就认识到党的思想建设的重要性，他指出："无产阶级思想领导的问题，是一个非常重要的问题。边界各县的党，几乎完全是农民成分的党，若不给以无产阶级的思想领导，其趋向是会要错误的。"① 1929 年古田会议上，毛泽东首次确立了党的思想建设的基本原则，提出了思想建党的问题。此次会议通过的《中国共产党红军第四军第九次代表大会决议案》提出了从思想上、政治上和组织上建党的问题，主要任务是纠正党内的错误思想，克服非无产阶级思想对党的影响，保证无产阶级政党在农村环境下的思想先进和组织纯洁。1930年，毛泽东在《反对本本主义》中，第一次明确提出"思想路线"的概念，指出马克思主义"必须同我国的实际情况相结合"，强调共产党人要坚持"从斗争中创造新局面的思想路线"，对中国共产党的思想路线的基本含义有了初步的界定。但是，当时党内存在严重的教条主义，致使中国革命遭受了严重挫折。为此，毛泽东在 1937 年写的《实践论》和《矛盾论》中，对理论来源于实践又指导实践的辩证关系，以及矛盾的普遍性和特殊性的关系，作了深刻的阐述，从而对党的思想路线作了系统的哲学论证。整风运动是中国共产党创造性探索出的有效的思想建党模式，对共产党的思想进行了一次洗礼，确立了实事求是的思想路线和确立毛泽东思想为党的指导思想，从而实现了全党高度的思想和政治的统一，为中国共产党取得新民主主义革命胜利奠定了坚实基础。

新中国成立后，中国共产党依然重视和发展思想建党。在领导社会主义建设和改革开放的实践中，党中央部署开展历次整党整风活动，反复强调学习马克思主义、毛泽东思想，加强思想武装，坚定理想信念，提高党性觉悟。从党的建设布局发展看，从原先的"三位一体"，发展到加上制度建设的"四位一体"，加上反腐倡廉的"五位一体"，党的思想建设都处于首要位置。

党的十八大以来，在以习近平同志为核心的党中央的领导下，中国特色社会主义进入新时代。在新时代，中国所处的社会主义初级阶段的基本国情没有改变，以党的自我革命推动伟大社会革命的实践仍需继续推进。因此，要继续发挥思想建党这一中国共产党的独特优势。习近平总书记重视党的建设这一伟

---

① 毛泽东．毛泽东选集：第一卷［M］．北京：人民出版社，1991：77．

大工程，并用思想的统一引领全党的高度团结统一，他指出，"实事求是"是马克思主义的根本观点和中国共产党人认识世界、改造世界的根本要求，以此把对党的思想路线的重视提升到了一个新的高度。这表明，在新时代继续深化思想建党，是统一全党思想、进行党的自我革命、实现党员自我净化和自我革新的有效途径。

二、"红船精神"的内涵

2005 年 6 月 21 日，习近平同志在《光明日报》发表题为《弘扬"红船精神"走在时代前列》的文章，首次对"红船精神"进行了系统论述，明确指出："开天辟地、敢为人先的首创精神，坚定理想、百折不挠的奋斗精神，立党为公、忠诚为民的奉献精神，是中国革命精神之源。""红船正是走在时代前列的象征，'红船精神'就充分体现了走在时代前列的精神，这也就集中体现了党的先进性，是党的先进性之源。""红船精神"同井冈山精神、长征精神、延安精神、西柏坡精神等一道，伴随着中国革命的光辉历程，共同构成我们党在前进道路上战胜各种困难和风险、不断夺取新胜利的强大精神动力和宝贵精神财富。"红船精神"是思想建党的重要源泉，"红船精神"论述是习近平思想建党理论的重要成果，把握"红船精神"的内涵，可以准确理解和把握习近平思想建党理论，对推进党的建设，实现中华民族伟大复兴的中国梦，具有十分重要的意义。

（1）"红船精神"就是开天辟地、敢为人先的首创精神。首创，体现在中国共产党自身的创建过程上。党的创建有着科学理论的指导。中国共产党从创建一开始，就把马克思主义作为自己的指导思想，信仰社会主义、共产主义是人类最幸福的理想社会。党在创建过程中就注重深入群众，特别是到占人口最大多数、遭受苦难最深重的工人、农民中去工作。党一成立就有坚定的理想信念和严密的组织纪律，共同的理想使马克思主义的信仰者走到了一起，严明的纪律维系了党的团结统一。中国共产党创建过程中的深入群众工作、坚定的理想信念、严密的组织纪律，这些是以往中国任何政党或政治力量从来没有过的开天辟地、敢为人先的创举。这也是中国共产党发展壮大的原因所在。

中国共产党开天辟地、敢为人先的首创精神不仅在于创建了一个全新的革命政党，更在于以大无畏的革命勇气开创了一条完全不同于俄国十月革命"苏联模式"的中国特色的革命道路——农村包围城市、武装夺取政权的正确革命道路。中国共产党在带领人民进行革命实践的过程中，开辟的独具中国特色的革命道路，充分体现了中国共产党开天辟地、敢为人先的革命首创精神。

（2）"红船精神"就是坚定理想、百折不挠的奋斗精神。坚定理想，是指树立共产主义远大理想和对马克思主义的坚定信仰。百折不挠就是围绕理想目标勇于实践，不论经受多少挫折，绝不屈服退缩的坚强品格。坚定理想、百折不挠的奋斗精神实质上就是为了实现共产主义的理想目标不断实践、不断奋斗，脚踏实地的实干精神。面对艰难险阻、风险和挑战，只有坚持不懈地奋斗，才能把理想蓝图变成美好现实，才能落实走在前列的要求。艰苦奋斗是马克思主义政党的政治本色，也是实现共产主义远大理想和中国特色社会主义共同理想不可缺少的精神动力。

共产党员要始终坚持马克思主义世界观，矢志于初心，忠诚于理想，抵制住任何诱惑，不因沿途的风景而心猿意马，不因为眼前的利益半途而废，在追求理想的道路上愈战愈勇。回首中共一大的十三位代表，当时都是思想活跃、富有抱负的青年才俊，为"初心"走到一起，在上海石库门及浙江嘉兴南湖红船上完成了建党伟业。一大结束后，十三名代表开始了各自新的征程，他们中绝大多数人始终牢记自己的建党初心，坚信马克思主义乃人间正道，并努力为之奋斗。他们在奋斗的征途上遇到了各种各样的困惑、诱惑，遇到了亲情、友情、爱情与理想、使命之间的矛盾取舍。最终，毛泽东、董必武站在天安门城楼上，参加了中华人民共和国成立的开国大典。其他成员各有自己的道路，有的彷徨了，有的背叛了革命，有的甚至成为汉奸。他们的成长经历与最后的结局告诉我们，作为共产党人恪守的理想信念不同，他们的世界观、人生观和价值观也不同，安贫乐道者方能在革命道路上坚守初心、善始善终。

（3）"红船精神"就是立党为公、忠诚为民的奉献精神。立党为公体现了马克思主义政党的性质和宗旨，表明中国共产党的成立不是为了少数人的私利，而是忠实地代表中国各族人民的利益，是为了国家富强、民族振兴、人民幸福。忠诚为民体现了共产党人的价值追求。共产党人必须把大公无私、为最大多数人的利益而奋斗作为自己的基本价值观念。立党为公、忠诚为民的奉献精神实质上就是为共产主义的崇高事业和最广大人民群众的根本利益而不懈努力，是敢于牺牲、为民服务的精神。奉献精神是一种忘我的、大公无私的精神，是共产党人在革命实践中锻造出的崇高品格，是中国共产党生存和发展的根基，也是中国共产党发展壮大的根本原因。

在革命年代，农民占中国总人口的80%，他们最希望得到的就是土地，所以中国共产党"打土豪、分田地"，实现了贫苦农民"耕者有其田"的梦想，把中国革命推向新的阶段，也为中国共产党赢得了民心。中国共产党之所以能夺取全国胜利，建立无产阶级政权，根本原因就在于中国共产党选择了人民，人民选择了中国共产党。

中国共产党之所以能够取得革命和建设的成功，取得改革开放的伟大成就，是因为始终坚定地维护人民的主人地位，扎根于人民，忠实地做人民的公仆。党的十九大报告中提出"以人民为中心"的基本方略。在当代，"红船精神"就是与人民相依而行，从群众中来，到群众中去。习近平总书记在贵州遵义考察时强调："党中央制定的政策好不好，要看乡亲们是哭还是笑"。只有坚持从群众中来，才能保证政策和决策的科学性。只有坚持到群众中去，才能将科学的政策和决策转化为人民群众的实践力量。

三、"红船精神"在思想建党中的作用

"红船精神"在中国共产党革命精神的塑造历程中具有引领性的重要历史地位，是中国共产党建党精神的集中体现，是中国共产党对中华民族复兴在精神层面的伟大历史贡献，是指引党的伟大事业不断前进的思想武器。

（1）"红船精神"在党的精神谱系中起到了引领的作用，是思想建党的重要源泉。伟大的实践造就了伟大的精神。我们党在近百年的拼搏奋斗中，形成了精神谱系，"红船精神"与精神谱系是源和流的关系，源头是"红船精神"。这个谱系是中国共产党特有的优势，是保持我们党生机活力的一个重要保证。"红船精神"第一次把新民主主义革命建立在科学理论指导的基础之上，第一次把新民主主义革命建立在中国共产党领导的基础之上，也是第一次把新民主主义革命建立在独立自主探索中国道路的历史起点上。在以"红船精神"为历史起点的革命精神指引下，中国共产党团结带领全国各族人民找到了一条适合中国国情的革命建设改革道路，开创了中华民族历史的新纪元。

（2）"红船精神"在红色文化的构建上起到了典范作用。文化是一个民族、一个国家的灵魂。红色文化是中国共产党的精神动力。在红色文化精神谱系中，"红船精神"处在源头，不仅是建党时期的精神的高度概括，而且在红色文化中起到了典范的作用。在强调思想建党重要性的过程中，习近平同志十分注重对红色资源和革命精神的挖掘与弘扬。党的十八大后，习近平同志去了西柏坡、延安、遵义、井冈山等多处革命遗址和党性教育场所，尤其七次到当年毛泽东

创造性提出思想建党原则的古田会议旧址调研。2014年12月，习近平同志到原南京军区机关视察时指出，要把红色资源利用好、把红色传统发扬好、把红色基因传承好。他认为，对中国共产党人来说，中国革命历史是最好的教科书，重温这些伟大历史，心中就会增加很多正能量。"红船精神"不仅是建党精神，而且是兴党精神，为思想建党提供了精神旗帜，提供了强大精神支柱，提供了正确价值导向。

（3）"红船精神"昭示着中国共产党人的初心，坚定着共产党员的理想信念。为中国人民谋幸福、为中华民族谋复兴的初心和使命是激励中国共产党人不断前进的根本动力。历史与实践反复证明，一个人、一个国家、一个民族，只要具有坚定的理想信念，就会有非常执着的追求、蓬勃向上的激情、无穷无尽的力量，就会无往而不胜。在实现中华民族伟大复兴中国梦的征程上，全党、全体人民都需要坚定的理想信念来作为支撑，都要做共产主义远大理想和中国特色社会主义共同理想的自觉践行者。

理想信念教育是习近平新时代中国特色社会主义思想的重要理念，习近平总书记指出，共产党人必须坚定理想信念，坚定精神追求。要提高广大党员和人民的思想觉悟，就要开展广泛的理想信念教育。马克思主义是我们党的信仰，我们要毫不动摇地坚持马克思主义的指导地位，把马克思主义作为我们立党立国的根本指导思想，对马克思主义的信仰，对社会主义和共产主义的信念，是共产党人的政治灵魂，是共产党人经受任何考验的精神支柱。习近平总书记在"七一"讲话中提到将理想信念教育作为思想建设的战略任务，显示出理想信念教育在思想建党中的重要作用。理想信念是思想建党的基石，坚定的理想信念是共产党人的精神支柱，是共产党员先进性的体现。

（4）"红船精神"在弘扬正气方面起到了激励作用。弘扬正气，实际上是鞭挞歪风。根据习近平总书记的指示要求，中国共产党必须重整行装再出发，以永远在路上的执着，把全面从严治党引向深入，开创全面从严治党新局面。过去，"红船精神"是中国共产党伟大事业不断推进的精神支柱，当前的"红船精神"依然是中国共产党带领广大人民群众实现中国梦的力量源泉。"红船精神"为全面从严治党厚植"敢为人先"的雄心，党的十八大以来，党中央以"零容忍"的态度惩治腐败，反腐败斗争压倒性态势已经形成，这样的力度和强度前所未有。这也说明中国共产党没有所谓的"特殊党员"，谁都没有搞腐败的特权。人们从中央铁腕正风肃纪中看到了党中央抓作风建设的坚定决心，看到了我们党始终保持同人民群众血肉联系的真挚情怀。

结语

思想建党就是用马克思主义基本立场、观点和方法以及中国化的马克思主义指导党的实践，其根本要求是用中国化的马克思主义武装全党。思想建党解决的是中国共产党思想建设的问题，是中国共产党党的建设中至关重要的内容。"红船精神"蕴含着丰富的党建价值，与思想建党具有高度的内在一致性，充分体现了走在时代前列、保持党的先进性和纯洁性的要求，体现了立党为公、全心全意为人民服务的价值追求，特别是集中强调了坚定马克思主义信仰、坚定对社会主义和共产主义信念的极端重要性。在新形势下，发挥"红船精神"在思想建党中的作用，对于提高思想建党水平具有十分重要的现实意义。

中国共产党纯洁性建设的百年历程与基本经验研究

郭慧超

一、目前研究现状和趋势

（一）国内的研究现状和趋势

中国共产党从立党之日起就十分注重保持党的纯洁性，取得了一些成功的经验，当然也得到了一些失败的教训。当前学术界对纯洁性的研究主要集中在几个方面：一，对党的领导人保持纯洁性的论述和实践的研究。目前学界对毛泽东、刘少奇、邓小平、江泽民、胡锦涛等党的纯洁性思想有所研究，尤其进入新时代以来，习近平总书记更是多次在多个场合强调党的纯洁性建设的重要性和紧迫性。学界普遍认为，毛泽东时期对保持党的纯洁性十分重视，奠定了党一贯重视纯洁性建设的优秀传统。毛泽东从普及马克思主义理论、培养全党党性、整风运动和坚决抵制腐败、建立规章制度等方面推进党的纯洁性建设，使党尤其在面对新中国成立初期面临各类严峻挑战的情况下得以战胜各种困难，顺利完成了国民经济恢复和社会主义改造的任务。① 针对刘少奇的研究，学者们多是对刘少奇的党性思想进行剖析，但此过程中刘少奇关于党纯洁性建设的理论几乎可以勾勒出来。他认为党性"是共产主义道德的最高表现，是无产阶级政党原则性的最高表现，就是无产阶级意识纯洁的最高表现"②。刘少奇在强调不断学习加强理论修养、并把这种学习与实践相结合的过程中，实质上就是要

---

① 周显信，周颖．新中国成立初期毛泽东维护党的纯洁性的成功经验与启示［J］．马克思主义研究，2013（12）：34-40.
② 刘少奇．刘少奇选集（上卷）［M］．北京：人民出版社，1981：131.

求党员在党性的高度保持纯洁性，不忘初心。① 学者普遍认为邓小平的党建思想是对毛泽东党建思想的继承、贡献和丰富，其中关于党纯洁性建设的理论和实践又因为改革开放这个特殊的时代背景有了新的时代注解。有学者认为，邓小平从体制层面对党内腐败进行约束，既注重思想教育又注重法制建设。从而极大程度避免了党因为信仰崩塌造成的纯洁性危机。在国际形势变幻莫测的江泽民、胡锦涛时期，党对纯洁性建设的紧迫性又有了进一步的认识。有学者认为，这个时期的"三个代表"重要思想、号召牢记"两个务必"、十八大首次把纯洁性建设纳入党的建设的主线等，为新形势下保持党的纯洁性作出了新的贡献。进入新时代，对习近平总书记关于党的纯洁性论述的研究探讨众多。有学者认为，习近平总书记关于党的纯洁性的论述阐明了"纯洁性建设关系党的生死存亡"的道理，因而技术界注重对十八大以来党重拳反腐的举措进行学理性建构，同时对进入新时代以来党的纯洁性建设"何往何为"进行了大量研究。学者们从思想教育、制度建党、作风建设、组织建设等多层次进行探讨，为十八大以来党重拳反腐的举措进行学理论证。也有学者认为，廉政评价机制的建构是预防腐败的根本，不光党政纪委要参与进来，群众的力量也必须动员。必须将党内领导工作的体系化和党内民主运作的制度化结合起来，明确和优化党政在反腐斗争中的职能，才能形成对于党内廉洁评价体系的科学标准。② 十八大以来反腐举措是马克思恩格斯关于保持马克思主义政党思想纯洁性的现实反映，是符合马克思主义政党本质要求的举措。

（二）国外的研究现状与趋势

随着海外中共学的兴起，国外学者对中国共产党的研究探讨众多。国外学者的研究主要关注中国共产党坚定反腐的动因和反腐成效两个方面。虽然这两个方面不能概括中国共产党纯洁性建设的全部内容，但基本抓住了其内核。学者们一般认为，保证长期执政地位、追求国家稳定发展、实现中国梦等共同构成了党坚定执政的动因，并从整体上对中国共产党推进纯洁性建设的举措持正面态度。也有学者认为，中国共产党的高压反腐，对重塑中国共产党的国际形象，推进新的干部管理理念具有重要作用。③

① 丁俊萍，胡永干. 刘少奇党性修养思想及其当代价值 [J]. 理论学刊，2015（3）：17.
② 林尚立. 党政关系建设的制度安排 [J]. 理论参考，2002（8）：15-17.
③ 高小升，赵婷婷. 国外学者对全面从严治党的认知评析 [J]. 当代世界与社会主义，2020（5）：193-199.

纵观研究现状，国内外对中国共产党的纯洁性建设研究历史悠久，但对其经验性和规律性的探究相对较少。在借鉴前人研究基础上，希冀能够通过研究对此有进一步的探索。

二、百年来中国共产党纯洁性建设的多重逻辑

中国共产党从诞生之日起就非常重视保持党的纯洁性。在大浪淘沙的革命洗礼中，党正是依靠"徒有其名的党员，就是白给我们也不要"的政治觉悟，依靠自我革命的政治魄力，依靠壮士断腕的政治勇气，才能够历经百年沧桑却依然保持蓬勃生机。①从历史逻辑来看，马克思主义是在解蔽以资产阶级意识形态为代表的各类社会思潮的抨击与诋毁的过程中发展起来的，马克思主义政党从一开始，就必须学会辨别真的活的马克思主义和批判各类腐朽的意识形态。②从哲学逻辑来看，必须保持党的纯洁性是党的宗旨和党的性质所决定的，这种内在规定性彰显了群众史观的宏大叙事，为人民谋幸福的初心贯穿党发展的始终。③从时代逻辑看，保持党的纯洁性建设是中国革命发展的历史要求，也是习近平新时代中国特色社会主义建设事业的时代要求。革命时期，保持党的纯洁性就是保持党的战斗力，帮助党在变幻莫测的革命浪潮中坚如磐石、沉着应对。新时代，保持党的纯洁性就是稳固党的百年基业，就是维护社会主义发展取得的成果，就是维护中国特色社会主义事业。居安思危，更为重要。

三、百年来中国共产党纯洁性建设理论与实践的不断深化

（一）对"为什么要保持党的纯洁性"认识的深化

毛泽东时期注重党的纯洁性建设，主要是从革命需要出发的。"无产阶级是被压迫的阶级，手里没有权利的阶级……要求得解放，取得权力……必须坚持集中统一、思想一致、行动一致，保持党的纯洁性。"① 改革开放后，注重党的纯洁性建设主要是从执政的现实风险层面考虑的。西方自由化思潮的冲击一度引起党内信仰认同危机，就必须推进党的纯洁性建设以抵制精神污染、坚定理想信念。进入新时代，社会利益格局发生深刻调整，我们进一步认识到，保持党的纯洁性不仅要抵御各种内外部环境的考验，更是党发展和生命的动力，认识到自我革命的动力来源于党自身底蕴。

---

① 中共中央文献研究室．毛泽东文集：第三卷［M］．北京：人民出版社，1996：260-261.

（二）对"何为党的纯洁性"认识的深化

毛泽东论证了思想纯洁性的首要地位，主张通过学习和整风，让全党"真马克思、活马克思、香马克思"多一些。同时提出作风纯洁和组织纯洁的要求，还从政治纲领、政治组织等方面丰富"党的纯洁性"的内涵。刘少奇从党员个人修养的微观角度，阐释了党员应当信仰纯洁的原则和意义。改革开放以来，由于开放带来的思潮冲击，"何为党的纯洁性"这个问题就多从抵制腐败和坚定信仰等党风廉政方面进行阐释。

（三）对"如何保持党的纯洁性"的持续探索

建党初期保持党的纯洁性工作方式简单粗暴，动辄开除出党，没有形成行之有效的办法；自从毛泽东时期提出了治病救人的方针后，通过党内政治信念教育、批评与自我批评、群众路线等达到荡涤风气的目的，基本成为共识。新时代"将权力关进制度的笼子""党要管党，从严治党"等理念和"打虎拍蝇猎狐"重拳反腐的实践，将党的纯洁性建设推到了一个新的阶段。

四、百年来中国共产党纯洁性建设的基本经验和基本规律

党的发展历程证明，什么时期党的纯洁性工作搞得好，什么时期党的战斗力和凝聚力就强。纵观百年，有几方面基本经验和基本规律可供遵循。

首先，不断自我革命是保证党肌体健康和政治活力的钥匙。勇于自我革命是党的最鲜明的品格，因为党除了国家、民族和人民的利益，没有任何自己的特殊利益需要顾忌，才能从站在人民利益的角度检视自己、纠正自己。这是马克思主义政党人民性深刻意蕴的体现。百年历程中党坚持自我革命的自觉，进行整党整风，多次挽救和巩固了党的事业，并且在整风整党中形成了"团结-批评-团结"的公式，保证党能够通过自我革命达到更高层次的团结和马克思主义中国化的进一步发展。

其次，增强党内理想信念教育，是巩固党纯洁性的重要秘诀。党的纯洁性最终会在党员干部的身上具体化，理论素质、政治素质和道德素质等构成了党员干部素质的灵魂。党的历史上多次开展进行旨在加强党员信仰教育的学习活动，在保持党的思想纯洁性的这一首要环节占领了阵地，是历史告诉我们巩固党的团结，增强党战斗力的重要秘诀。尤其在改革开放以后，囿于从前的刻板印象，许多党员干部和群众并不清楚改革开放的必要性和重大意义，并不十分明晰改革开放后坚持马克思主义指导思想的重要作用，因此出现了一些非马克

思主义思潮。通过多次党内学习教育，达到了党内马克思主义列宁主义思想上的团结。例如，1983—1987 年的整党学习教育活动，使党员了解改革开放的本质所在，解决了关于市场经济发展的一些困惑；20 世纪 90 年代初以学习教育和个人总结等为特征进行党员重新登记，在政治风波后给党员上了郑重的一课；1997 年的"三讲"教育活动，以讲学习、讲政治、讲正气为内容的党性党风教育活动；世纪之交的 2000 年开始的"三个代表"学习活动；2008 年开始的学习科学发展观的集中学习活动；十八大以来的党的群众路线教育实践活动、"三严三实"专题教育活动、"两学一做"学习教育活动、"不忘初心、牢记使命"主题教育活动等，无不展现中国共产党人对马克思主义的坚定维护和与时俱进的理论发展。

再次，以制度推进和保证党的纯洁性建设，是保证党政治免疫力的必要环节。革命时期，党倾向于以群众运动的方式掀起全党自我批评自我反省的浪潮，但历史上多次斗争扩大化的教训告诉我们，没有制度作为约束，党的纯洁性建设难以走上正轨，难以对权力形成常态化约束机制。因此在实践中不断探索的追责制度、监督制度、信访制度、巡视制度等，为纯洁性建设提供了制度支撑和保障。从这个意义上说，党的百年历程就是一部不断进行自我净化，推进党的纯洁性的自我革命史。同时应当完善民主党派监督机制和群众监督机制。中国共产党吸取了苏联共产党的教训，革命时期与建设时期都比较注重听取参政党和无党派人士的意见。著名的"窑洞对"就是无党派人士黄炎培与毛泽东讨论历朝历代灭亡历史周期律的写照，说明社会各界人士对国家的未来发展都是极为关切的。2005 年 3 月，中共中央颁布《关于进一步加强中国共产党领导的多党合作和政治协商制度建设的意见》，开始着手完善多党合作和政治协商制度，支持各民主党派加强自身建设，进一步完善政治协商的程序，以期使民主党派更加发挥建言献策、对党监督的作用。这有效规避了一党专政带来的前文所提及的政治风险，是中国人民集体智慧的结晶。其优越性显而易见：其一，因为多党合作的参与，对中国共产党的执政形成了有效的党外监督，让执政党能够从民主党派的意见中对政策进行纠错纠偏，保证权力不滥用。其二，最大程度发扬社会主义民主，将各种政治力量纳入政治决策中来，广开言路，拓宽了民主范围和民主渠道。其三，有效保证了安定团结的局面。每一次政权的频繁更迭，带来的都会是国内社会的动荡，影响的都会是群众的安居乐业。多党合作和政治协商制度从根本上避免了这一问题，求同存异、合作发展，将政治力量整合成强大的社会力量，维护了安定团结。

新时代基层党建思想探析

刘豪杰

一、新时代基层党建思想的理论渊源及实践基础

新时代基层党建思想与马克思、恩格斯的无产阶级政党建设思想、列宁的执政党建设思想，以及新中国成立以来毛泽东、邓小平、江泽民、胡锦涛关于执政党建设的思想一脉相承，是对马克思、恩格斯的无产阶级政党建设思想，对列宁执政党建设思想和毛泽东以来中国共产党关于执政党建设思想的创新和发展。

（一）马克思、恩格斯、列宁的无产阶级政党建设思想

19 世纪上半叶，欧洲资本主义快速发展，与此同时，欧洲资本主义自身固有的矛盾也充分暴露。在此背景下，以法国里昂工人起义、英国宪章运动和德国西里西亚纺织工人起义为标志，现代无产阶级作为独立政治力量开始登上历史舞台。在领导无产阶级反对资产阶级的斗争中，马克思、恩格斯围绕"为什么要组织无产阶级政党""组建什么样的无产阶级政党"以及"怎么样开展无产阶级政党的建设"①，开展了艰辛的求索实践和理论论证。

1848 年 2 月，《共产党宣言》发表，标志着马克思和恩格斯关于无产阶级政党建设思想的形成。马克思和恩格斯在《共产党宣言》中阐明了无产阶级政党的建设应当遵循的根本原则和应当注意的一系列重大问题，奠定了马克思主义政党建设思想的根基。这些原则和思想主要有：关于党的性质、理论基础、纲领、策略。

---

① 中共中央马克思恩格斯列宁斯大林著作编译局 . 马克思恩格斯选集：第 1 卷 ［M］. 北京：人民出版社，2012：413.

"十月革命"胜利，使共产党在俄国一国范围内取得了政权。在实践中，列宁领导俄共（布）实现从"革命党"向"执政党"成功转型。在执政的条件下，列宁提出了相对完整的执政党建设理论，开创了马克思主义政党建设的新阶段。列宁阐明的党的建设思想主要有："关于党的名称的思想、执政党的概念和使命的思想、在执政条件下如何建设党的主张。"①

（二）中国共产党历代领导人关于马克思主义政党建设的思想

中国共产党成立于半殖民地半封建社会的旧中国，建党的社会经济基础、历史文化传统以及党的发展道路、建设模式与西方国家的无产阶级政党有许多不同，在此基础上形成的党建思想也具有独到之处。伴随着中国共产党从幼年走向成熟，中国共产党逐渐地把马克思列宁主义的建党原则同中国革命、建设和改革的实际结合起来，形成了具有鲜明中国特色的党的建设理论，在各个不同的历史时期，分别形成了毛泽东党建思想、邓小平党建理论和"三个代表"重要思想、关于党的建设理论等。

第一，毛泽东党建思想。毛泽东是中国共产党第一代领导集体中把马克思列宁主义的建党原则同中国革命、建设实际相结合的光辉典范。毛泽东党建思想作为毛泽东思想的重要组成部分，是中国共产党第一代领导集体关于党的建设思想智慧的结晶。毛泽东党建思想全面涵盖了党的建设的各个方面，"是马克思主义政党建设思想与中国国情、党情相结合的第一个重大理论成果。"②

第二，邓小平党建理论。在改革开放新的历史时期，邓小平作为党的第二代领导集体的核心，集中全党智慧就在改革开放的条件下"为什么建设党、建设什么样的党、怎么样建设党"③ 等根本问题进行了重要探索，形成了邓小平党建理论。总的来看，邓小平党的建设理论是对马克思主义党建思想和毛泽东党建思想的继承、丰富和发展，是中国共产党在改革开放的条件下探索社会主义执政党建设规律的新成果。

第三，"三个代表"重要思想中关于党的建设理论。江泽民作为党的第三代领导集体的核心，集中全党智慧，提出"三个代表"重要思想。其主要观点："关于党的性质宗旨；强调加强党的思想建设；注重党的基层组织建设；注重党

① 中共中央马克思恩格斯列宁斯大林著作编译局 . 列宁选集：第 3 卷［M］. 北京：人民出版社，2012：64.
② 中共中央文献研究室 . 毛泽东文集：第 1 卷［M］北京：人民出版社，1993：12.
③ 邓小平 . 邓小平文选：第 2 卷［M］. 2 版 . 北京：人民出版社，1994：10.

的干部队伍建设和领导班子建设；提出"从严治党"关键在干部。"①

第四，胡锦涛同志关于党的建设的重要论述。党的十六大以来，以胡锦涛为总书记的中国共产党中央领导集体集中全党智慧，继续深化管党治党的探索，丰富和发展了党的建设理论。其主要观点："思想理论建设是党的建设的根本；高度重视党的执政能力建设；注重党的作风建设；党的先进性建设是关系马克思主义政党生存发展的根本性问题；强调通过制度建设反对腐败。"②

（三）实践基础：家庭、锻炼、工作、文化等综合因素

承认个人的家庭、阅历、修养对其思想、意识形成的塑造作用，是历史唯物主义的一个重要观点。关于这一点，马克思和恩格斯在《德意志意识形态》中做了充分的阐述，马克思指出："思想、观念、意识的生产最初是与人们的物质活动，与人们的物质交往，与现实生活的语言交织在一起的。"③ 习近平是党的历史上第一位出生和成长都在新中国成立后的总书记，革命家庭言传身教、知青岁月砥砺初心、从政之路不断探索、传统文化熏陶培养共同构成了习近平的个人阅历，是新时代基层党建思想的现实来源。

二、新时代基层党建思想的主要内容

十八大以来，以习近平同志为核心的党中央，面对国际国内错综复杂的环境，沉着应对新的伟大斗争的考验，牢牢抓住中国共产党的领导这个核心，提出将"全面从严治党"延伸到基层。习近平总书记基层党建思想的主要内容回答了"基层党组织建设的重要性、着力点、动力、方针和目标"五个方面的问题，这是基于习近平总书记亲身实践的回答，是基层工作和基层党员干部的有效遵循。

（一）基层党组织是党全部工作和战斗力的基础

人是否健康主要从研究细胞开始，社会是否和谐稳定也主要通过基层来观察，基层就是社会的细胞。党的基层组织是我们党肌体的细胞，是党的组织基础。党的路线、方针和政策归根到底都要通过基层组织来贯彻落实，离开基层组织，上级党委和政府的工作部署，只能是一纸空文，党政机关的工作，也只

① 江泽民. 江泽民文选：第3卷 [M]. 北京：人民出版社，2006：8.
② 胡锦涛. 胡锦涛文选：第3卷 [M]. 北京：人民出版社，2016：9.
③ 中共中央马克思恩格斯列宁斯大林著作编译局. 马克思恩格斯选集：第1卷 [M]. 北京：人民出版社，2012：151.

能是自我循环式的空转。总之，基础牢，国家稳；郡县治，天下安，基层组织是党全部工作和战斗力的基础，是党坚强的战斗堡垒。习近平总书记认为："基层党组织处在一线，直接同群众打交道，是党联系群众的桥梁与纽带，它的建设直接关系到我们党的执政地位和形象。"① 为落实好各领域的具体工作，习近平总书记对农村党建、国有集体企业党建、机关事业单位党建、社区党建等方面工作都提出过指导性意见，形成了我们党基层组织建设的新格局。

（二）狠抓基层党组织队伍建设是着力点

重视基层领导班子建设。"基层干部是党和国家干部队伍的基础。广大基层干部是做好基层工作的骨干力量。"② 这是因为"党和国家的各项方针政策和工作部署，最终要靠广大基层干部团结带领群众去贯彻和实施，人民群众的经济、政治、文化利益，也要靠他们组织引导群众去实现；基层干部离群众最近，群众看我们党，首先就看基层干部；广大基层干部是党和国家的宝贵财富，不仅他们本身是干部队伍的重要组成部分，而且我们党的大量干部就是由基层培养出来、从基层工作成长起来的"③。

加强基层党员教育和管理。在基层党员教育上，抓一个"深"字，抓好党的基本路线教育，系统进行马克思主义基本理论教育，进行党的基本知识教育，进行反腐蚀、反渗透教育，深入了解党员思想状况，有针对性地开展教育。在基层党员管理上，抓一个"严"字，从严党的组织生活制度、严监督、严明党纪，坚持和完善党员目标管理，有贪必惩、有腐必治。在会见全国优秀县委书记时，习近平总书记指出，推动基层党员教育实践活动取得实效，要表彰先进，形成学赶先进、见贤思齐的氛围，县委书记要以焦裕禄、杨善洲、谷文昌等同志为榜样，做党和人民信赖的好干部。

（三）从严管党治党是基层党组织建设的方针

习近平总书记代表十八届中央政治局常委，同记者见面时指出："我们的责任，就是同全党同志一道，坚持党要管党、从严治党，切实解决自身存在的突

---

① 习近平. 干在实处　走在前列：推进浙江新发展的思考与实践［M］. 北京：中共中央党校出版社，2006：357.
② 习近平. 干在实处　走在前列：推进浙江新发展的思考与实践［M］. 北京：中共中央党校出版社，2006：362-363.
③ 习近平. 干在实处　走在前列：推进浙江新发展的思考与实践［M］. 北京：中共中央党校出版社，2006：362-363.

出问题。"① 党要管党、从严治党，是基层党建的根本指针。"管党治党关系着党、国家、民族的前途命运，必须以更大的决心、更大的气力、更大的勇气抓紧抓好"②；"贯彻党要管党、从严治党方针，必须扎实做好抓基层、打基础的工作，使每个基层党组织都成为坚强战斗堡垒"③。党要管党，抓基层党建要突出问题导向，推动全面从严治党向基层延伸，把全面从严治党落实到每个支部、每个党员，让党的旗帜在每个基层阵地高高飘扬。

（四）加强服务型基层党组织建设是目标

习近平总书记认为，走群众路线、密切联系群众、为群众办实事，坚持以人民为中心的发展理念，是基层党组织建设的目标。服务型基层党组织，为谁服务？指向性很明确，是"人民群众"。习近平总书记强调，把心贴近人民，练好密切联系群众的基本功，关键是要做到为民、务实、清廉。服务群众、服务民生、服务党员，要以服务统领各项内容、各个领域，回应人民群众的期盼。他指出："重民生、办实事，解决人民群众最关心、最直接、最现实的利益问题，满足人民群众最基本、最紧迫的需求，把群众的呼声作为第一信号，落实好为民办实事项目。"④ "牢固树立以人民为中心的发展思想，始终怀着强烈的忧民、爱民、为民、惠民之心，察民情、接地气，倾听群众呼声，反映群众诉求。"⑤ 基层党组织要始终把人民放在心中最高位置，把以人民为中心的发展思想全面融入基层实践中，使它落地生根。

三、新时代基层党建思想的时代价值

新时代基层党建思想是马克思主义执政党建设的思想在新时代中国的重大创新和重要发展，是马克思主义执政党建设思想中国化、时代化和大众化的最新理论成果。

（一）继承与创新了马克思主义党建理论

理论产生于实践，为实践服务，随实践发展。马克思主义党建理论是一个开放的体系，它基于历史唯物主义的基本原理，随着世界无产阶级革命运动的

---

① 中共中央文献研究室. 十八大以来重要文献选编（上）［M］. 北京：中央文献出版社，2014：70.
② 习近平. 增强全面从严治党系统性创造性实效性［J］. 党史纵横，2017（2）：1.
③ 习近平. 党要管党从严治党［J］. 党建，2013（8）：1.
④ 习近平. 之江新语［M］. 杭州：浙江人民出版社，2013：245.
⑤ 习近平. 牢固树立以人民为中心的发展思想［J］. 党建，2017（2）：1.

发展不断丰富和完善。当前，世界正处在大变革大发展大调整中，没有任何一个政党能置身事外。十八大以来，习近平同志为核心的党中央，深入推进党的建设新的伟大工程，坚定不移全面从严治党，系统回答了新时代坚持中国特色社会主义，需要一个什么样的党，怎样建设这样的党。习近平总书记提出了马克思主义执政党建设的目标、主线、科学布局和具体的党建工作部署，严抓落实，实现理论和实践的重大创新。

在习近平总书记党建思想的理论体系中，基层党建思想是其重要组成部分，并居于重要地位贯穿其中。将"全面从严治党"向基层延伸，落实到每个支部、每个党员，抓基层、强基础，增强基层党组织的组织力，明确新时代党支部的任务，扩大基层民主，注重发展党员，加强党员的教育管理。这些是对马克思主义党建理论的继承与创新。

（二）新时代加强基层党建工作的根本遵循

当前，我国发展仍处于重要战略机遇期，社会发生一系列深刻变化，如经济发展进入新常态、党的建设方面还存在不少薄弱环节等。同时，我国基层党组织建设也面临许多新情况、新问题。

针对新形势下基层党建面临的新情况、新问题，习近平总书记基层党建思想系统回答了"为什么要加强及如何加强基层党组织建设"的问题，是新时代加强党的基层组织建设的根本遵循。十八大以来，习近平总书记提出的一系列有关党的基层组织建设的新思想，有力地回应了基层党建中出现的新情况、新问题。针对基层政治生态遭破坏的问题，习近平总书记强调要提高党员素质，坚定理想信念，坚决惩治群众身边的"微腐败"。针对基层党员教育难管理难的问题，他提出组织党员学习党的指导思想，坚持以习近平新时代中国特色社会主义思想武装全党，积极推进"两学一做"学习教育，使之常态化、制度化。针对传统领域的基层党组织建设问题，党的十八大以来，党中央突出强化政治功能，力推农村和城市基层党建，以筑牢全面小康社会建设的坚强堡垒；切实建强国有企业党建，以筑牢改革"压舱石"，激活发展"动力源"；扎实做好高校机关党建，以铸魂补钙，使其扬帆致远。针对新领域的基层党组织建设问题，党中央同样突出强调政治功能，积极推进非公企业和社会组织党建，以领航聚力、助推发展，并将社会组织中党的基层组织的职责做了规定，新增到了十九大修订的《党章》中。

（三）巩固党的执政地位实现党的执政任务的思想武器

党的基层组织是党执政的基础，它建设得是否坚强有力，关系到党的执政地位能否巩固。在浙江工作时，习近平总书记就指出，基层就是基础，党之所以拥有坚实的基础，形成了团结统一的整体，正是因为广泛地依靠了基层组织。到中央后，习近平总书记多次强调，巩固党的执政地位，抓基层、打基础的工作始终是战略重点。

习近平总书记基层党建思想，是他多年深耕基层并总结当下党的基层工作的实践经验得出的，现实指导意义极强。十八大以来，以习近平同志为核心的党中央抓基层强基础的实践证明也是如此。五年来，党中央高度重视部署基层工作，总书记亲自挂帅、过问和督导，召开会议、出台政策文件、下基层考察调研。在以习近平同志为核心的党中央的坚强领导下，一级做给一级看、一级带着一级干，我们党抓基层强基础的氛围越来越浓厚，基层党建工作日渐严起来、实起来，基层党组织的执政地位越来越巩固。在以习近平同志为核心的党中央的领导下，基层工作各项部署不折不扣保落实。在新时代基层党建思想的指导下，党的执政地位更加巩固，党的执政任务不断完成，这将为中华民族实现伟大复兴的中国梦提供更加坚强的组织保证。

四、结语

中国共产党将迎来百年华诞，从一个只有 50 多名党员的政党成长为世界第一大政党。根据《2019 年中国共产党党内统计公报》①：截至 2019 年 12 月 31 日，中国共产党党员总数为 9191.4 万名，比上年净增 132.0 万名。中国共产党现有基层组织 468.1 万个，比上年净增 7.1 万个，增幅为 1.5%。其中基层党委 24.9 万个，总支部 30.5 万个，支部 412.7 万个。

在中国共产党的成功带领下，中国特色社会主义进入新时代，中华民族经历沧桑巨变、神州大地换了人间。正如习近平指出："中国特色社会主义进入新时代，这意味着近代以来久经磨难的中华民族迎来了从站起来、富起来到强起来的伟大飞跃，迎来了实现中华民族伟大复兴的光明前景。"② 中国特色社会主义进入新时代，中国共产党执政的外部环境更加复杂、党员的构成更加复杂，党内面临的新老交织的问题也更加复杂，这使得新时代党的自身建设、自我革

---

① 2019 年中国共产党党内统计公报［R/OL］．人民网，2020-06-30.
② 中共中央党史和文献研究院、中央"不忘初心、牢记使命"主题教育领导小组办公室．习近平关于"不忘初心、牢记使命"论述摘编［M］．北京：党建读物出版社，2019：26.

命更加不易。近年来，我们党发展党员注重质量、控制数量，总体上向好发展。但同时，我们党面临的考验是长期的、严峻的，面临的危险是不容忽视的，基层党建现存的一系列问题亟须解决，我们党的"赶考"远未结束。

时代是思想之母，论文以基层党建所面对的世情、国情、党情为出发点，并立足于马克思、恩格斯、列宁的基层党建理论，立足于毛泽东、邓小平、江泽民、胡锦涛的基层党建思想的理论逻辑。实践是理论之源，本文以习近平总书记在梁家河、正定、福建、浙江、上海和中央工作的经历为其基层党建思想形成的实践基础。在前人研究的基础上，此文简要论述了新时代基层党建思想的主要内容，以时代价值为落脚点，阐释了新时代基层党建思想的理论价值和实践价值。实践和理论的创新都没有止境，新时代基层党建思想也将随着实践创新的推进而不断发展。

专题三：

思想政治教育研究

坚持系统观念做好高校宣传思想文化工作规划

衣永刚

"十四五"时期是中国全面建成小康社会、实现第一个百年奋斗目标之后，乘势而上开启全面建设社会主义现代化国家新征程、向第二个百年奋斗目标进军的第一个五年。面对中华民族伟大复兴战略全局和世界百年未有之大变局，高校宣传思想文化工作必须增强机遇意识和风险意识，认识和把握发展规律，发扬斗争精神，树立底线思维，准确识变、科学应变、主动求变，要善于在危机中育先机，于变局中开新局，找准定位，科学谋划未来发展。

一、对教育与宣传两个术语的概念史考察

（一）教育的最终指向不是知识而是德性

学者桑兵、关晓红在新出版的《"教"与"育"的古今中外》一书中，对"教育"的概念史做了非常细致的考察。

（1）中国传统文化中，"教"与"育"是两个既密切联系又有所不同的概念。"教"字的本义是效法，《说文解字》上说"教者效也，上所施下所效"；《礼记·学记》则说"教也者，长善而救失者也"。"育"，《说文解字》中解释为"养子使作善也"。两者相同之处在于根本目标都是向"善"，与《礼记·大学》中"大学之道，在明明德，在亲民，在止于至善"的指向相同。

（2）现在我们使用的"教育"这一概念源于拉丁文 educate，意为"引出"或"导出"，即通过一定的手段，把某种本来潜在于人身体和心灵内部的东西引发出来，强调教育是一种顺其自然的活动，旨在把自然人所固有的或潜在的素质，自内而外引发出来，成为现实的发展状态。

（3）作为一个专业术语的"教育"定义为有意识地通过若干方法、媒介等形式向他人传递信息，期望以此影响他人的精神世界或心理状态，帮助或阻碍

他人获得某种（些）观念、素质、能力的社会活动。

（二）宣传不是简单的歌颂、称赞或报道

学者刘海龙在其专著《宣传：观念、话语及其正当化》一书中对"宣传"这一概念的演变进行了专业的分析研究。

（1）"宣"和"传"在中国传统文化中也是两个不同的概念。《说文解字》"宣"，"天子宣室也"，《广韵》注释"宣，布也；明也；徧也；通也；缓也；散也。""传"在《说文解字》中解释为"遽也。驿递曰传。"

（2）英语中的"propaganda"一词起源于拉丁文，有"播种、繁殖"之义，是一个与农业生产相关的词语。它第一次出现在 1622 年，罗马教皇格里高利十五世（Gregory XV）成立了圣道传信部，针对宗教改革运动，传播天主教教义。西方的宣传概念来自宗教，直到近代才逐渐进入政治领域。1718 年，宣传在英语中首次出现。

（3）作为一个专业概念术语的"宣传"是一种专门为了服务特定议题的信息表现手法和传播方式，现在一般指运用各种渠道传播一定的观念以影响人们的思想和行动的社会行为。宣传可划分为不同的层次，如灌输、鼓动、教育、劝说、诱导、批判等。灌输是将思想理论、价值观念系统地输入人们的头脑并不断强化，理性和系统性是其特色；鼓动强调用具体事实和集中的论点激励人们的感情，使之强烈震动和有所觉悟；教育、劝说、诱导则情理并重；批判严词厉色，目的在使受宣传者改变态度，使其思想和行为向宣传者所需求的方向转化和发展。

（三）教育与宣传两项活动的辩证关系

如果我们把教育理解成是有目的的培养人的活动，则可以把宣传理解成是有目的的转化人的活动。教育的过程在某种程度上就是一个以知识为载体的宣传过程，所有教育者、宣传者都旨在影响自己教育宣传范围内最大多数的受众，前者希望被教育对象能够理解和吸收知识，提升能力，获得教化；后者力图通过多种渠道使受众按宣传者的意图行动，这本身也是一个教化的过程。已有学者对两者进行了比较。

（1）两者都强调"三观"的养成，尤其是价值观的养成。世界观、价值观、人生观是德智体美劳中的"德"育的首要内容。宣传强调培育和践行社会主义核心价值观。

（2）两者都有很强的系统性、组织性。教育无论在哪个阶段都有一套完整系统的体系。宣传同样是一项系统工程，贯穿着一系列战略、战术和方法问题。

两者都强调最大程度影响受众。

（3）两者结合是为形成合力。在特定的历史时期，由教育经费等资源决定，教育和宣传都是为了特定阶级服务，从根本上说是为了维护统治服务，这也是重要的教育规律之一。在具体实践中，教育和宣传都有"聚民心"的目标任务。

（四）牢记教育与宣传的初心与使命

当代中国哲学家贺麟在 20 个世纪 40 年代专门撰文讨论了教育与宣传两者之间的辩证关系，他说，"我们主张不可离开教育而从事宣传，也不可仅仅热心教育而忽略宣传。宣传家应当以宣传为主、教育为辅；教育家应当以教育为主、宣传为辅。离开教育而言宣传，宣传就没有内容；离开宣传而言教育，教育就没有广大的影响。""宣传的方法，需要艺术化。诗歌、戏剧、图画种种的表演，都是宣传绝不可少的条件。宣传的方法是用真挚的热情来感动人或感化人。枯燥乏味的宣传，纯粹注入式的宣传，宣传者本身感触不强，听众自然更感觉无味。不过我们说宣传要艺术化，并不是说艺术应该宣传化，反说拿艺术来作宣传的工具。我们只是说宣传应当受艺术的陶冶以感人于无形。这样的宣传，才能给人以具体美化的印象，再不只是喊些空洞抽象的口号，以引起旁人反感。"对今天的高校宣传思想文化工作者而言，这段论述仍是振聋发聩的。

（1）习近平总书记在全国教育大会上提出，教师承载着传播知识、传播思想、传播真理，塑造灵魂、塑造生命、塑造新人的时代重任；在 2020 年教师节给广大教师和教育工作者慰问中说，希望广大教师不忘立德树人初心，牢记为党育人、为国育才使命，积极探索新时代教育教学方法，不断提升教书育人本领，为培养德智体美劳全面发展的社会主义建设者和接班人作出新的更大贡献。

（2）党的十九届五中全会提出，坚持马克思主义在意识形态的领域的指导地位，坚定文化自信，坚持以社会主义核心价值观引领文化建设，加强社会主义精神文明建设，围绕举旗帜、聚民心、育新人、兴文化、展形象的使命任务，促进满足人民文化需求和增强人民精神力量相统一，推进社会主义文化强国建设。

（3）高校宣传思想文化工作必须把教育与宣传有机结合起来，寓教育于宣传，融宣传于教育；宣传以教育为宗旨，教育以宣传为载体，共同培养担当民族复兴大任的时代新人。要特别指出的是，中国高校宣传思想文化工作与国外高校的公关新闻工作的内容、职能有重合或类似，但定位根本不同，高校党委宣传部既不是纯粹的意识形态工作部门，也不是简单的新闻公关部门，而是承担着六大统筹（即：统筹意识形态工作，统筹推进培育和践行社会主义核心价值观，统筹校园文化建设，统筹新闻宣传舆论引导，统筹网络文化建设和管理，统筹教师思想政治工作）的工作职能①，在实现立德树人根本任务，推进"全员育人、全程育人、全方位育人"综合改革中承担重要责任。

二、新发展阶段高校宣传思想文化工作的挑战

党的十九届五中全会指出，当前，我们发展中的矛盾和问题集中体现在发展质量上，"十四五"时期经济社会发展要以推动高质量发展为主题，新时代新阶段的发展必须贯彻新发展理念，必须把发展质量问题摆在更为突出的位置，着力提升发展质量和效益。遵循这一精神，提升高校宣传思想文化工作的质量要着力正确处理好以下关系。

（一）意识形态工作权力与工作能力之间的不平衡

党的十八大以来，高校宣传思想文化战线树立了牢牢掌握意识形态工作的领导权、主导权/话语权、管理权的主体责任；进入新发展阶段，适应形势发展新要求，高校宣传思想工作亟须提升意识形态工作能力，自觉把权力升级为能力。权力与能力本身是一组辩证的关系，权力促进能力提升，能力确保权力实现。高校是意识形态工作阵地，在日常实际工作中，尤其要把握好两者之间的关系。

（1）领导权与领导力。意识形态领导权在性质上体现为软实力；在功能上，意识形态领导权已经成为摄取合法性重要变量和社会治理的有效工具；在内容上，意识形态领导权体现为一种价值共识；在过程上，意识形态领导权体现为"主导意识形态"转化为"主流意识形态"。②高校意识形态工作的领导力体现为不仅要知道不宣传什么，更要能把握该宣传什么，以何种方式去实现要达到的目标。当前要避免的一种倾向是把领导权简单地等同于管理权，甚至出现了"多做多错""不做不错""少做少错"的"高级黑"苗头。高校意识形态工作一定要注意区分政治原则问题、思想认识问题、学术观点问题，坚持具体问题具体分析，是什么问题就解决什么问题，在什么范围内发生就在什么范围内解决，从大局和实际出发，巩固党的领导地位和马克思主义在意识形态领导的主导地位，促进改革发展稳定。提高政治站位，不要俗气、不要和事，提升工作水平、工作能力。既不能把小事说大，把一般的学术观点和思想认识问题政治

---

① 2019年出台的《中国共产党宣传工作条例》明确了党委宣传部的16项工作职责。

② 郭燕来. 意识形态领导权的内涵解读［J］. 内蒙古社会科学，2013（6）：17-22.

化；也不能把大事说小，把政治原则问题当作一般学术观点和思想认识问题来对待。

（2）主导权/话语权与主导力/话语能力。法国后现代学者米歇尔·福柯（Michel Foucault）于 1970 年的演说《话语的秩序》中提出了话语理论，认为"话语即权利。"话语的外在功能，就是"对世界秩序的整理"，因此，谁掌握了话语，谁就掌握了对世界秩序的整理权，也就掌握了"权力"。如果说话语权强调的是表达的机会，那么话语能力突出的则是表达的水平和影响。当前高校意识形态工作的话语能力要突出全球话语能力，要避免自说自话、自卖自夸、自产自销。对沟通来说，语言是交往交际的工具，话语则是文化思维的神经，如果说语言能"通事"，话语则能"通心"。全球话语能力是打开不同国家和民族"心锁"的能力，全球话语能力包括全球理解力、全球沟通力、全球表达力。

（3）管理权与管理能力。这里要强调的是人工智能和 5G 等技术对意识形态管理的挑战。智能算法技术加速了互联网内容生产、信息传播和供给方式的升级变革。当下，在"流量至上"的市场运作模式中，智能化信息传播在认知茧房、圈层固化、资本逻辑和工具理性的效应下，弱化了主流意识形态的认知统合，遮蔽了主流意识形态的价值导向，消解了主流意识形态价值信仰。深刻认知智能算法技术的意识形态特性，以主流意识形态为导向，以智能算法技术为引擎，以人的信息素养为内核，积极应对智能化信息传播对主流意识形态的挑战，助推主流意识形态和网络信息文明的建设进程。①

（二）宣传思想工作"叫好"与"叫座"之间的不平衡

这里要考察下"宣传"这一概念的内涵演变过程。1843 年，美国字典开始将非宗教意义写入"宣传"这个词条，"宣传"被赋予政治含义。第一次世界大战前，"宣传"这个词使用频率很低。1911 年的《不列颠百科全书》并未收入"propaganda"（宣传）这个条目，仅有一条关于"propaganda"的参见条。一战中，协约国采用了大规模的宣传活动，宣传引起人们的广泛关注。作为概念的宣传进入日常词汇中。20 世纪初崛起的广告、公关等活动也以宣传自居。从宗教到政治再到商业，"宣传"这一概念的内涵在不断发展。在 20 世纪之前中国人的概念里，基本没有人在现代意义上使用"宣传"概念。包括 19 世纪末 20 世纪初中国最著名的宣传家梁启超在内，很少有人用"宣传"这个概念，更

---

① 王贤卿. 社会主义意识形态面对技术异化挑战——基于智能算法推送的信息传播效应[J]. 毛泽东邓小平理论研究，2020（6）：24-31.

倾向于用"教化""浸润""向导"这些传统的中国概念。学者刘海龙提出宣传六要素：宣传者、明确的宣传意图（任务）、运用象征符号（手段）、受众是群体而非个体（对象）、塑造认知方式或对现实的认知（预期目标）、影响态度和行为（要有效果）。对照这一定义，当前高校的宣传思想工作要突破以下瓶颈。

（1）理论宣传与新闻宣传中的"重宣轻传"或"宣而不传"现象。宣传不是歌颂是教育，从宣传报道的访问分析或受众调查可以看出理论宣传上的效果还需在"入脑入心"上下功夫，往往受众面相对小，受众对理论的吸收消化程度不平衡；同时，新闻宣传的效果还需在传播力和影响力下功夫，对学校新闻网和官方微信公众号的阅读和转发等分析可以发现，主流报道的传播率亟待提高。

（2）海外传播和网络传播中的"传而不宣"或者"以传代宣"。值得肯定的是，近几年，在"双一流"建设过程中，很多高校加强了海外传播，如北大、清华、浙大等成立了专门的海外传播办公室，上外、华东师大等加强多语种网站建设。同时，要指出的是，在海外传播和网络传播中，高校只重"传"而对"宣"包括"明确的宣传意图（任务）""运用象征符号（手段）""塑造认知方式或对现实的认知（预期目标）""影响态度和行为（要有效果）"等宣传要素的重视还不够。高校在"讲述中国故事、传播中国声音"方面具有天然的独特优势，包括专业优势、人才优势、渠道优势等，显然，与所具有的优势相比，目前所发挥的作用和作出的贡献还不匹配。

（3）意识形态与宣传思想工作的"宣""传"未融。任何思想理论只有广泛传播才能产生更大影响、发挥更大作用，意识形态建设在一定意义上就是传播能力建设。随着网络新技术新运用新平台的迅猛发展，信息传播和获取越来越快捷，谁的传播手段先进、传播能力强大，谁的思想理念和价值观念就能广为流传，谁就能在掌握话语权上占据主动。人工智能、5G等新技术发展，既为意识形态工作带来了巨大的挑战，也为宣传思想工作创造了机遇。近年来，随着管理的规范化、法治化，网络空间日益清朗，高校宣传思想工作要抓住这一契机，大力发展教育融媒体，借助短视频等新型传播载体，促进"宣"与"传"的融合，以传播力提升扩大影响力。

（三）教书育人知识传授与价值引领之间的不平衡

习近平总书记指出，要把立德树人的成效作为检验学校一切工作的根本标准，真正做到以文化人、以德育人，不断提高学生思想水平、政治觉悟、道德品质、文化素养，做到明大德、守公德、严私德。要把立德树人内化到大学建设和管理各领域、各方面、各环节，做到以树人为核心、以立德为根本。考察全球教育的发展趋势可以发现，绝大多数国家的教育导向都随着时代变化而变化。以新加坡为例，其教育导向从 1959 年起的生存导向，到 1979 年以后的效率导向，再到 1997 年以后的能力导向，2012 年后转向"学生为本、价值导向"，"要武装新一代，让他们迎接未来"，正确的导向使新加坡的教育在国际上享有赞誉。面临世界百年未有之大变局，高等教育必须准确识变、科学应变、主动求变，扎根中国大地，回应时代需求，全面升级人才培养理念。

（1）准确认识教育理念从以教师"教"为中心到学生"学"为中心再到课程"建"为中心的变化。围绕时代需求、国家经济社会发展、未来发展方向、新技术最新前沿，从质和量两个方面增加课程供给，包括课程设置、课程内容、授课方式等，以增强课程供给为核心，全面升级人才培养方案。

（2）科学应对教学理念从知识传授到素质教育再到价值引领的变化。深刻认识课程思政的意义，准备把握课程思政的内涵，科学运用课程思政的方式；促进思想政治理论教学与专业课程教学的有机结合，切实发挥课堂教学作为思想政治教育主渠道的作用。

（3）主动推进从大类招生到平台课程再到专业设置等各方面的培养理念变化。在"双一流"建设中突出人才培养第一导向，以一流学科建设促进学科交叉融合，带动相关学科关联生长，实施大类招生，拓展平台类课程，科学设置专业。在培养模式上，要加强第一课堂（课堂教学）、第二课堂（课外活动、社会实践与专业实习）、第三课堂（翻转课堂、慕课等互联网教学）等互动，促进课上与课下、校内与校外、线上与线下之间有机衔接与融合。

三、坚持系统观念推进高校宣传思想文化工作的"十四五"规划

党的十九届五中全会指出，"十四五"时期经济社会发展须坚持系统观念，加强前瞻性思考、全局性谋划、战略性布局、整体性推进，统筹国内国际两个大局，办好发展、安全两件大事，着力固根基、扬优势、补短板、强弱项，注重防范化解重大风险挑战，实现发展质量、结构、规模、速度、效益、安全相统一。

（一）明确目标任务，坚持效果导向，突出主体特色

（1）在激发人才创新活力上下功夫，把学风师风校风建设作为重要任务。对办学治校来说，高校要做正确的事，也要正确地做事，更重要的是把事做正

确。高等学校要全面提高教育质量，注重培养学生创新意识和创新能力；广大教师和教育工作者"积极探索新时代教育教学方法"。培养创新人才是初心、目标和方向，"五育"并举是使命、路径和方法，初心到使命是一致的，路径服从于目标，方法取决于方向。目标是清晰的，路径可以因事而化、因时而进、因势而新，万不可刻舟求剑、墨守成规甚至南辕北辙。方向是明确的，方法可以因地制宜、因材施教，万不可生搬硬套、生吞活剥甚至削足适履。对每个具体的学校而言，要把教育的初心和使命，把教育的基本规范和根本标准落实到办学的特色中，体现于办学的实践里，转化为办学的举措上，检验于办学的成效上。培养什么样的人、如何培养人和为谁培养人最终体现于"培养得怎么样"，我们越是接近中华民族伟大复兴的目标，就越需要发挥高等教育的作用，越渴求科学知识和卓越人才。只有培养出一流人才的高校，才能够成为世界一流大学。创新是再造、是重组、是突破，高校要增强机遇意识和风险意识，勇于推动人才培养模式突破提高质量、善于推进基层治理流程再造提高效能、敢于尝试基层组织重组激发活动，使每所高校都彰显特色、健康活跃、充满活力，充分体现自己的价值和贡献，成为中国高等教育体系的有机组成部分。

（2）在坚定文化自信上下功夫，加强中外人文交流和文化文明对话。"十四五"期间，高校宣传思想文化工作要继续以讲好中国故事、传播中国声音为着力点，发挥独特优势，增强中华文化的软实力。在2013年8月的全国宣传思想工作会议重要讲话中，习近平总书记提出四个"讲清楚"的要求，即"要讲清楚每个国家和民族的历史传统、文化积淀、基本国情不同，其发展道路必然有着自己的特色；讲清楚中华文化积淀着中华民族最深沉的精神追求，是中华民族生生不息、发展壮大的丰厚滋养；讲清楚中华优秀传统文化是中华民族的突出优势，是我们最深厚的文化软实力；讲清楚中国特色社会主义植根于中华文化沃土、反映中国人民意愿、适应中国和时代发展进步要求，有着深厚历史渊源和广泛现实基础"。在2016年12月全国高校思想政治工作会议上，习近平总书记提出了"四个正确认识"，即高校要教育引导学生正确认识世界和中国发展大势，牢固树立为远大理想和共同理想而奋斗的信念和信心；正确认识中国特色和国际比较，把握历史潮流，坚定"四个自信"；正确认识时代责任和历史使命；正确认识远大抱负和脚踏实地。从"四个讲清楚"到"四个正确认识"是一脉相承的。在2020年7月的企业家座谈会和9月的科学家座谈会上，总书记分别指出，"企业营销无国界，企业家有祖国""科学无国界，科学家有祖国"，要不忘初心、牢记使命，秉持国家利益和人民利益至上，对国家、对民族怀有崇高使命感和强烈责任感，胸怀祖国、服务人民，为国担当、为国分忧。同时，一定要拓展国际视野，立足中国，放眼世界，"有多大的视野，就有多大的胸怀"，从中国和世界的联系互动中探讨人类面临的共同课题，更加主动地融入全球创新网络，在开放合作中提升自身科技创新能力，为构建人类命运共同体贡献中国智慧、中国方案。真正的自信一定是建立在既"知己"亦"知他"的基础之上的。我们培养的人才要学习国外的优秀文明成果，了解世界其他国家与中国的不同，在"知他"中坚定自我认同；要知晓"他者"的思维方式、文化习俗和行为习惯等，从而更好把握"他者"对"我者"的认知，更好促进沟通。"今天，人类交往的世界性比过去任何时候都更深入、更广泛，各国相互联系和彼此依存比过去任何时候都更频繁、更紧密。一体化的世界就在那儿，谁拒绝这个世界，这个世界也会拒绝他。万物并育而不相害，道并行而不相悖。"

（3）在坚持立德树人上下功夫，突出特色人才培养的能力和水平。立德树人是学校的根本任务，是高校立身之本。立德树人、为党育人、为国育才是教育的初心和使命，培养担当民族复兴大任的时代新人和德智体美劳全面发展的社会主义建设者和接班人是中国特色社会主义教育事业的基本规范和根本标准。新时代新阶段必须真正做到把立德树人的成效作为检验学校一切工作的根本标准，尤其要突出人才培养的特色，真正做到以文化人、以德育人，不断提高学生思想水平、政治觉悟、道德品质、文化素养，做到明大德、守公德、严私德。要把立德树人内化到大学建设和管理各领域、各方面、各环节，做到以树人为核心、以立德为根本。上海外国语大学提出构建听说读写译五位一体的特色体系，"听说读写译"源于外语专业学习的基本功训练："听"，强调用好课堂教学这个主渠道，坚持教书和育人相统一；"说"，强调专业实践与社会实践相结合，理论教育与实践活动相结合；"读"，强调学生的经典阅读和国际比较，注重以文化人、以文育人；"写"，强调师生的专业写作和学术发表，提升哲学社会科学研究水平和新型智库建设水平；"译"，强调文化理念传承创新，思想理论对外传播。

（二）明晰规划体系，坚持问题导向，加强全面统筹

（1）顶层设计与基层调研有机结合。"善于从群众关注的焦点、百姓生活的难点中寻找改革切入点"，这一改革成功的经验同样适用于规划制定。顶层设计不是空想，是有具体实际内容的战略规划，这一战略规划在形成之前是对已有成绩和经验的总结，从实践到理论的过程；也是调研基层发展需要、调研师生成长需求、调研一线工作实际，从理论到实践的过程。顶层设计的突出优势在

于既牢牢把握发展方向与目标，又不断与基层实践和师生需求相结合，并根据实践发展变化而完善自身。通过基层调研不仅要善于发现问题，还要善于总结经验。基层调研也要坚持思想理论的指导，坚持实事求是原则和具体问题具体分析的方法，进一步通过完善顶层设计来解决现实问题。在顶层设计与基层调研相结合的过程中，理论与实践相结合，通过问政于民、问需于民、问计于民，总结经验，抽象概括，完善顶层设计，进一步解决问题，推动宣传思想文化工作的规划。基层调研和顶层设计之间的关系，其实就是从实践中总结提炼科学方法和经验，反过来用于指导实践的过程；只有来源于基层调研的顶层设计，才是充满生机活力与现实指导力的蓝图，顶层设计只有在具体指导中运用于基层，才是具有实效性的战略规划。只有尊重基层、一线和师生的首创精神，大胆鼓励探索和创新，才能不断为顶层设计提供脚本、积累经验，完善顶层设计，防止顶层设计成为空中楼阁。而从实践中得到完善的顶层设计，往往更接地气，对未来工作的针对性、指导性更强。

（2）守正创新与全面统筹有机结合。党的十九届五中全会指出，"十四五"期间，要推动形成适应新时代需要的思想观念、精神面貌、文明风尚、行为规范。深入开展习近平新时代中国特色社会主义思想学习教育，推进马克思主义理论研究和建设工程。推动理想信念教育常态化制度化，加强党史、新中国史、改革开放史、社会主义发展史教育，加强爱国主义、集体主义、社会主义教育。新时代新阶段对高校开展爱国主义提出了更高的要求，即要从中国日益走向世界舞台中央，辩证认识和把握国内外大势，统筹中华民族伟大复兴战略全局和世界百年未有之大变局这一背景来提高爱国主义教育的效果。要加强全球治理人才队伍建设，培养熟悉党和国家方针政策、了解中国国情、具有全球视野、熟练运用外语、通晓国际规则、精通国际谈判的专业人才，为中国参与全球治理提供有力人才支撑。人才培养体系必须立足于培养什么人、怎么培养人这个根本问题来建设，可以借鉴国外有益做法，但必须扎根于中国大地办大学。坚持办学正确政治方向，古今中外，每个国家都是按照自己的政治要求来培养人的，世界一流大学都是在服务自己国家发展中成长起来的。我们社会主义教育就是要培养社会主义建设者和接班人。建设高素质教师队伍，人才培养，关键在教师。教师队伍素质直接决定着大学办学能力和水平。随着信息化不断发展，知识获取方式和传授方式、教和学的关系都发生了革命性变革。这也对教师队伍能力和水平提出了新的更高的要求。要坚持让教育者先受教育，让教师更好担当起学生健康成长指导者和引路人的责任。评价教师队伍素质的第一标准应该是师德师风。同时，也要看到教师队伍中存在的一些问题。对出现的问题，我们要高度重视，认真解决。要引导教师把教书育人和自我修养结合起来，做到以德立身、以德立学、以德施教。

（3）分块规划与融合协同有机结合。学生在大学里学什么、能学到什么、学得怎么样，同大学的人才培养体系密切相关。目前，我国大学硬件条件都有很大改善，有的学校的硬件同世界一流大学比没有太大差别了，关键是要形成更高水平的人才培养体系。人才培养体系涉及学科体系、教学体系、教材体系、管理体系等，而贯通其中的是思想政治工作体系。遵循高等教育从专业教学/训练到通识培养再到创新创业教育的模式演进规律。加强从院系教学到书院熏陶再到两级管理的教学组织方式协同。适应形势新变化，针对教育对象新特点，应对教育任务新需求，探索两个转变：两级管理旨在实现从学校办学院/系到学院/系办学校的转变，增强院系活力；书院建设旨在促进课堂教学与校园生活融合，实现课内、课外衔接。统筹人才培养的招生录取、课堂教学、思政工作、课外活动、实践实习、创新训练、就业指导等的各个育人环节。通过成立本科生院，再造流程，强化协同，实现"无缝衔接"。改造教学空间环境，涵养"三全育人"生态。建立全员、全程、全方位育人体制机制，因地制宜，因校成风，因材施教。一是加强教室物理空间建设，全面推进智慧课堂教学。通过虚实空间的无缝链接，在泛在交互、智能交互、自然交互、多模交互中提升课堂教学的品质。二是推动校园共享空间建设，切实营造良好校风学风教风。在图书馆中建设学习研讨共享空间，在办公楼中通过"开墙破壁"实现办公空间开放共享，在教学楼中通过改造厅廊为学生提供舒适自习空间，通过调整院系分布场所、建设风雨连廊等实现不同院系之间的链接。三是加快教育网络空间建设，打造物联、数联、智联的师生共同体。借助技术赋能，推进数据共享，大力建设慕课平台，提升师生泛在教学的互动体验；不断完善智慧校园，提升服务师生的高效性。

（三）明确工作分工，坚持责任导向，确定实现路径

（1）加强领导，明确责任。党的领导是中国特色社会主义高校的本质特征，高校思想政治工作是党领导高校工作的具体体现，也是开展高校党的建设工作的重要抓手。在我们党的所有工作中，没有脱离政治的业务，也没有脱离业务的政治。切实加强高校党的建设，要把政治建设摆在首要位置，始终坚持党对高校的全面领导不动摇，始终坚持马克思主义在高校意识形态领域的主导地位不动摇，始终坚持社会主义的办学方向不动摇，坚定不移推动全面从严治党在

高校向纵深发展，确保中国特色社会主义大学的办学方向不偏，"四个服务"的根本宗旨不移，落实扎根中国大地办大学的要求不虚。① "要不断掌握新知识、熟悉新领域、开拓新视野，增强本领能力，加强调查研究，不断增强脚力、眼力、脑力、笔力，努力打造一支政治过硬、本领高强、求实创新、能打胜仗的宣传思想工作队伍"。我们必须进一步增强使命感、责任感，坚定不断增强脚力、眼力、脑力、笔力的思想自觉、行动自觉。

（2）重在建设，立破并举。新时代新阶段意识形态领域斗争依然复杂，高校宣传思想文化工作要及时就意识形态建设中存在的问题进行深入调研，找出存在的主要问题，深入剖析问题的根源，从而有针对性地采取科学对策。要做好做强马克思主义宣传教育工作，特别是要在学懂弄通做实习近平新时代中国特色社会主义思想上下功夫，把坚定"四个自信"作为意识形态工作的关键。要以坚定的理想信念筑牢精神之基，坚定对马克思主义的信仰，对社会主义和共产主义的信念，对中国特色社会主义道路、理论、制度、文化的自信。要强化教育引导、实践养成、制度保障，把社会主义核心价值观融入学校教学科研管理服务各方面，引导师生自觉践行。要把体现党的主张和反映师生需求统一起来，把服务师生同教育引导师生结合起来，既解决实际问题又解决思想问题，始终把师生放在心上、把焦点对准基层、把服务落到实处。不讲大话、空话、套话，既努力抓大事又多办实事、好事。

（3）虚事实做，实事虚做。所谓虚事重在解放思想和理论问题，实事重在解决客观和实践问题。宣传思想文化规划的虚事实做就是要把规划中的理论、风气、文化落实为可具体实施的项目、可操作的载体、可推进的举措；实事虚做是要把工作中取得的实绩及时上升为理论，把试点案例抽象为可以推广的经验。宣传思想文化体系是虚的，学校办学治校治理结构是实的，如果虚事虚做、实事实做，这叫"按部就班"；要想"有声有色"，就必须不断探索，实事"虚"做、虚事"实"做，在实干中实现"无缝对接"。实事"虚"做、理论为"王"。实事实做干出实效，对涉及学校发展的教育教学改革、学科建设、人才培养等重大项目必须脚踏实地、实实在在地推进，容不得半点虚假，这是实事"虚"做的前提条件。没有实绩，仅仅"虚"做，那是"吹牛"，纯粹就是空中楼阁，无中生有，欺上瞒下，是犯错误。虚事实做，是化虚为实，即借助客观

---

① 张东刚.不忘初心、牢记使命 全力提升高校思想政治工作质量［EB/OL］.全国高校思想政治工作网，2018-02-28.

条件、物质形态、活动动作表达一定的活动思想、教育思想。以阵地建设为例，海报栏、电子屏、报纸、电视、网络、新媒体要加强，课堂、讲座、教材、出版、期刊同样要抓实；只有阵地建设好，文化才有载体，在"看得见、摸得着"中"感受到""获得到"。同时，要善于总结提升形成体系。在完成一项重要的工作以后，一定要总结出具有特色的、契合实际的方法体系，工作具有一定的重复率和重叠率，经验具有一定的可复制性和可借鉴性。总结一项工作取得的成功经验，用在另一项工作上，往往可以促进其他工作的良好开展。

试析生命教育的内涵

——从党的"生命至上"的理念出发

卞卓斐

2019 年底突如其来的新冠肺炎疫情席卷了整个世界，在这场全球性的公共卫生危机面前，我们看到了病毒的无情和生命的脆弱，但同时也看到了人性的光辉和人民的力量。这场疫情威胁到你我每一个平凡人的生命安危和切身利益，也关系到整个国家的经济发展和国际影响力，在这场考验党和政府执政能力的战役中，党的"人民至上、生命至上"的理念成为价值引领，举国上下众志成城，团结一心共克时艰，打了一场波澜壮阔的疫情防控阻击战。

在 2020 年 5 月召开的两会以及之后的会议和座谈会中，习近平总书记反复强调"人民至上、生命至上"的理念，为保护人民生命安全和身体健康，可以不惜一切代价。正是在这样的理念指导下，国家资源被前所未有地集中调动，救治费用由国家全力承担，整个城市乃至整个国家一度被按停经济键，这并非是因为我们不知道这样做需要付出多大的代价，而是因为我们深知只有人的生命才是第一位的，经济总有一天可以恢复，但人的生命一旦失去，就不可能重来。人民至上、生命至上，这是我们党自建党以来初心使命的集中体现。从抛头颅洒热血的革命年代到激情燃烧、波澜壮阔的建设时期，为人民着想、与人民站在一起，同呼吸共命运，这才是我党始终保持旺盛生命力和强大战斗力的原因。

从这个角度看，这次突发性的公共卫生危机其实也是一次特殊的契机，让我们体会生命的可贵和伟大，从生命的重创到生命的顽强，从生命的守护到生命的超越，疫情本身就是一场生动鲜活的生命教育实践。因此，在第十三届全国人大三次会议上，多位人大代表、政协代表建议将生命教育纳入学校教育，成为学生的必修课，建议教育主管部门编写不同学段的生命教育专用教材，开设专门课程并纳入课程体系，加强生命教育师资队伍建设等。①

但要建立系统的生命教育体系，有必要先厘清生命教育的内涵，鉴于此，本文就生命和生命教育的内涵进行一些阐释。

一、生命的内涵

生命观决定教育观，人们对生命的解读直接决定了人们的教育观念。因此，要厘清生命教育的内涵，我们首先要知道生命的内涵，生命是什么。

（一）生命的定义

关于生命的确切定义，目前学术界尚无一致公认的答案，每个专业的研究者倾向于用自己专业的术语来下定义。百度百科上的生物学定义指出，生命是由核酸和蛋白质等物质组成的分子体系，它具有不断繁殖后代以及对外界产生反应的能力。可以看出这里所指的生命是一种广义的生命，它不仅仅指人的生命，还包括动植物等。狭义的生命主要是指人的生命。

传统教育的落脚点和重心都是放在人的生命之上，呼吁教育应当以人为本，关注人的生命成长。这当然没有错，从某种意义上说，人其实是一种文化动物，人之所以为人，就在于他习得了文化。教育是沟通人类先天生物自然性和后天文化习得性的重要桥梁。通过教育，人类在自然生命之外拥有了一种全新的文化生命，从而使人类具有了其他一般动物所没有的优势。也正是在这个意义上，夸美纽斯在《大教学论》中指出："假如要形成一个人，就必须由教育去形成。"因此，教育理当以培养人、发展人的生命作为自己的根本目标，离开了人，教育就失去了自身存在的意义。

但同时我们不要忘记，人类只是整个自然界的一个物种，是地球生命系统中的一个成员，如果人类还想在这个星球上生存下去，就必须改变极端人类中心主义的观念，学会与其他生命平等共处。因此，生命教育关注的不应只是人的生命，而应是广义上的包括动植物在内的所有生命。

（二）生命的特征

广义上一切生命具有以下几点特征：①生命世界的相通性与共生性。在生命世界中，各种生命之间及其与自然之间都是相通的。生命与生命、生命与自然都是彼此依赖、共同生存的存在与发展，整个地球生物圈就是一个大的生态

---

① 张冰清.政府工作报告两提"生命至上"，代表委员建议生命教育纳入必修课［EB/OL］.未来网，2020-05-27.

系统。②生命的独特性与多样性。生命系统是一个有等级的系统，每一个等级都存在着多样性，比较重要的有遗传基因、物种、生态系统三个层次的多样性，这就使得整个生命世界呈现多样且独特的存在。③生命的无限性与生命体的有限性。每个个体生命都是类生命的持有者与展现者。相对来说，类生命是无限的、永恒的，而个体生命是有限的、暂时的存在。从生物学的观点看，个体只不过是基因的载体，基因的天职就是复制，它不会随着个体的死亡而终结。当然，对每个生命体来说，生命依然是有限的，是不可逆的存在。

就狭义的人的生命而言，生命同样是不可逆的存在。生，我们无从选择；死，我们也无从逃避。人的自然生命的有限性是人无法摆脱的宿命，我们只能在有限中生存。

但与其他物种的生命相比，人的生命拥有其独有的特征。

（1）生成性。人的本质不是先天规定的，而是后天自我不断生成的，生命永远向未来开放，具有无限的可能性。人的生成性特点来自人的非特定化特点。一般的动物为了生存，往往具有某项特定性专长，甚至让人类望尘莫及。

非特定化对人类生命看似是个不利条件，但也恰恰因此成就了人类凌驾于其他动物之上的地位。因为人的器官并非专为某几种生命机能而设定，它们有无限潜能，可以锻炼某些能力来代替缺乏的能力，从这个意义上说，非特定化使人具有了生成性。正因为人的生命是生成性、未定型的，所以只要生命存在，生命的发展就具有无限的可能性。

（2）差异性。现实生活中人的差异性，正是个体自我生成的结果。虽然受到先天遗传基因的影响，但更主要的还是个体后天努力的结果，不同的选择成就了不同的人。人比动物优越之处在于人有意识，人的行为具有自主性，人的理性选择决定了他将如何生活以及生命的最终呈现。在相同环境和相同条件之下，动物会产生相同行为，而人在面对相同的境况时，不同的人会有不同的选择，会依据自身的需求创造自我的生命，形成不同的行为方式、生存方式。正因为人的生命的差异性，人的存在才更有价值，每一个个体都是独一无二的。

（3）超越性。人的本质的生成过程表现在生命的不断超越上。人生来就是一种有缺陷的生物，"正是由于要通过较高的能力来弥补现存的缺陷这种必要性，人成了'不断求新的生物'，成了虽不完美，但因此而能使自己完美起来的生物。"① 人的理性使人能够意识到自我，并能反思自我，当人们意识到自己生

———————————

① 博尔诺夫. 教育人类学［M］. 李其龙，等译. 上海：华东师范大学出版社，1999：37.

命的有限性和不完美性时，能够主动支配自己的生命活动，使生命从不完美向完美发展，从有限向无限延伸。虽然人的自然生命是短暂的有限的存在，但人可以在精神世界中通过对生命永恒意义的追求实现对生命的超越。

（4）整体性。人的生命是一个复杂矛盾的有机体。它不仅包括自然生命，还包括后天形成的精神生命；它是理性的，但同时又是感性的。"人的生命是多层次、多方面的整合体：生理的、心理的、社会的、物质的、精神的、行为的、认知的、价值的。任何一种活动，人都是以一个完整的生命体的方式参与和投入，而不是局部的、孤立的、某一方面的参与与投入。"① 因此，任何单方面发展生命的行为，都会导致整体生命的异化，最终影响整体生命的发展。

二、生命教育的内涵

生命教育是围绕生命而展开的，关注生命、发展生命，最终完善生命，提升生命意义和质量的教育。既然生命的内涵并不局限于人的生命，而是包括这个地球圈中的所有生命，那么，生命教育也理应包含两级命题：一级命题是珍惜一切生命，即人的生命、人以外其他物种的生命，以及所有生命所赖以生存的环境。二级命题是关爱人的生命，具体包含四个层次的内容：保护生命、欣赏生命、尊重生命和超越生命。

（一）珍惜一切生命

古希腊智者普罗泰戈拉的名言"人是万物的尺度"反映了最早的人类中心主义思想。其后的思想家亚里士多德更是明确指出，大自然不可能毫无目的毫无用处地创造任何事物，因此，所有的动物肯定都是大自然为了人类而创造的。这种"大自然是为了人的利益而创造出来"的人类中心主义的观念影响了一代又一代的思想家，成为近代"工具理性"的思想源头。

在极端人类中心主义和人类沙文主义看来，人在自然界拥有至高无上的地位，是这个世界绝对的"主人"，是整个生态系统的"中心"，人有权任意主宰和处置一切非人类的生命体和自然物。自然界中的一切都是为了人而存在的，人类的需求和利益是决定其他生命体和自然物是否具有存在价值的尺度。于是人们只关注人类当下的利益而不关注人类赖以生存和发展的生态环境系统，只知索取不知回报，将自然界视作自己任意宰割的对象。

结果正如我们今天所看到的，人类正面临着这个星球上史无前例的环境危

---

① 叶澜."新基础教育"探索性研究报告集 ［M］．上海：上海三联书店，1999：182.

机：土地沙化、森林锐减、湿地减少、可耕地污染、淡水资源紧缺、臭氧层破坏、"温室效应"加剧、雾霾天气高发等等。空气、土壤和水是所有生命赖以生存的共同基础，这些自然资源被污染本就使地球生命面临着自 6500 万年前的恐龙时代以来最大规模的生物物种灭绝问题，更何况人类还是地球上唯一一种可以为了自己的生存甚至欲望而大规模灭绝其他生命的物种。人类对大自然的疯狂掠夺只会使人类自食恶果，导致大自然的反噬。正如恩格斯所指出的，人类在这种错误思想指引下取得的"辉煌战果"只是暂时和表面的，当人们每一次陶醉于"对自然界的胜利"时，自然界都对人类进行报复，"我们不要过分陶醉于我们对自然界的胜利。对于每一次这样的胜利，自然界都报复了我们。每一次胜利，在第一步都确实取得了我们预期的结果，但是在第二步和第三步却有了完全不同的、出乎预料的影响，常常把第一个结果又取消了。"①

这正是生态伦理学产生的现实原因，就像阿尔贝特·施韦泽认为的，"过去的伦理学是不完整的，因为它认为伦理只涉及人对人的行为。实际上，伦理与人对所有存在于他的范围之内的生命的行为有关。只有当人认为所有生命，包括人的生命和一切生物的生命都是神圣的时候，他才是伦理的。"②

从这个意义上说，生命教育就不应仅仅涉及人类生命的教育，它应当涵盖人类在内的所有生命，以及所有生命赖以生存的自然环境。要让受教育者理解每个生命都是生物链中不可缺少的一环，互为条件，互相影响，相辅相成，生生不息。所以，应当珍惜一切生命，保护自然环境。

珍惜一切生命，有助于人类树立大生命观，担负起保护自然的责任，全面整治日益恶化的生态环境，使人类与世间万物和谐共处。

（二）关爱人的生命

全球性的生态危机乃至人类社会的困境，这些问题的始作俑者都是"人"，人占据了主动地位，危机和困境的解决与超越亦在于人，所以生命教育最终还是要回归人的生命，如此方可走出生命的困境。以下将分四个层次由低到高逐级分析。

（1）保护生命。人的生命价值首先在于生命的存在和延续本身，脱离生命本体的存在和延续去探讨生命价值的实现，无疑是荒谬的，所谓"皮之不存，

---

① 中共中央马克思恩格斯列宁斯大林著作编译局. 马克思格斯选集：第 4 卷 [M]. 北京：人民出版社，1995：383.
② 施韦泽. 敬畏生命——五十年来的基本论述 [M]. 陈泽环，译. 上海：上海社会科学院出版社，2003：9.

毛将焉附"，人的自然生命是人存在和发展的基础，是精神生命的载体，因此生命教育首先应当是保护生命的教育。

我们应当让受教育者充分认识到，人的生命存在本身就是有价值的，保护人的生命存在是每个人最自然的、不可剥夺的权利，理应得到全社会每个人的承认、尊重与维护。那些漠视自己生命、残害他人生命的人，是对生命的亵渎。

保护生命的教育应当着眼于以下三个方面：一是死亡教育，生命教育不可回避死亡话题，因为死亡的必然性和不可预测性，才愈加凸显生命的可贵，促使人在有限的生命中去追求生命的厚度和价值，实现生命的超越。这次疫情就是一次"向死而生"的教育。二是敬畏生命的教育。在让学生意识到自己生命珍贵的同时，还要推己及人、推人及物，以敬畏的态度去善待一切生命。三是生存能力教育。生命教育除了生命意识的教育，也应包括各种实用性的生存技能的教育，比如各种生存危机的处理方法、逃生技巧等，提高受教育者的自我保护意识和能力，防止各种可能性的伤害事件发生。同时，考虑到疫情防控常态化的需求，生命教育也要加强学生对疾病、病毒的认知、防护和健康安全教育。

总之，保护生命是关爱生命的底线和基础，没有对生命的保护，就谈不上对生命的欣赏、尊重和超越。

（2）欣赏生命。生命教育绝不止于生命体的"活着"，不是"好死不如赖活着"，而是要让学生充分感受和欣赏生命的美好。生命教育不仅应该让受教育者学会生存，更要学会审美地生存。

现代社会工具理性的日益膨胀，导致了人性的内在分裂，尤其是感性和理性的分离，物质对精神的压抑，人与自然的脱节等现象变得日趋明显。当我们的青少年面临着自然生态的不断恶化、拜金主义和功利主义的盛行、应试教育带来的心理重压和人格异化等生命困境的时候，我们拿什么去拯救他们的心灵？

在韦伯看来，审美具有某种"救赎"功能："无论怎样来解释，艺术都承担了这一世俗的救赎功能，即它提供了一种从日常生活的刻板，尤其是从理论的和实践的理性主义的压力中解脱出来的救赎。"① 美的追求可以给刻板压抑的生活带来生机和希望，使人觉得生存有意义。为此，我们呼唤生命美育的教育。

首先，生命美育可以使学生认识到生命本身就是美的，认识到生命的独特性。我们应该为自己拥有生命而自豪，从而接纳自己、善待自己，享受生命成

---

① 周宪．美学是什么［M］．北京：北京大学出版社，2002：250.

长的快乐。人在生命的历程中不可能没有挫折，恐惧、沮丧、失落、焦虑、绝望、无奈，这些负面的情绪是任何人都必经的生命体验。但生命教育可以从审美角度帮助受教育者认识这些负面状态所蕴含的积极生命意义。如果我们学会以欣赏的眼光看待生命，把这些负面状态看作一种独特的审美体验的话，那么我们就会正确地对待生命历程中所遭遇的一切苦难、不幸、伤痛、失败、打击和灾难，把它们看成生命成长过程中珍贵的礼物，在任何情况下，都对自己充满自信，始终以积极的态度去面对生活。就像这次疫情面前，有人悲观绝望，有人泰然处之，拥有积极的人生态度的人，才不会在灾难和挫折面前轻言放弃。

其次，生命美育能够培养学生仁爱的情感，关爱他人的生命，关爱孕育生命的环境和自然。从某种意义上说，美育其实就是一种爱的教育，"我见青山多妩媚，料青山见我应如是"，没有对审美对象的爱，何来美？关于审美中爱的情感的显现，美学家的解释，或是审美同情说，或是移情说。但不管何种说法，人在审美中，的确将自己爱的情感赋予了审美对象。具有深厚爱心的人必然是审美感受丰富的人，长期的审美教育必然有助于主体形成爱心。生命美育就是指通过审美教育，使教育者生发爱心，培养受教育者仁爱的情感，并将仁爱的情感投射到对象上的过程。只有学会审美生存的人，才有可能对自然的生命万物，对人类社会、人生充满着爱，才会尊重并欣赏他人、其他形态的生命体以及孕育生命的自然环境。

雨果说动物是在生存，而人则是在生活。但是做一个没有感情的、单向度的、纯理性的人似乎比动物也好不到哪里去，生命美育可以让我们学会欣赏生命的美，发现生命的魅力，实现海德格尔所向往的"诗意的栖居"。

（3）尊重生命。生命是具体的、独特的，而不是抽象的。每一个生命都有其不同的天赋、兴趣和气质。每一个生命都是独一无二的。生命教育要让受教育者明白："我是独一无二的，与众不同的，世界上没有一个人可以代替我！无论我有多少缺点和不足，我的生命都是有价值的。"除此之外，生命教育还应让受教育者明白："我身边的每一个人都是独一无二的，无论他们与我有多大的不同，我都必须尊重他们。"

在一个日益开放，具有多元文化、多元价值观的社会里，我们不仅要教会学生尊重他人，而且要让他们学会欣赏彼此的差异性，学会接纳他人、共同生活，让生命更具开放性。

要教育学生彼此尊重，教育者自己就必须以身作则，在教育过程中学会尊重受教育者。教育者不应该再将学生当作接受知识的容器和教育工厂等待加工的标准件，教育者要将学生作为一个个有血有肉有灵魂、有智慧有感情有个性的人来加以教育。

首先，我们的教育者首先要尊重学生的人格。教师不能将学生作为追求自我利益的手段，不能打骂学生，任意侮辱学生的人格。尊重人格是尊重生命的最根本体现。其次，要尊重学生的自主选择，教育应为学生的自主选择提供条件并教育学生学会选择。我们的教育应该尊重每一个学生展开自己生命的方式，鼓励其为自己的真实理想或信仰去生活，树立对自身的生命责任感。再次，要承认学生的差异并保护差异，让学生在其差异性上充分发展。无论是优等生还是所谓的差生，都有自我选择和自我决断的权利。我们要承认每个人的兴趣、爱好、能力、个性的差异，而不是把他们放在同一个模子里，把他们打造成统一的产品。最后，要遵循人的生命的生成性特点，尊重学生在每一阶段的生命存在。个体成长的每一步都代表着无可重复的成长轨迹，即使是愚蠢的错误，都是成长过程中宝贵的经验和财富。用发展的眼光尊重受教育者，培养受教育者的自信心，帮助受教育者发掘自身的潜能，创造生命的自我生成环境，培养生命的自我发展能力。

（4）超越生命。超越生命，是生命教育的升华。人之所以为人，就在于他不同于快乐的猪，后者只要饱食终日就能无忧无虑。作为一种特殊生命的存在，人并不会满足于现实生活。"我应该要成为什么样的人？究竟什么样的生活是最有价值、最有意义的生活？什么又是最美好、最幸福的人生？"人总是不断地问自己类似的问题，人总是希望能超越生命、超越当下，追寻存在的意义和目标，赋予有限的人生以永恒的价值，并给予当下的现实生活以指导。所以从某种意义上说，人是以"意义"为生存本体的动物，人最不能忍受的就是生命的无意义。"人的存在从来就不是纯粹的存在，他总是牵涉到意义。……人甚至在尚未意识到意义之前就同意义有牵连。他可能创造意义，也可能破坏意义；但他不能脱离意义而生存。人的存在要么获得意义，要么叛离意义。对意义的关注，即全部创造活动的目的，不是自我输入的；它是人的存在的必然性。"① 因此，鼓励学生超越自我，追寻生命的价值是教育不可推卸的使命。

首先，我们的教育要引导学生完成肉体生命向精神生命的超越，探寻个体生命的意义与价值。社会的进步就在于其宽容性，在不侵犯他人权益的前提下，每个人有权选择自己的生活方式，定义自己的人生价值。但尊重价值观的多元

---

① 赫舍尔. 人是谁 [M]. 隗仁莲，译. 贵阳：贵州人民出版社，1994：46.

化并不代表我们的教育听之任之，任由学生在世俗功利的面前迷失自己的方向。我们的教育应该引导学生积极思考这个对我们每个人而言最重要的人生课题。只有明确自己人生价值，清楚自己生存意义的人，才不会感到空虚和无聊，才能超越自我、超越当下，摆脱现实生存的困惑和迷茫，实现精神生命的富足和充盈。

其次，我们的教育要引导学生完成自然生命向社会生命的超越，培养生命共同体的责任感。从社会学和伦理学的视角看，人是生活在一定社会关系之中的，人与人以各种方式联系在一起，形成生命共同体，组成社会。因此，人既是自然生命，也是社会生命。人作为社会生命，就意味着对他人对社会需要承担一定的责任和义务。因此，我们还应该教育学生努力把个体生命和类生命相联结，培养其社会责任感。而此次抗击新冠肺炎疫情的战役也说明了，人作为社会生命，没有人是一座孤岛，没有哪个个体可以置身于疫情之外。作为生命共同体，只有每个个体承担责任和义务，才能守望相助、众志成城，在这场没有硝烟的战争中取得最后的胜利。

综上所述，此次疫情引发的公共危机是一堂生动鲜活的生命教育课，贯彻了党的"生命至上"的价值理念，但生命教育不应只是伴随公共危机的出现而出现，并随之消失而消失的运动化教育，生命教育更应成为一种常态化和系统化的教育。教育不仅仅需要对社会出现的重大问题作出迅速反应和理性反思，更应具有一定的前瞻性和稳定性。因此，厘清生命和生命教育的内涵可以有助于我们建立一个更为完善的生命教育体系。

党的三代领导人关于劳动模范的重要论述

徐大慰①

劳动模范为我国社会主义革命、建设和改革事业作出了重大贡献，在全面推进社会主义经济建设、政治建设、文化建设、社会建设以及生态文明建设和党的建设中取得了显著成绩，发挥了骨干、带头、示范作用。对劳模价值的肯定、劳模精神的弘扬、劳模品质的褒奖，贯穿在党领导革命、建设和改革开放的各个历史时期。毛泽东、刘少奇、江泽民、胡锦涛、习近平等党和国家领导人在全国劳模表彰大会上发表重要讲话，对劳模工作做过重要论述。

一、劳动模范的历史地位

1956 年，刘少奇在全国先进生产者代表会议上，阐明了劳动模范的历史作用和历史地位。他在祝词中指出："先进生产者是人类经济生活向前发展的先驱，也是社会历史向前发展的先驱。"劳模的作用在于把他们的生产水平迅速地变为全社会的生产水平。"在任何时代，在任何生产部门中，总是有少数比较先进的生产者，他们采用着比较先进的生产技术，创造着比较先进的生产定额。随后，就有愈来愈多的生产者学会了他们的技术，达到了他们的定额，直至最后，原来是少数先进分子的生产水平就成为全社会的生产水平，社会生产就提高了。"因此，"先进生产者不只是要保持自己的先进，而且要努力促进别人由落后达到先进。""每一个普通生产者应当向先进生产者学习，向先进生产者看齐，迅速地把一般的生产水平提高到先进分子的水平。"②

---

① 基金项目：2020 年度高校思想政治理论课教师研究专项（20SZK10271001）；2021 年度上海市教育科学研究项目（C2021141）。作者简介：徐大慰，女，上海外国语大学马克思主义学院副教授，博士。

② 中共中央文献研究室. 新中国成立以来重要文献选编（第 8 册）[M]. 北京：中央文献出版社，1994：269、268、270、271.

"劳动模范、先进生产者是推动历史向前发展的先进生产力的优秀代表。"①但是，全社会生产力水平的提高不取决于这些劳动模范的成就和纪录，而取决于全社会的生产力水平。所以说，劳模工作的中心环节就是总结和传播劳动模范的先进经验和技术，把他们创造的先进工作法、先进工具、先进技术以及先进经验迅速传播给全体劳动者。事实如此，劳动模范郝建秀创造的"细纱工作法"，促进了我国纺织行业的发展，在全国各地涌现出无数个"郝建秀工作者"；劳动模范王崇伦、马学礼、苏广铭等创造了万能工具胎及新刀具，提高了我国金属切削能力；黄荣昌、王全禄创造的木工机械，推动了我国木工机械化的进程。

服务群众是劳动模范的价值指向，也是其鲜明的身份特征。毛泽东在《工作方法六十条（草案）》（1958 年）中强调，"任何英雄豪杰，他的思想、意见、计划、办法，只能是客观世界的反应，其原料或者半成品只能来自人民群众的实践中"②。"英雄只要脱离了群众，立刻就觉得没有力量，没有作用了。"③毛泽东强调"拿出个榜样给群众看"，充分发挥榜样的引领和教育功能，从情感上感染群众，在行动中带动群众。"苏联为什么要提倡学习斯达汉诺夫？因为他积极，要使别人向他看齐。我们要采取这样的态度，号召所有的人向积极分子看齐"④。这是因为劳模工作是一项群众工作，早在 1950 年中央和国务院就已经指出劳模工作实际上是一场"劳模运动"。1956 年中央和国务院又将劳模工作即"先进生产者运动"称作"最广泛、最深刻的群众运动"。1982 年中共中央再次将劳模工作称作"学先进、赶先进活动"，重申劳模工作是群众运动的属性。

十一届三中全会以后，中国共产党所面临的形势、任务发生了急剧的变化，以邓小平为代表的党的第二代领导核心为劳模工作的开展明确了新的方向。"文革"时期那种大树特树"纯政治""纯精神"典型的方式已经不合时宜，邓小平强调，"宣传好的典型时，一定要讲清楚他们是在什么条件下，怎样根据自己

---

① 李先念. 在工业、交通、基本建设战线全国先进企业和全国劳动模范授奖仪式上的讲话 [M] //杜钰洲. 让世纪更辉煌：中华纺织劳模大典 1950—2000. 北京：中国纺织工业协会，1997：10.

② 中共中央文献研究室. 毛泽东文集：第 7 卷 [M]. 北京：人民出版社，1999：358.

③ 陈云. 在全国工农兵劳动模范代表会议开幕式上的开幕词（1950-09-25）[M] //杜钰洲. 让世纪更辉煌：中华纺织劳模大典 1950—2000. 北京：中国纺织工业协会，1997：8.

④ 中共中央文献研究室. 毛泽东文集：第 2 卷 [M]. 北京：人民出版社，1993：419.

的情况搞起来的，不能把他们说得什么都好，什么问题都解决了，更不能要求别人生搬硬套"①。1975 年 5 月，邓小平就要求"在落实政策时，还要特别注意那些老工人、技术骨干、老劳模，要把这一部分人的积极性调动起来"②。1978 年 10 月，邓小平在中国工会九大的致词中指出，"在党的领导和工会的帮助下，全国各民族各地区各工业部门的职工群众中都涌现了一批劳动模范和工人阶级的革命骨干，他们至今还是我们学习的榜样和团结的核心。"③ 这时期劳动模范必须是对社会主义物质文明和精神文明建设起到先锋模范作用的榜样，不仅关乎精神层面，也关乎实践层面。邓小平说："任何人对四个现代化贡献得越多，国家和社会给他的荣誉和奖励就越多，这是理所当然的"④，他号召广大干部群众向模范人物学习，"做有理想、有道德、有文化、守纪律的共产主义新人"。⑤

江泽民指出："我国工人阶级有着先进的思想、高度的觉悟、优秀的品质和优良的传统，在改革开放和现代化建设中应不断发挥主力军的作用。"1995 年 4 月 29 日，江泽民在庆祝"五一"国际劳动节暨表彰全国劳动模范和先进工作者大会上发表讲话，"各条战线的劳动模范和先进工作者，为全社会树立了光辉的榜样。党和国家感谢你们，各族人民尊敬你们。全社会都要尊重、爱护劳动模范和先进工作者，虚心向他们学习，关心他们的工作和生活。榜样的力量是无穷的……"。在 2000 年全国劳动模范和先进工作者表彰大会上，江泽民指出："全国劳动模范和先进工作者，是亿万劳动群众的杰出代表。""在平凡的岗位上做出了不平凡的业绩，是建设社会主义物质文明和精神文明的先锋。""他们的思想和行动，体现了中国工人阶级的高贵品格。""他们不愧为我们民族的精英、国家的脊梁、社会的中坚和人民的楷模。"⑥

胡锦涛充分肯定了劳模的历史地位和现实意义。在 2005 年全国劳动模范和先进工作者表彰大会上，他指出："新中国成立 50 多年来，我国不同时期涌现

① 邓小平. 邓小平文选：第 2 卷［M］.2 版. 北京：人民出版社，1994：316.
② 邓小平. 邓小平文选：第 2 卷［M］.2 版. 北京：人民出版社，1994：10.
③ 工人出版社. 中国工会第九次全国代表大会纪念刊［M］. 北京：工人出版社，1978：2.
④ 工人出版社. 中国工会第九次全国代表大会纪念刊［M］. 北京：工人出版社，1978：5.
⑤ 工人出版社. 中国工会第九次全国代表大会纪念刊［M］. 北京：工人出版社，1978：6.
⑥ 中国金融工会全国委员会. 工会工作参考资料汇编（上）［M］. 北京：中国金融出版社，2002：6-8.

出来的千千万万先进模范人物，为国家发展、民族振兴、人民幸福建立了卓越功勋。他们不仅创造了巨大的物质财富，而且创造了巨大的精神财富。"他重申"广大先进模范人物不愧为民族的精英、国家的栋梁、社会的中坚、人民的楷模。"① 在 2010 年全国劳动模范和先进工作者表彰大会上，他指出："伟大劳模精神，是中国工人阶级崇高品格的生动体现，是我们时代的宝贵财富，是激励全国各族人民团结奋斗、勇往直前的强大精神力量。"②

2013 年 4 月 28 日，习近平在同全国劳动模范代表座谈时指出，"在我们党团结带领人民进行革命、建设、改革各个历史时期，劳动模范始终是我国工人阶级中一个闪光的群体，享有崇高声誉，备受人民尊敬。""长期以来，广大劳模以高度的主人翁责任感、卓越的劳动创造、忘我的拼搏奉献，谱写出一曲曲可歌可泣的动人赞歌，为全国各族人民树立了光辉的学习榜样。""榜样的力量是无穷的。劳动模范是民族的精英、人民的楷模"③。2014 年"五一"国际劳动节前夕，习近平在乌鲁木齐接见劳动模范和先进工作者、先进人物代表时指出，"一代又一代的劳动模范和先进工作者、先进人物，是我国劳动人民的杰出代表，是祖国和人民的骄傲。你们大家以强烈的主人翁责任感，立足本职，争创一流，集中体现了伟大的时代精神、创业精神、奉献精神，为国家和民族增添了绚丽光彩。党和人民感谢你们。"④ 2015 年 4 月 28 日，习近平在庆祝"五一"国际劳动节暨表彰全国劳动模范和先进工作者大会上指出，"劳动模范和先进工作者是坚持中国道路、弘扬中国精神、凝聚中国力量的楷模，他们以高度的主人翁责任感、卓越的劳动创造、忘我的拼搏奉献，为全国各族人民树立了学习的榜样。"⑤ 2016 年 4 月 26 日，习近平在合肥同知识分子、劳动模范、青年代表座谈时指出，"劳动模范是劳动群众的杰出代表，是最美的劳动者。""我们要在全社会大力宣传劳动模范的先进事迹，号召全社会向他们学习、向他们致

---

① 胡锦涛. 在 2005 年全国劳动模范和先进工作者表彰大会上的讲话（2005-04-30）[M] //《广东工会年鉴》编纂委员会. 广东工会年鉴. 广州：广东人民出版社，2007：5.
② 胡锦涛. 在 2010 年全国劳动模范和先进工作者表彰大会上的讲话（2010-04-27）[M] //《广东工会年鉴》编纂委员会. 广东工会年鉴. 广州：广东人民出版社，2012：3.
③ 习近平在同全国劳动模范代表座谈时的讲话 [N]. 人民日报，2013-04-28.
④ 习近平在乌鲁木齐接见劳动模范和先进工作者、先进人物代表，向全国广大劳动者致以"五一"节问候 [N]. 人民日报，2014-05-01.
⑤ 习近平在庆祝"五一"国际劳动节暨表彰全国劳动模范和先进工作者大会上的讲话 [N]. 人民日报，2015-04-28.

敬。"① 2018 年 4 月 30 日，习近平给中国劳动关系学院劳模本科班学员的回信中说："我一直强调，劳动最光荣、劳动最崇高、劳动最伟大、劳动最美丽。全社会都应该尊敬劳动模范、弘扬劳模精神，让诚实劳动、勤勉工作蔚然成风。"②

二、劳动模范的榜样作用

劳动模范起着"骨干、带头和桥梁作用"。1950 年，毛泽东在全国工农兵劳动模范代表会议上对劳动模范给予很高的评价，指出劳动模范"是全中华民族的模范人物，是推动各方面人民事业胜利前进的骨干，是人民政府的可靠支柱和人民政府联系广大群众的桥梁"，"劳动模范有三种作用，即带头作用、骨干作用和桥梁作用。这就是说，在人民民主制度的条件下，先进生产者不但是人民群众的先驱，而且成了人民群众的核心，成了国家和人民群众之间的重要纽带。"③ 早在 1945 年 1 月 10 日，毛泽东就指出："你们（劳模）有三种长处，起了三个作用。第一个，带头作用。这就是因为你们特别努力，有许多创造，你们的工作成了一般人的模范，提高了工作标准，引起了大家向你们学习。第二个，骨干作用。你们的大多数现在还不是干部，但是你们已经是群众中的骨干，群众中的核心，有了你们，工作就好推动了。到了将来，你们可能成为干部，你们现在是干部的后备军。第三个，桥梁作用。你们是上面的领导人员和下面的广大群众之间的桥梁，群众的意见经过你们传上来，上面的意见经过你们传下去。"④ 后来被人们概括为劳动模范的"三大作用"——"骨干、带头和桥梁作用"。陈云指出，英雄模范的桥梁作用，"就在于他能联系群众，把领导机关的意见和指示，通过群众的经验，变成广大群众的意见，使广大群众行动起来，又把群众的意见和要求反映到领导机关来，供给领导机关研究采择。"⑤

劳动模范以不平凡的主人翁责任感和艰苦创业精神、忘我的劳动热情和无

---

① 习近平在知识分子、劳动模范、青年代表座谈会上的讲话［N］.人民日报-2016-04-30.

② 习近平回信勉励中国劳动关系学院劳模本科班学员［N］.人民日报，2018-04-30.

③ 中共中央文献研究室.新中国成立以来重要文献选编：第 8 册［M］.北京：中央文献出版社，1994：270.

④ 毛泽东.毛泽东选集：第 3 卷［M］.北京：人民出版社，1991：1013.

⑤ 陈云.在全国工农兵劳动模范代表会议开幕式上的开幕词（1950-09-25）［M］//杜钰洲.让世纪更辉煌中华纺织劳模大典 1950-2000.北京：中国纺织工业协会，1997：8.

私奉献精神成为全国人民学习的楷模。"抓住普通人对雷锋、焦裕禄、王进喜和陈永贵等人某种程度上的'我辈'的认同，通过对他们事迹的宣传，给人一种人人都可以成为英雄常人的感觉，并试图将这种同类的亲切感和追赶目标近在咫尺的感觉转化成民众学习的动力。这些英雄常人的重要特征就是，普通人可以'学习与仿效'。"① 劳动模范不仅是普通群众日常生活中的榜样，更是"革命、党性和胜利"的一个能指，他们典型而又集中地反映了社会主义本质和主流。毛泽东"将劳模表彰视为党联系群众的一种好的工作方法，并在劳动中与劳模交朋友，虚心向劳模学习，开展调查研究，使劳模的带头、骨干和桥梁作用最大限度地发挥出来。劳模表彰是毛泽东应用和实践群众路线的极好例证，充分彰显了他的群众思想路线，对于 20 世纪五六十年代良好社会风气和党的良好工作作风的形成起到了积极的推动作用。"②

　　20 世纪 50 年代，我国评选出成千上万个劳动模范和先进工作生产者，广泛分布在工业、农业、部队、交通运输、基本建设、财贸、教育、文化、卫生、体育、新闻等国民经济和社会建设的多个方面，既有生产能手、岗位标兵、技术人员、科学工作者，又有先进工作者、优秀组织者和管理者。他们为国民经济的恢复、社会主义建设在各条战线的起步与发展作出了重大贡献，为树立社会主义劳动观念、推广劳模经验、提高生产工作效率、提升组织管理协作水平发挥了重大作用。他们影响了一个时代，激励了一代人去学技术，鼓舞了一代人想去当个好工人，"一五"计划、"二五"计划的实现，全是在这一代人的手中完成的，这一代劳模的精神至今仍在发挥作用。③

　　1950 年 9 月 25 日，我国召开第一届全国战斗英雄和工农兵劳动模范代表会议，毛泽东在祝贺词《你们是全民族的模范人物》中说："你们在消灭敌人的斗争中，在恢复和发展工农业生产的斗争中，克服了很多的艰难困苦，表现了极大的勇敢、智慧和积极性。"④ 新中国刚刚成立，"中国必须建立强大的国防军，必须建立强大的经济力量，这是两件大事。"战斗英雄和工农兵劳动模范起到了带头作用。普及和推广劳模们的先进经验和技术，对提前完成"一五"计划起

① 张婧. 劳动模范：在道德与权力之间——从社会学的视角看一种道德教育制度 [J]. 开放时代，2007（2）：107-123.
② 姚力. 劳模表彰：毛泽东群众路线思想的应用实践 [J]. 当代中国史研究，2013（6）：26-31.
③ 向德荣，《劳模精神职工续本》编写组. 劳模精神职工读本 [M]. 北京：中国工人出版社，2016：23.
④ 毛泽东. 毛泽东选集：第五卷 [M]. 北京：人民出版社，1977：30.

了推动作用。1956年7月，中国第一座年产3万辆载重的长春汽车制造厂试装出第一批"解放牌"载重汽车，中国第一座电子管厂北京电子管厂于1956年10月建成并正式生产，试制成功了十几种电子管。中国第一座飞机制造厂也正式投产并于1956年9月9日试制成功了中国第一架喷气式飞机。在"一五"期间，每个工人平均使用的动力机械总能力提高79%，每个工人使用的电力提高80%以上。在一些体力繁重的部门已广泛采用机械化操作方法。五年内，十二个工业部的工业产品成本降低了29%，平均每年降低6.5%，另外，中国工业职工队伍空前壮大，工业技术力量也有很大增长。1957年全国工业工程技术人员达17.5万人，比1952年增长2倍，工人的技术装备有了明显的提高，同时，农业机械化程度也有所提高，农用拖拉机的用量由1952年全国只有2006台，到1957年24629台，增长了12.3倍。[①]

进入新时代，创新精神特别重要，"创新是民族进步的灵魂，是一个国家兴旺发达的不竭源泉，也是中华民族最深沉的民族禀赋。[②]"劳动模范是创新劳动的实践者，他们思想先进，敢为人先，并付诸劳动，为之奋斗。他们把自己先进的工作理念和技术技能传授给普通群众，带动身边的同事开拓新视野、学习新知识、掌握新本领，为社会主义建设贡献力量。全国劳动模范包起帆20世纪80年代被誉为"抓斗大王"，进入新世纪，他继续创新，被誉为"发明大王"。他主持的科研项目曾3次获国家发明奖，3次获国家科技进步奖，17次获部、省级科技奖，21次在巴黎、日内瓦、美国等国际发明展览会上获金奖。全国劳动模范孔祥瑞坚持学习、坚持实践、坚持创新，从一名只有初中文凭的码头工人，成长为一名享誉全国的"蓝领专家"。他主持开展的技术创新项目200余项，创造效益过亿元，其中"门座式起重机中心集电器"等多个项目获得国家实用新型专利。全国劳动模范李斌先后完成新产品开发55项，完成工艺攻关201项，完成加工工艺编程1500多条，直接创造经济效益830多万元。他自主设计了刀具184把，技术革新、自制改进工装夹具82副，为企业节约支出110多万元，并获得多项专利。农民技术员出身的全国先进工作者李登海选育出100多个紧凑型玉米杂交种，其中51个通过国家级、省级审定，获得11项发明专利和43项植物新品种权，被誉为"中国紧凑型杂交玉米之父"。新时代劳模在

---

① 有林，郑新立，王瑞璞. 中华人民共和国国史通鉴：第二卷［M］. 北京：红旗出版社，1993：185.

② 习近平. 在同各界优秀青年代表座谈会时的讲话［N］. 中国青年报，2013-05-06.

继承老一代劳模爱岗敬业的基础上，与时俱进，开拓创新，成长为知识型、技能型和创新型劳模。

三、大力弘扬劳模精神

1950 年，毛泽东代表中共中央在全国战斗英雄代表会议和全国工农兵劳动模范代表会议上致祝词，"中国共产党中央委员会号召全党党员和全国人民向你们学习"①，同时也号召战斗英雄和劳动模范要"继续在战斗中学习，向广大人民群众学习"，继续保持"光荣称号"。为了发展先进生产者运动，为了使先进的生产水平迅速变为全社会的生产水平，刘少奇号召先进生产者、普通劳动生产者和生产的领导者三方面共同努力。"先进生产者必须用一切方法帮助和教会别人，并且不断地争取更加先进。""每一个普通生产者应当向先进生产者学习，向先进生产者看齐，迅速地把一般的生产水平提高到先进分子的水平。""每一个生产的领导者应当坚决地支持先进生产者的运动，支持每一个有实际意义的先进经验和创造。"② 朱德指出，"先进单位和先进生产者的伟大历史作用，不仅在于他们以自己的卓越成就促进了我国的社会主义建设事业，而且在于他们能够帮助别人和别的单位迅速提高到先进的水平上来。"③

江泽民指出，"劳动模范和先进工作者是我国工人阶级的优秀代表，是改革和建设的排头兵。体现在他们事迹中的现代化建设所必需的创业精神和奉献精神，代表着我国新时期的精神风貌，应该在全社会和全体人民中加以倡导，使之蔚然成风。"④

胡锦涛强调，"我们要大力弘扬伟大的劳模精神。榜样的力量是无穷的。劳模精神，是我们伟大民族精神的重要体现，是激励我们奋勇前进的重要精神动力。""全党同志和全国人民都要以劳动模范和先进工作者为榜样，学习他们坚信中国特色社会主义事业必胜的坚定信念，学习他们脚踏实地、埋头苦干的优良作风。"⑤

---

① 毛泽东. 你们是全民族的模范人物：第五卷［M］. 北京：人民出版社，1977：30.
② 中共中央文献研究室. 新中国成立以来重要文献选编：第 8 册［M］. 北京：中央文献出版社，1994：270.
③ 朱德. 在全国群英大会上的祝词（1959-10-26）［N］. 人民日报，1959-10-27.
④ 江泽民. 发扬创业精神，积极开拓进取——在会见全国劳模、五一劳动奖章、奖状获得者代表时的讲话（1993-04-29）［M］//杜钰洲. 让世纪更辉煌中华纺织劳模大典 1950-2000. 北京：中国纺织工业协会，1997：12.
⑤ 胡锦涛. 在 2005 年全国劳动模范和先进工作者表彰大会上的讲话（2005-04-30）［M］//《广东工会年鉴》编纂委员会. 广东工会年鉴. 广州：广东人民出版社，2007：5.

胡锦涛要求，"进一步弘扬劳模精神，为激励全国各族人民团结奋斗凝聚强大精神力量。""我们一定要在全社会大力弘扬劳模精神，用劳模的先进事迹感召人民群众，用劳模的优秀品质引领社会风尚，充分发挥劳模的骨干和带头作用，在全社会进一步形成崇尚劳模、学习劳模、争当劳模、关爱劳模的良好氛围。"①

伟大事业需要伟大精神的支撑和引领。习近平总书记要求，在全社会大力弘扬劳模精神，大力宣传劳动模范的先进事迹，引导广大人民群众树立辛勤劳动、诚实劳动、创造性劳动的理念，让劳动光荣、创造伟大成为铿锵的时代强音，让劳动最光荣、劳动最崇高、劳动最伟大、劳动最美丽蔚然成风。他希望广大劳动群众以劳动模范为榜样，爱岗敬业、勤奋工作，锐意进取、勇于创造，不断谱写新时代的劳动之歌。他同时强调，劳动是共产党人保持政治本色的重要途径，是共产党人保持政治肌体健康的重要手段，也是共产党人发扬优良作风、自觉抵制"四风"的重要保障。②

实现中国梦须要弘扬中国精神，这就是以爱国主义为核心的民族精神和以改革创新为核心的时代精神。劳模精神是民族精神和时代精神的重要内容，是中国精神的生动体现。对广大职工来说，带头践行中国精神，就要大力弘扬劳模精神，争当行动楷模，争做时代先锋，不断为中国精神注入新能量。劳模精神生动诠释了社会主义核心价值观，是我们的宝贵精神财富和强大精神力量。无论是革命战争年代、新中国建设时期还是改革开放新时期涌现出的劳动模范，他们都具有高度的主人翁精神，对祖国无比热爱。劳动模范忠于职守，把职业当事业，力求干一行爱一行、钻一行精一行，在本职工作岗位上创造一流业绩。新时代劳模在继承老一代劳模爱岗敬业的基础上，与时俱进，开拓创新，成长为知识型、技能型和创新型劳模。劳动模范诚实守信，对人诚实无欺，守信践诺，以真诚之心，行信义之事。他们老老实实做人、踏踏实实做事，待人处事表里如一。劳动模范强调人与人之间相互尊重、相互关心、相互帮助，和睦友好，努力形成人之亲、家之亲、国之亲。

大力弘扬劳模精神、劳动精神。就是要像劳模那样，坚守家国一体、爱党报国的信念，坚定民族复兴伟大目标。就是要在全社会倡导尊重和鼓励一切劳动，包括体力劳动和脑力劳动；倡导尊重和鼓励一切创造，包括个人创造和集体创造。

① 胡锦涛. 在2010年全国劳动模范和先进工作者表彰大会上的讲话（2010-04-27）[M]//《广东工会年鉴》编纂委员会. 广东工会年鉴. 广州：广东人民出版社，2012：3.
② 习近平在乌鲁木齐接见劳动模范和先进工作者、先进人物代表，向全国广大劳动者致以"五一"节问候[N]. 人民日报，2014-05-01.

就是要求每个劳动者将人生理想、家庭幸福融入国家富强、民族复兴的伟业中，在本职工作中精益求精而非马马虎虎，诚实守信而非投机取巧，淡泊名利而非"精致利己"。幸福不会从天而降，美好生活靠劳动创造。建成富强民主文明和谐美丽的社会主义现代化强国，根本上靠劳动、靠劳动者创造。新中国从"站起来"到"富起来"再到"强起来"，是亿万劳动者日夜耕作的结果。劳动开辟未来，人世间的美好梦想，只有通过劳动创造才能实现；发展中的各种难题，只有通过劳动创造才能破解。广大劳动群众要以劳模为榜样，树立劳动创造幸福生活、实现人生理想的信念，做勤奋劳动、诚实劳动、创新劳动的表率。要增强主人翁精神，始终保持高昂的劳动热情、忘我的劳动精神，不断提高劳动生产率，积极为企业发展建言献策，努力为企业提高经济效益和转型升级贡献力量，立足本职工作，提升劳动技能，勤奋扎实工作，争创一流业绩。

扎根中国大地办教育

——习近平关于教育的重要论述探析

陈蓓洁

习近平总书记在指导调研浙江大学工作时指出，要建设世界一流大学，必须从中国实际出发，走自己的路，坚持社会主义办学方向和办学目标，积极探索建设中国特色、世界一流大学的道路。2014 年，总书记在北京大学师生座谈会上进一步明确指出："要认真吸收世界上先进的办学治学经验，更要遵循教育规律，扎根中国大地办大学。"

遵循教育规律，扎根中国大地办教育，是党中央给当下的中国教育发展提出的新的历史要求。真正理解这一新要求，并不是一件容易的事情。如果未能深入理解其本质内涵和真正意义，所谓的"扎根"之要求就很容易停留在口头上，成为空洞的标语口号；即使付诸行动，也极易变成没有本质深度、无法达成目标的轻率尝试。然而教育改革是如此紧密地关乎它的对象，在深思熟虑之前，贸然拿年轻生命的精神成长做实验，就是对人本身的不尊重和不负责，是在拿国家的未来去冒险，严重违背教育以人为本的精神。因此，透彻深入地思考为什么要这样做，以及如何做，应该是所有教育改革的首要前提和基础。就此处而言，深入思考为什么要扎根中国大地办教育，就是在为如何扎根中国大地办教育提供最重要的理论依据和意义支撑。因为这一问题，其实并不像看上去那样具有理论自明性，特别是在西方教育思想已经严重地塑造了我们教育观的今天。

一、现代西方教育的本质

华夏民族的学校之制在夏商便有了，并逐渐发展出非常完备的教育体系：家有塾，党有庠，术有序，国有学；在春秋战国时期，学校教育也形成了以礼乐为中心的文武兼备的六艺教育；并在孔子提出的"学而优则仕"的教育思想的指导下，形成后来的科举取士的选拔人才的制度。明清时期，由于科举制的发展，学校教育成为科举的附庸和装饰品，中国传统的教育体制的弊端逐渐显露并成为一种痼疾。清政府最终迫于形势压力，对教育进行了系列改革。1905年末颁布新学制，废除科举制度，并在全国范围内推广新式学堂，西学逐渐成为学校教育的主要内容。

从这一历史沿革中我们可以看出，现代中国的学校教育体制基本属于西学模式。不可否认，这一模式在这一百多年中确实为中国现代化建设培养了一批批的人才，那么，我们是不是可以在原有的教育组织架构中，通过不断吸收西方先进教育理念和实践经验来继续发展和完善呢？毕竟放眼世界，我们和世界一流大学还有不小的差距，在未来很长的时间里，我们都还要谦虚地向人家学习。那么，我们就努力走在原有的道路上，按照原有的方向前进，是不是也可以呢？为什么现在党中央要提扎根中国大地办教育？它的必要性到底是什么？唯有在清晰明白这一必要性的基础上，我们才会有动力去思考如何扎根办教育，才能够以之为事业，并给予持久的热情。

教育除了有古今之分，还有中西之别吗？教育在今天是不是具有一种不分民族地域的所谓现代的性质？换言之，就是无论东方还是西方，只要处在现代化的进程中，并且以完成现代化为己任，是不是都得对自己进行这种教育？故而，在绝大多数人心中是否已经留下了这样的印象：当我们提到教育的时候，会自然而然地认为今天世界上只有唯一的一种教育，而这种教育的典范就存在于世界上最先进、最现代的国家——美国，其他国家必须以这种教育为效仿的蓝本？另外一种提法同样有效，就是我们是否认为，现代西方教育乃是一种普世教育？

马克思在《共产党宣言》中论述资本全球化的时候，涉及了这一问题。资本要不断扩大产品销路，为此"它必须到处落户，到处开发，到处建立联系"，故而形成了所谓资本的全球化运动。这一运动不仅使各个国家的生产和消费成为世界性的，而且使精神的生产也成为世界性的。虽然马克思在此处对于精神生产的世界性用以下方式来描述："各民族的精神产品成了公共的财产。民族的片面性和局限性日益成为不可能，于是由许多民族和地方的文学形成了一种世界的文学";① 但这个世界性的过程绝非字面表现出来的那样，是一种无害的、和平的，最终带来各民族文化超越各自片面性和局限性的平等发展，进而导致精神生产上真正的世界性融合和新的精神样态的创造。

因为假如说，物质生产方面的全球化过程并非一个全球自发过程，而是表现为资本文明单向的意志运动，进而表现为对于其他欠发达文明的一种强迫性，即这种全球化运动"挖掉了工业脚下的民族基础"，它使"新的工业的建立已经成为一切民族的生命攸关的问题"②，换言之，"它迫使一切民族——如果它不想灭亡的话——采用资产阶级的生产方式；它迫使它们在自己那里推行所谓的文明，即变成资产者。一句话，它按照自己的面貌为自己创造出一个世界"；③那么，按照历史唯物主义的原理（即"每一历史时代主要的经济生产方式与交换方式以及必然由此产生的社会结构，是该时代政治的和精神的历史所赖以确立的基础"④ ）来分析，精神生产的过程必定同样分有这一强制逻辑，即资本世界的精神生产逐渐变成全球瞩目和尊崇的文明样态，并进而造成各民族文化的趋同性。也许在某些场合，某些非资本文明的精神产品也会成为全世界的公共的财产，比如《功夫熊猫》在全球影院的放映，比如中国传统思想对德国思想家的影响，从而看上去打破了文明的某种受制于地域的局限性存在；但真正作为民族文化融合的范例还是很少的，绝大多数情况下，吸收异域文化的精神生产依然是资本为了谋求更好增殖方式的一种手段。

面对日益消亡的民族性文化，很多时候并不能引起人们足够的重视和警觉。毕竟在关系到民族生死攸关的现代化的历史巨任下，精神方面民族性的保存和传承，总是要往后排一排的。为了更好地融入全球化的过程中，文化精神领域的同质性如果可以让我们在物质生产领域中的合作更为顺畅便利的话，这样的同质性也会被认为具有历史的真理性。

精神生产如此，作为精神生产最重要表现的教育领域（因为精神生产最重要的产品是人）亦是如此。致力于培养可以与世界接轨的全球化人才，以此更

① 中共中央马克思恩格斯列宁斯大林著作编译局．马克思恩格斯选集：第一卷［M］．2版．人民出版社，1995：276．
② 中共中央马克思恩格斯列宁斯大林著作编译局．马克思恩格斯选集：第一卷［M］．2版．人民出版社，1995：276．
③ 中共中央马克思恩格斯列宁斯大林著作编译局．马克思恩格斯选集：第一卷［M］．2版．人民出版社，1995：276．
④ 中共中央马克思恩格斯列宁斯大林著作编译局．马克思恩格斯选集：第一卷［M］．2版．人民出版社，1995：257．

好地服务于全球化进程，便成了现代化发展的一种内在诉求。于是对于西方教育体制和教育理念甚至教育内容的接受，就成为普遍的意识。久而久之，潜意识中竟有可能形成这样的观念，即一提到教育，我们想到的就是目前这种唯一的教育形式和教育理念。努力地让孩子进入这种教育，适应这种教育，在这种教育中变得出类拔萃，进而去这种教育的最优秀机构（比如哈佛）深造，变成了多数父母的期待。因为唯此，个人才可能获得被这个世界所认可的个性、独立性和自由。

然而，马克思在《共产党宣言》中的一句话，给予我们无比的警醒："资产者唯恐其灭亡的那种教育，对绝大多数人来说不过是把人训练成机器罢了。"①由此可以明确，至少在马克思看来，迄今为止，还没有真正的普世教育。现阶段所谓的通行于世界的那种教育形式，在本质上，依然是西方民族为了实现现代化进程而对国民实施的一种职业教育。

二、教育的民族性

当我们努力指出现代西方教育并非一种普世教育，而是民族性、历史性的教育时，我们的意图并非要否定教育应该具有民族性和历史性，而是意欲破除人们观念中的那种关于西方教育的非历史主义的神话，还原现代教育的本来面目。教育，就其现阶段来说，必定是民族的和历史的。原因有二：

虽然，就物质生产的全球化进程来看，西方教育思想和范式在全球范围的传播，亦有它的合理性和必然性，毕竟，如若一个民族的发展不想脱离现代化进程的话，如何更好地融入全球化的经济运作，就是这个民族必须要解决的问题。从这个角度来说，积极地向西方教育学习，是无可厚非的。所以习近平总书记会多次强调，我们必须认真吸收世界上先进的办学治学经验。但是，从另一个角度来说，资本以它强劲的进步逻辑在全球范围展开的同质化运动，对每个国家来说，特别是对具有悠久历史传统的国家来说，这个融入过程一定是带着某种不适应性，甚至是某种阵痛，某种错位感和迷失感。因为毕竟，被卷入全球化进程的是生活在具体的民族历史文化中的现实的个人，而非抽象的理性人。他带着自己所有的民族文化的基因参与到这一进程，并在这个现代化进程中，不断领会本民族以及个人生存的无法复制的真实感、命运感，并在这种领

---

① 中共中央马克思恩格斯列宁斯大林著作编译局．马克思恩格斯选集：第一卷［M］．2版．人民出版社，1995：289.

会中为自己和民族的未来开辟通往幸福的道路。所有这些现实个人的实际生存条件和生命状况决定着，面临现代化挑战的他们，依然要从本民族文化传统中获取生命延续的养分。只有不断地领会自身传统的存在，才能为传统找到通往未来的真实之路，这就是所谓的返本开新。所以，我们的教育必须扎根中国大地，就像习近平总书记强调的，"优秀传统文化是一个国家、一个民族传承和发展的根本，如果丢掉了，就割断了精神命脉。"[①] 如果我们绕开自己的生存基础，直接把国家的未来彻底暴露于他国文化的教育体系中，这对本民族历史的真正延续，将造成无法修复的负面影响。

这个道理从反向的角度依然可以证明。无论我们怎么努力地向别人学习，多么努力地想成为别人那个样子，我们都无法成为第二个别人。正如我们的教育，无论怎么发展，都不会出现第二个哈佛，却可以出现第一个北大第一个清华。因为历史基因这个东西，并不是想丢弃就可以轻易丢弃的，这是血液和骨髓里的东西。尽管在它的成长过程中，会产生自我的反思甚至反叛，就像青春叛逆期那样，但最终依然会发现，无论怎样试图逃离，都会因为我们自身存在的重量而被牢牢绑束在脚下那片大地、那片故土。换言之，即使我们决心抛开本民族生存的根基性存在而全面迎向西方世界，也无法成功，只会产生越来越多的精神畸形和心理变异，这对民族和个人来说，都是无法承受的后果。这就是我们扎根中国大地办教育的理由之一，基于作为根基性的民族文化生命的内在要求。

理由之二，基于"民族国家"现代化建设的内在要求。

"民族"对于现代世界的重要性是无与伦比的。曾有人指出："若想一窥近两世纪已降的地球历史，则非从'民族'以及衍生自民族的种种概念入手。"[②] 而能对近代已降的历史发生重要作用的这个"民族"概念，已经不再是一个单纯的血源性、种族性或地域性、文化性的概念，而是一个与国家主权紧密相连的概念，"'民族'的建立跟当代基于特定领土而创生的主权国家是息息相关的，若我们不将领土主权国家跟'民族'或'民族性'放在一起讨论，所谓的'民族国家'将会变得毫无意义"。[③] 所以也有学者把 19 世纪的历史称为"民族创建的世纪"。[④]

---

① 习近平．习近平谈治国理政：第二卷 [M]．北京：外文出版社，2017：313.
② 霍布斯鲍姆．民族与民族主义 [M]．李金梅，译．上海：上海人民出版社，2000：1.
③ 霍布斯鲍姆．民族与民族主义 [M]．李金梅，译．上海：上海人民出版社，2000：10.
④ 霍布斯鲍姆．民族与民族主义 [M]．李金梅，译．上海：上海人民出版社，2000：1.

现代民族国家最重要的历史使命或者说基本特征，就是现代性。① 从这个角度来看的话，现代各民族国家面临着的似乎是本质相同的历史使命，即完成社会的现代性转型和发展；那么所需要的建设人才也似乎就应该是相同的，要具有同样的抱负、眼光和知识储备及技能，那么，这是不是决定着各国教育可以完全仿照现代西方教育而建立呢？非也。原因就在于这一切都是在民族国家这个历史背景下进行的。所有的建设人才除了具备要服务于现代性的各种知识和技能外，还有一个最最重要的品质，就是"民族认同感"。很多人会认为民族认同乃是天生自然的情感，根深蒂固，比人类历史还长久，但实际历史证明，民族认同感是培养出来的，"不是民族创造了国家和民族主义，而是国家和民族主义创造了民族。"② 可见，民族最重要的内涵，是政治上的。③ 故而，我们也可以说，民族国家的首要任务就是激发民族认同感。梁启超先生对教育之目的就做过特别具有民族国家之要求的界定："教育之意义，在养成一种特色之国民，使结团体，以自立竞存于列国之间，不徒为一人之才与智云也。深明此意者，可与教育焉耳。"④ 可见，教育可以相互借鉴，但绝不可全盘复制，否则就失去了教育最为迫切的民族国家的政治使命。这是扎根中国大地办教育的又一依据。

三、扎根中国和向世界学习之辩证关系

扎根中国大地办教育，并不排斥向世界先进的教育经验学习。习近平总书记给出了处理内外关系的基本准则，"扎根中国，融通中外，立足时代，面向未来"。如何才能真正理解这一准则的内在精神，拿捏好在具体的教学实践之建构中的分寸，是非常不简单的。到底要如何学，又学哪方面，如何以我为主，融通内外，此事关系国民教育之成败，不可不慎重，不可不斟酌，不可不细思量。否则，很容易失去宗旨和根基，变成全无意识地对外界刺激之应激反应。

梁启超曾经批评过当时的中国教育，虽言辞激烈，却十分警示：闻甲言：英文重要，则教英文；闻乙言：日文重要，则教日文；闻丙言：师范重要，则教师范；闻丁言：体操重要，则教体操；戊言：小学最急，则称道小学；己言：教科书最先，则争编教科书。梁先生评论此种行为"如蝇之钻纸，任意触撞；

---

① 霍布斯鲍姆. 民族与民族主义 [M]. 李金梅，译. 上海：上海人民出版社，2000：17.
② 霍布斯鲍姆. 民族与民族主义 [M]. 李金梅，译. 上海：上海人民出版社，2000：10.
③ 霍布斯鲍姆. 民族与民族主义 [M]. 李金梅，译. 上海：上海人民出版社，2000：21.
④ 梁启超. 梁启超论教育 [M]. 北京：商务印书馆，2017：119.

如猴之跳戏，随人低昂；如航海而无罗针，如抚琴而无腔调"①。每读此，都会
惭愧得抬不起头，惶恐不已，如鲠在喉，坐立不安。虽然笔者不是一个办教育
之人，可是自己对办教育的理解，又真的超乎此种短视之举多少呢？只是五十
步和一百步的区别吧。由此可见，在对教育的理解和建构上，具有自主之思想
和自主之能力，是多么的重要，否则，"根"扎不下，"我"立不住，更遑论融
通内外、兼收并蓄呢？

那么教育应该如何处理内和外、我和他、当下和未来的关系呢？细想确实
是一浩繁的思想工程，并非三两句话就能轻易完结的。为篇幅所限，此处只能
做一个粗略探讨和概括。

梁启超先生在对教育的现代使命做了"知其为制造国民之具"的界定之后，
对教育者提出了进一步的要求：教育者要"具经世之炯眼，抱如伤之热肠，洞
察五洲各国之趋势，熟考我国民族之特性，然后以全力鼓铸之"②。此要求里，
已经包含了理解内外辩证关系的最基本思路和实施的章法：要充分了解现在各
先进国家教育的利弊，知道其何以强，是如何与其国民性配合的，有哪些得，
又有哪些失，然后我们才知道哪些是应该学习的，哪些是要谨慎避免的；同时
要对自己本国的国民性了然于胸，不仅深谙它的固有特性，也要清晰领会它的
未来目标，然后才会知道，要保存什么，要去除什么。如此知己知彼、知古知
今，才能做到在建构自己的国民教育体系时，不是东拼西凑，而是形成一运作
良好的有机生命体。

其中的辩证关系，进一步体现为：对于自己好的一方面，不仅是保存，还
可以"采他人之可以补助我者，吸为己有而增殖之"；自己不好的一方面，不仅
要刮去，"而必求他人之可以匡救我者，勇猛自克而代易之"③。如此，便不会
有机械的、互相割裂的学习他人经验（生搬硬套地学、教条主义地学）和扎根
中国大地（故步自封，刚愎自用）。如此这般，才能做到"不学人然后国乃立，
学人然后国乃强"④。以此为指导，习总书记的扎根中国大地办教育的践行标
准——"扎根中国，融通中外，立足时代，面向未来"，便有了可供操作的进一
步的抓手。

---

① 梁启超. 梁启超论教育 [M]. 北京：商务印书馆，2017：124.
② 梁启超. 梁启超论教育 [M]. 北京：商务印书馆，2017：117.
③ 梁启超. 梁启超论教育 [M]. 北京：商务印书馆，2017：126.
④ 梁启超. 梁启超论教育 [M]. 北京：商务印书馆，2017：126.

新中国节日庆典中的政治认同塑造①

王 英

一、引言

民间节日在大众生活中一向较为重要，1949 年新中国成立后也十分注重对于原来民间节日的改造。民间节日经过一系列的革新转化成政治庆典，成为塑造政治认同、对民众进行政治教育的重要渠道。本文就新中国节日庆典中的社火仪式以及庆典中的模范人物塑造展开详细分析，讨论新中国如何通过节庆塑造政治认同。

二、社火仪式及政治认同塑造

本节以"社火"这种古老的戏剧庆典为例，展示民间节日如何介入到现代革命仪式中，转变成国家庆典的重要组成部分，并成为塑造政治认同的关键媒介。"社火"是民间传统的、规模壮观的自娱性艺术活动，也是迎神赛会和重大节日庆典仪式中各种民间杂戏的总称。② "社火"包含丰富的文化内涵和独特的审美形式，每年农历春节或庙会，由乡村农民以村社为单位自发组织，在红火热闹的狂欢形式中，兼有迎春、祭神、驱疫等综合性内涵。社火流行于中国各区域，尤其是北方旱地农业区。社火在数千年发展中融入了民间舞乐、杂技、武术以及无比丰富的戏曲内容，深为广大民众所喜爱，在陕西关中一带尤为盛

---

① 上海市哲学社会科学规划课题"中国共产党领导下戏剧文化的传承、创新和传播（1949—2000）"（2021FZX006）的阶段性成果。

② 王瑶安，刘宗昉. 陕西社火脸谱［M］. 上海：上海远东出版社，2010：2.

行。① 在陕西"社火"包含着花火、芯子、高跷、秧歌、舞龙、狮子、锣鼓等表演，人们称之为"古事"。②

1949 年后国家对"社火"这种旧庆典一直比较重视，陕西一些地区曾多次举办"社火"文艺会演。1951 年的正月十五，宝鸡市举行大型的民间社火集会，宝鸡、周至、乾县、永寿、兴平等 20 多个代表队去宝鸡市演出。③ 1955 年2 月，宝鸡地区举办了民间业余艺术会演，19 个代表队 484 人参加，节目有山歌、民歌、古乐、舞蹈、芯子、舞狮子、龙灯、车社火、马社火、皮影、木偶戏等，观众有 5 万余人。④ 国家出面组织"社火"旧仪式，不仅促进了社火发展，也增强了民众对政府的信任。

1958 年春节和五一节的"社火"演出则是国家仪式和民间庆典进行互动的一个典型案例。旧"社火"得到有效改造，成为国家庆典的一个组成部分。1958 年春节间政府在西安举办陕西省民间火花；芯子会演大会，这也是全省范围内第一次大规模的"社火"演出，省委专门成立了"社火"会演的筹备委员会，由文化局局长鱼讯亲自担任筹委会主任。⑤ 省委和省政府为了保证演出的质量，经过各级层层选拔，选取了 118 名花火艺人、72 名芯子艺人和 96 名小演员汇集西安进行排练。⑥ 为了烘托"文化大跃进"气氛，花火演出共 11 个县市参加，119 人演出 8 场；芯子演出 14 个县市参加，148 人演出 22 台。⑦

旧历除夕，省委特地要求前来参加庆典的代表们与省委干部文化补习学校留校人员举行花火晚会。韩城的"杨柳花"、兴平的"五福朝天"、洋县的"九

---

① 田荣军. 社火文化研究——以宝鸡县天王镇社火为个案 [D]. 西安：西安美术学院，2008：1.
② 中国人民政治协商会议，陕西省乾县委员会. 乾县民俗风情录 [M]. 咸阳：咸阳彩印包装有限责任公司，1996：297-299。
③ 田荣军. 社火文化研究——以宝鸡县天王镇社火为个案 [D]. 西安：西安美术学院，2008：15.
④ 宝鸡市文化艺术志办公室. 宝鸡市文化艺术志·大事记 [M]. 宝鸡：宝鸡市文化广播电视局，1994：25.
⑤ 陕西省文化局. 为发"陕西省民间花火、芯子会演大会计划"的通知（1957-12-28）[Z]. 陕西省档案馆馆藏：232-1-188（永久）.（档案为全宗号-目录号-案卷号，不再特殊注明）
⑥ 大会筹委会宣传股. 群英聚会，百花孕蕾 [J]. 陕西省民间花火、芯子会演大会简报（内部刊物），1958（2）-02-24：3.
⑦ 陕西省文化局. 陕西省民间花火、芯子会演大会计划. 1958-02-04 [Z]. 陕西省档案馆馆藏：232-1-188.

莲灯"、蒲城的"五色流星"等都烘托了除夕的热闹与喜庆。① 当然除了传统样式外，一些掺杂着政治宣传的新样式格外引人注目，"三级火箭"象征社会主义的飞速跃进，记者在报刊上生动描述了"三级火箭"发射的盛景。

嗤的一声，蒲城的"三级火箭"冲上夜空。一级"火箭"方熄灭，二级"火箭"接着升起，向天空猛钻，三级"火箭"又嗤的一声钻入天空。尽目所望，几乎看不到了，少停片时，才带着一道金光落到地面上来。②

在省委和省政府的悉心筹备下，1958 年春节的"社火"庆典显示出恢宏壮阔的景观。城市中大部分公共空间，街道、剧场、电影院等都成为庆典的场地。西北人民体育场是庆典的主会场，宣传组为会场大门、二门、西门各制作横幅，会场墙壁已经粘贴上巨幅标语，周围还装置彩旗八十余台。为了使"耍社火"的汽车通行无阻，政府还专门加修了体育场南边的道路，体育场上一片盛大、热烈的节日气象。③ 为了扩大庆典的影响，政府要求行驶在西安东西南北四条大街和解放路等主要街道的公共汽车上都悬挂宣传标语，西安市 9 家电影院里观众都会看到预告会演的幻灯广告。重要街头路口和商店橱窗内里都张贴着鲜艳醒目的小海报，钟楼的彩塔、解放路口的大广告牌，更引人注意。④

除了城市布局彰显节庆氛围，开幕式也要达到一种戏剧性的震撼效果。开幕式以鸣炮为起始，三眼枪 8 支连放 24 响，雷子炮一串 50 响，千支鞭两串，演出正式开始后鸣炮 30 响，锣鼓出场，而后 17 台芯子相随。"鞭炮锣鼓声中，狮子龙灯从四面闯入各绕一角，当最后一辆芯子车出场，狮子龙灯也同时出场，锣鼓灯光熄灭"。⑤

民间社火文化中的狂欢色彩被重塑，赋予了崭新的政治意义。花火、芯子展演中的热情和欢乐恰好呼应着农业生产"大跃进"的热情。陕西省副省长李启明在开幕式上的讲话中表示，只有在党的领导下，锦绣多姿、光彩夺

---

① 大会筹委会宣传股. 除夕火花会——代表们与住地主人联欢［J］. 陕西省民间花火、芯子会演大会简报（内部刊物），1958（2）-02-24：4.
② 大会筹委会宣传股. 除夕火花会——代表们与住地主人联欢［J］. 陕西省民间花火、芯子会演大会简报（内部刊物），1958（2）-02-24：4.
③ 大会筹委会宣传股. 体育场上一片节日气象［J］. 陕西省民间花火、芯子会演大会简报（内部刊物），1958（2）-02-24：3.
④ 大会筹委会宣传股. 加强宣传、扩大影响［J］. 陕西省民间花火、芯子会演大会简报（内部刊物），1958（2）-02-24：4.
⑤ 陕西省民间火花、芯子会演大会工作委员会. 陕西省民间花火、芯子会演大会开幕式安排（1958-02-21）［Z］. 陕西省档案馆馆藏：232-1-188（永久）.

目的民俗文化才得到发扬光大。此次规模宏伟的"社火"庆典是在党领导下全国人民在政治上、思想上的社会主义革命取得了基本胜利的庆祝，也是全国农民以排山倒海的热情和愚公移山的毅力开展农业生产"大跃进"的力量的展示。①

1958年"五一节"也可很明显看到对传统"社火"的挪用和改造，国家庆典借用了不少民俗文化成分。陕西省文化局选拔了"花火"和"芯子"两个演出队赴京参加五一节的庆典，其中一队是西安、长安、华县、华阴、洋县、颌阳的10位芯子老艺人，陕西戏曲学校、碑林区幼儿园和各村43名小演员。另一队是浦城、南郑、西安、兴平、三原、洋县的十几位花火老艺人。这两个队伍4月21日从西安出发，4月23日到达北京准备五一节的游行和演出。② 老艺人和小演员都为了能参加首都的五一节庆典而兴奋不已。

1958年天安门举行了非常隆重的"五一节"庆典。从陕西省档案馆中的材料来看，各个省市和一些县都派出了阵容壮阔、气魄雄壮的"社火"队伍，例如河北省徐水区就派出了500人组成的民间鼓队，声势极为浩大；河北的古典小车编舞人数也在三四百人以上。③ 在众多壮观排场的队伍中，陕西芯子队扮装了"生产大跃进""大闹丰收""嫦娥奔月""除四害""苗家集""吴王采莲""临潼山""黄河阵"，备受国际友人和北京民众的欢迎和赞扬，《北京日报》《人民日报》《大公报》《光明日报》等都刊载了照片、消息和新闻，广播、摄影记者陆续来采访了芯子队。④ 花火队也在5月2日晚上参加了北海公园的焰火晚会。周恩来总理和国家的其他领导人、中央和北京市各部门的负责人，以及各国驻华使节和很多在京的国际友人都观看了北海的焰火。《人民日报》次日长篇报道了焰火展演的盛况。

> 夜幕降临，皓月当空。北海湖上金光粼粼，映照出万盏灯火。琼岛上播送着节日的音乐。三万多人在这里度过了一个愉快的夜晚。

---

① 大会筹委会宣传股. 李启明副省长在开幕式上的讲话［J］. 陕西省民间花火、芯子会演大会简报（内部刊物），1958（3）-02-26：1.

② 陕西省文化局. 陕西省民间花火、芯子五一节赴京演放队工作总结报告（1958-06-30）［Z］. 陕西省档案馆馆藏：232-1-188（永久）.

③ 陕西省文化局. 陕西省民间花火、芯子五一节赴京演放队工作总结报告（1958-06-30）［Z］. 陕西省档案馆馆藏：232-1-188（永久）.

④ 陕西省文化局. 陕西省民间花火、芯子五一节赴京演放队工作总结报告（1958-06-30）［Z］. 陕西省档案馆馆藏：232-1-188（永久）.

八点十分，白塔上放出礼花，接着水面上几十个焰火台上各种火花腾向天空，犹如群花争艳，一阵花炮响起，彩色缤纷的"长江大桥"出现了，在桥身中间彩花点点，好像火车和汽车往返奔驰，在桥头上出现了用彩花组成的和平鸽的图案和"世界和平万岁"的标语。高耸在湖面的"群花架"上，百花盛开，花丛中显出了两个红色的"喜"字。在北海南端，突然无数条"火龙"钻天而上，千百个火球在夜空中上下翻腾。这里还有"满天星""百花齐放""草船借箭""十八学士"，有"大百花园""御果园""葡萄架""莲花缸""和平坊""玲珑宝塔"，以及各种"盒子""七星筒""九连环""万盏灯"，等具有民族特点的焰火。①

盛大的"花火"演出队伍来自湖北、广东、四川、山东、河北、辽宁、陕西、旅大（大连）等十四个省市，这不仅仅是民间的狂欢节日，而且是各省献给祖国和首都人民祝贺节日的礼物。虽然采取了传统的艺术形式，但却表现了非常不一样的内涵。党和国家领导人公开支持传统文化，政府出面组织民间旧有的节庆仪式，此一行动显然为新政权争取了颇多民众的好感和支持，也能更好凝结官方和民间、过去和现在。正如大卫·科泽所言，新政权的巩固不一定要废除旧节日和仪式，而由国家出面主持旧仪式和旧节日，这是新政权获得合法性的一个重要途径。② 通过对旧节庆的主持和掌控，国家成功塑造了一个团结一致的政治共同体，也凝聚了民众的政治认同。

三、节日庆典中的模范人物塑造

通过节日庆典塑造政治认同，还有一个重要举措就是对模范人物的塑造。人们在观念层面上赋予模范人物一种独特的荣誉，而这种荣誉感则是在新政权的推动之下逐渐塑造起来的。庆典和仪式就是塑造荣誉感的重要途径。③ 青年是最容易受到荣誉和模范感召的群体。1960年3月陕西省举办了一次戏曲青年演员会演，这次庆典汇聚了陕西省各个市县22个代表团，以及前来观摩的甘肃、

---

① 北海上空百花齐放　首都举行焰火晚会　十四省市送礼物　各地焰火大检阅［N］. 人民日报, 1958-05-03.
② 科泽. 仪式、政治与权力［M］. 王海洲, 译. 南京：江苏人民出版社, 2015：55-56.
③ 张放. 中国少先队荣誉文化形成的历史考察（1949—1955）［J］. 中共党史研究, 2014（11）：25-34.

宁夏、青海、山西、河南等地代表共计 2000 余人。演出的时间从 4 月 5 日一直延续到 4 月底，参加人员年龄都在 15 到 28 岁之间。庆典本身就是一个选拔模范的过程，政府章程要求参加会演的青年演员必须政治纯洁、思想进步、工作积极向上，有艺术成就。在各个方面都能成为青年人的表率。①

青年会演的政治气氛浓厚，几乎无时无刻不提醒着青年艺术工作者要树立和巩固无产阶级的世界观，深入和工农兵群众结合，使高度政治内容和完美艺术形式相结合。陕西省副省长谢怀德在开幕式上也号召青年人，必须高举毛泽东文艺思想旗帜胜利前进，时刻不忘提高自己的政治觉悟。② 演员代表乔梅英作为青年中的先进典型，代表 2000 名青年演员在大会上致辞讲道：

> 十年来，党对戏曲艺术事业给予了极大关怀，尤其对我们青年一代的培养是无微不至的。首先在政治上，使我们得到不断提高；在艺术上，不仅使我们继承传统戏曲艺术，而且使我们接受新的艺术理论。全省青年演员正在昂首阔步地在党所指示的红透专深的道路上前进。③

类似乔梅英这样被塑造为青年典型的人物很多。铜川市秦腔一团的青年演员阎瑞民就成为"模范"，他根红苗正，完全成长在社会主义新中国，是新社会培养出来的艺术人才，他的成功更能展示党和国家艺术政策的成功。阎瑞民出生于贫农家庭，1949 年新中国成立时只有十岁，他积极参加各种政治运动，反霸减租时他用快板小调等形式向群众宣传党的政策。土地改革时，他开始学习秦腔并进入文工团唱《民女记》《春荒记》等反映阶级斗争的剧目。1953 年加入"正俗社"学习，1955 年"正俗社"改为铜川市秦腔剧团，成为党领导下的国营剧团，阎瑞民也成为国家体制内的"文艺工作者"，并于 1958 年加入中国共产党，献身于党领导下的艺术事业。

作为青年中的"模范人物"，阎瑞民也显示出"又红又专"，"艺术"和"政治"并重，做好革命螺丝钉的独特品格。瑞民服从党的安排主唱剧团中的生

---

① 陕西省文化局. 陕西省 1960 年戏曲剧团青年演员会演方案（1960-03-21）[Z]. 陕西省档案馆馆藏：231-1-245（永久）.

② 谢怀德. 高举毛泽东文艺思想旗帜胜利前进——陕西省戏曲青年演员会演大会开幕词陕西省新搬上舞台剧种会演 [M]. 陕西省戏曲青年演员会演大会会刊合订本（内部刊物），1960-04-08（15）：1.

③ 戏曲青年演员代表乔梅英同志在开幕式上的讲话 [J]. 陕西省新搬上舞台剧种会演、陕西省戏曲青年演员会演大会会刊合订本（内部刊物），1960-04-06（14）：3.

角，他抓紧一切时间向老艺人请教，还认真学习唱片中的腔调丰富自己的艺术表演，较好掌握了生角的演唱和技巧，如《玉堂春》中的刘炳彝，《游龟山》中的田云山，《还我河山》中的岳飞等小生唱腔，都掌握得比较好。剧团中因为经常下乡上山人手不够，需要多面手，瑞民就打鼓、敲梆子等，认真地做好一个螺丝钉，放下这个拿起那个，哪里需要就到哪里。1958 年党号召积极为"大跃进"服务，他就不眠不休地八天八夜创作出歌颂公共食堂的短剧《阎老八进食堂》。为了演好现代戏《红松林》中的老英雄，随时向人请教，还找时间看《英雄虎胆》《红色风暴》等电影，观摩兄弟剧团《党的儿女》《红旗谱》等现代剧。1958 年到 1959 年，他先后在《把一切献给党》《红色风暴》《刘介梅》《矿海乌龙》等大型现代剧中担任主要角色。①

青年模范都带有相似特征，大会会刊用大量篇幅报道会演中的优秀青年，黄云霞、李月娥、刘铁造等人都有着相似的人生，出身和政治履历清白无瑕，对党和毛主席有无限的热爱和敬仰。艺术上刻苦钻研积极进取，对戏剧有着无比热爱，在党、团的培养下，获得了可喜的成就，并决心终身献身于党的戏剧事业。② 通过庆典和仪式，他们成为时代的标杆人物，也获得了一种更严正的身份感。青年典型事迹以各种方式在人群中传播，座谈会、学习小组成了青年互相激励和学习的重要场所。报纸、期刊成为宣传青年模范的有力媒介，青年们在此间确认自己身份，也确认对于党和国家完全的忠诚感情。③

除了典型和模范塑造外，评奖体制也强化青年的政治认同和"荣誉感"。政府举办会演并同时主持评奖工作，是 1951 年全国第一届戏曲观摩演出大会开创的传统，各级文化行政主管部门有关负责人、文艺界的专家和代表性演员组成评奖委员会，会演期间及时集中评奖委员会、各地代表团、观摩团对节目的意见，于会演结束后评定并对获奖者授予奖状和奖章。④ 1949 年后历次会演的评奖系统逐渐强化了政府在艺术领域的影响力。易俗社的编剧王绍猷在 1949 年易俗社刊印的《秦腔纪闻》中"秦中六十年来之著名演员"中列举了晚清光绪年间到 1949 年前秦中的 196 位著名演员，他在 20 世纪 60 年代初又对这一文稿做

---

① 扁车. 不断前进的青年演员阎瑞民 [J]. 陕西戏剧，1960（6）：52-53.
② 例如，《正在成长中的青年演员——黄云霞》《不断前进的青年演员——李月娥》《党给了他一切——介绍青年演员阎瑞民》《沿着党指示的方向前进——青年演员刘铁造介绍》等都是会刊用整个版面报道读完优秀青年典型。
③ 1960 年的《陕西日报》《陕西戏剧》等报纸期刊都长篇累牍地报道优秀青年的事迹。
④ 王喆. 第一届全国戏曲观摩演出大会的调查与研究 [D]. 北京：中国艺术研究院，2009：12.

了补充和修订，对中华人民共和国的 164 名青年新秀进行品评，两稿合并为
《八十年来秦中驰名之男女演员》。所不同的是，晚清和民国演员更多来自民间
风评，而"青年精英"和政府评奖有更密切的关系，民间的认同和官方的奖励
逐渐趋于一致。他的"青年演员精英表"中一部分和会演中表彰宣传的"模
范"相一致。①

青年演员精英表（部分）

姓名	考语	性别	角色	出身
李应贞	龙笛凤笙、瑟声相应	女	旦角	省戏曲剧院
马蓝鱼	四场精通、无美不备	女	旦角	省戏曲剧院
李瑞芳	亢爽豪放、含义无穷	女	旦角	省戏曲剧院
黄云霞	志实美化、灵巧清丽	女	旦角	榆林剧团
乔梅英	豪情万丈、神气飞扬	女	旦角	宝鸡剧团

图表来源：《八十年来秦中驰名之男女演员》

1960 年青年会演的庆典仪式中充满着各种政治符号和象征。树立"青年标
兵"和模范并进行表彰奖励是最重要的政治象征之一。正如张放在研究少先队
的荣誉文化中指出，"当权力表达和荣誉体验结合在一起时，各种实质上的控制
和规训不仅不会遭到排斥或抵抗，反而会被不断追逐"②。

四、小结

总体而言，1949 年到 1956 年政府组织了诸多戏剧会演和节庆，成功团结了
戏剧界各阶层人士，渲染了一种共同体的情感，将抽象意义的"党"和"国
家"变成大众可以理解的事物，通过戏剧庆典这种独特的仪式，民众也可以畅
通无阻抒发自己的政治情感，庆典因此成为上下沟通交流的桥梁和渠道，也巩
固了共同体合法性。1958 年的"社火"是由政府出面组织和主导了民间节庆，

---

① 西安戏剧志编辑委员会. 西安戏曲史料集［M］. 北京：中国广播电视出版社，1989：
314-320.
② 张放. 中国少先队荣誉文化形成的历史考察（1949—1955）［J］. 中共党史研究，2014
（11）：34.

虽然意图在于政治宣传，由于有着丰富的民俗文化内容，在情感上贴近了大众，也有效凝聚了民众的认同感。1960年的青年会演通过模范塑造和荣誉规训，塑造了青年群体的政治向心力。新中国成立前十年此类的庆典，能在民俗文化、民众情感和政治中找到一条平衡协调之路，相对较好地实现了党和国家凝聚民心、塑造认同的意图。

中国环境教育政策的历史发展（1973—2018 年）

王甲旬

　　中国环境教育是进行环境保护、实现可持续发展和推进生态文明建设的重要路径。从 20 世纪 70 年代第一次环境保护会议开始，中国政府制定了一系列政策，推动和保障环境宣传教育顺利开展。从政策法规视角看，中国环境教育经历了从政府全面负责到社会广泛参与、从单一主体到多主体协同、从政策条款到专门文件法规、从启蒙到繁荣的过程。对我国环境宣传教育政策进行分析，进而掌握我国环境教育发展的历史脉络，对推动环境教育的未来发展有积极意义。在政策层面，政府文件中一般使用"环境宣传教育"这一表达，本文所指的"环境教育"包括"宣传"和"教育"两个层面内容。

一、中国环境教育的启蒙与开创期（1973—1978 年）

　　中国的环境保护始于 20 世纪 50 年代的自然保护区建设，但正式的环境教育并未同步展开。1972 年，在瑞典斯德哥尔摩召开的联合国人类环境会议形成的决议《联合国人类环境会议宣言》指出："必须对年轻一代和成人进行环境问题的教育"，中国派代表参与了这次会议。中国政府积极响应，在 1973 年召开的第一次环境保护工作会议中，中国政府正式提出了"环境宣传教育"。从时间上看，正是《联合国人类环境会议宣言》推动了联合国教科文组织等国际组织对环境教育的推广，而中国的环境教育正是从这时开始的。因此，在政策层面，中国的环境教育启蒙和开创是与世界同步的。启蒙与开创期的中国环境教育主要取得了以下三个方面的成就：确立环境教育地位、规划基本教育格局、民间环保组织萌芽。

　　1. 确立环境教育地位

　　20 世纪 70 年代，中国逐渐意识到国内已经存在的环境问题，破除了社会主义不存在环境污染的主观认识，并开始采取行动。1973 年第一次环境保护工作会议通过了《关于保护和改善环境的若干规定（试行草案）》，该规定第 9 条提出，"大力开展环境保护的科学研究工作，做好宣传教育"。这是国内首个系统的环境保护文件，也是首次明确提出进行环境教育的政策文件，这份文件确立了环境宣传教育在环境保护政策中的地位，是中国环境教育的起点。

2. 规划环境教育基本格局

第一次环境保护会议形成的决议将中国环境教育分为两个方面：一是专业人才培养，即通过大专院校设置环境保护专业和课程培养专业人才；二是环保宣传，即通过媒体对公众进行环境知识科普。这奠定了此后较长一段时间中国环境教育"宣传+教育"的基本格局。1978 年的《环境保护工作汇报要点》在继续强调高等院校和中等专业学校的环境专业人才培养外，增加了中小学环境教育要求，以及干部、技术人员的培训、进修等内容。从教育方式上看，这一时期的环境教育可以分为正规环境教育和非正式环境教育。前者以高校环境教育专业学习和中小学课堂学习为主，后者则以环境知识宣传为主。需要说明的是，此时中小学的环境教育是融入其他课程中的，尚未形成独立的教学体系。

3. 民间环保组织崭露头角

为数不多的民间环保组织在这一时期产生，其中 1978 年成立的中国环境科学学会是最早的由政府发起的民间环保组织。它主要致力于民间的环境科学学术交流和研究，兼具环境宣传与科普职能，但更偏重于专业的环境教育。这一时期，民间环保组织数量稀少，尚未形成规模，在环境教育中的作用并不显著，在环境教育中也并未受到足够的重视。

与后来环境教育政策相比，启蒙与开创期内的相关政策数量较少，对环境宣传教育内容的规定较为简单，尚未形成以"环境宣传教育""环境教育"为题的专门政策文件。从政策文件内容上看，启蒙与开创期的中国环境教育政策是环境保护政策的一部分，是以实现保护环境为目标的。内容上分为三个维度：一是专业环境教育，包括大专院校的专业学习和干部等的专业培训；二是中小学及普通公众的科普宣传教育，尚未获得独立的地位；三是面向公众的环境教育，主要目标是培养环境保护意识和行为，操作层面更偏重于宣传。实施环境教育的两类主体为学校和新闻媒体。可以看出，这一时期，中国的环境教育是政策先行、政策驱动的。这一时期，中国高等教育中的环境教育基本为零，中小学课程中环境相关内容几乎为空白。普通民众缺乏环境保护意识，环境知识的普及亟待加强。在这种情况下，中国的环境保护和宣传教育政策应运而生，为配合政策的实施，与环境教育相关的实践活动和平台开始建立，例如，1974 年《环境保护》杂志创刊，1978 年《环境》杂志创刊。

二、中国环境教育的发展期（1979—1991 年）

经过了前一个时期的准备和奠基，中国环境教育进入了发展期。尽管这一时期，中国环境教育仍未形成完善的体系，但在政策层面有了长足的发展。主要表现在：环境教育有法可依、跨部门政策联动、形成环境教育文化与思想基础。

1. 确立环境教育法律地位

如果说，第一次环境保护工作会议初步确立了环境教育的地位，那么，1979 年颁布的《中华人民共和国环境保护法（试行）》（简称《环保法》）将"科学研究和宣传教育"作为独立的一章，则进一步提升了环境宣传教育的地位，使之有了法律依据。值得注意的是，在继续强调专业人才的培养外，还要求中小学课程中编写环境保护相关内容，这是完善中小学环境教育体系的立法保障。《环保法》规定面向公众的环境教育是"文化宣传部门"的职责，内容是"环境科学知识"。1981 年，《国务院关于在国民经济调整时期加强环境保护的工作决定》在已有教育内容的基础上，增加了环境保护法的宣传教育。环境保护立法推动中国环境教育政策进入发展期。1989 年正式颁布的《中华人民共和国环境教育保护法》规定："国家鼓励环境保护科学教育事业的发展"，再次明确了环境教育的法律地位。

2. 环保与教育政策联动

中国环境教育在此阶段经历了单一主体牵头到多主体各负其责的过程。这一时期，中国环境教育由环保部门占主导地位，以宣传为主的教育，逐步转向教育部门广泛参与，宣传与教育并重发展。环保部门与教育部门的政策互相协调，表现有三。表现之一，是建立了专门的教育机构。1984 年，国务院成立环境保护委员会，1988 年环保局成立宣传教育司，随后，各地方环保部门陆续成立了环境保护宣传教育中心。这样一来，中国环境教育有了正式的专门的组织机构。表现之二，是在环保政策和教育政策中，同时加大对环境教育的重视，提高环境教育的地位。1983 年 12 月，第二次全国环境保护工作会议将环境保护确立为基本国策，明确了环境保护在中国现代化建设中的地位。接下来就需要提高全社会，特别是各级领导干部对环境问题的重视，环境教育在政府工作中的重要地位得以加强。表现之三，是教育部门逐步推进环境教育工作，中小学的环境教育实践在全国展开。1988 年国家教委制定的《九年义务教育全日制小学、初级中学教学计划（试行草案）》中规定了小学、初中需要开设的课程，其中小学自然课、初中地理课是与环境教育直接相关的课程。1990 年，《国家教委印发〈现行普通高中教学计划的调整意见〉的通知（教基〔1990〕004 号）》发布。该通知没有要求单独设置环境教育课程，而是将环境教育课程安排在选修课和课外活动，或渗透到相关学科。

3. 开始形成文化与思想

环境教育作为环境保护工作的路径和手段，在发展过程中逐渐形成了自己的文化和思想体系。中国环境教育的文化和思想体系形成始于精神文明建设。党的十二届六中全会明确了精神文明建设的战略地位，并提出精神文明建设是各条战线和一切部门的一项长期任务，由此全社会掀起了建设精神文明的热潮。"保护环境和资源"成为精神文明建设的一个重要方面，这为环境教育提供了社会文化支持。1989 年召开的第三次全国环境保护工作会议将环境保护作为社会公德和精神文明建设的一部分，这为环境教育与道德教育、科学教育等教育活动结合创造了条件，成为后来我国环境教育理论形成和发展的现实和理论基础。与此同时，改革开放后，政策的开放使得国外环境教育相关书籍被翻译到国内，例如，科学出版社出版了系列丛书"环境保护科普丛书"，1979 年出版的中文版《寂静的春天》[①] 就是其中之一。国外环境思想在中国的传播对中国社会环境意识的提高具有推动作用。

从这期间发布的政策法规看，发展期的中国环境教育在内容、结构和理论方面仍处于准备和奠基阶段。中小学环境教育及环境专业教育有了显著的发展，但面向公众的环境教育还处于以媒体宣传为中心状态。

三、中国环境教育的转折期（1992—2002 年）

中国环境教育自诞生起，就时刻关注国际环境教育的发展，并积极参与到国际行动中。20 世纪 90 年代，国际社会对解决人类社会的环境危机形成了普遍

---

① 刘茜，李清平.《寂静的春天》在中国的译介——兼论翻译学与社会学的界面研究潜势 [J].中国翻译，2018（2）：46-51.

共识，即应当实现"可持续发展"。中国政府对可持续发展的响应和行动推动了中国环境教育的转折。转折期的中国环境教育由环境保护教育转向可持续发展教育，详细的环境教育规划在这一时期形成，非政府组织逐渐参与到环境教育中，奥运会推动了环境教育社会化。

1. 转向可持续发展教育

1992 年之前，中国环境教育主要存在于环境保护话语中，即"为了环境的教育""关于环境的教育"。1992 年，联合国环境与发展大会首次明确将发展和环境保护联系起来，而实现环境与发展协调的必然路径之一是"可持续发展教育"。同年召开的中国第一次全国环境教育工作会议总结了环境教育的经验，将环境教育定位为全民教育、终身教育。这次会议是首次将环境教育定为主题的会议，标志着我国环境教育进入了新的发展阶段。为了响应联合国环境与发展大会的倡议，1994 年，我国颁布了《中国 21 世纪议程》，确立了新的发展观念，将可持续发展教育、宣传和培训作为提高全民可持续发展意识的重要途径。中国环境教育正式从"为了环境的教育""关于环境的教育"转向"可持续发展教育"。从理念上看，中国环境教育从环境取向，转向人与环境共同发展；从内容上看，可持续发展教育不仅包括环境与发展，而且还涉及经济、社会等更多丰富的内容。这种转变意味着中国环境教育从实现环境保护的手段向具有自身独立性与特殊性的教育活动转变，是与国际环境教育政策接轨的具体表现。以上是转折期中国环境教育的特征之一。

2. 制定环境教育规划

转折期中国环境教育的特征之二是有计划地开展环境教育。环境教育计划制定的前提是环境教育地位的提升。1992 年，环境保护部将环境教育作为我国环境与发展的十大对策之一，环境教育与提高能源利用率、推广生态农业和推进科技进步等获得了同等重要的地位，这进一步提升了环境教育的地位。环境教育获得了相对独立的地位，向更加专业化、科学化的方向发展，制定详细的教育规划成为政策的要求和内容。1996 年发布的《全国环境宣传教育行动纲要（1996—2010 年）》确定了未来 15 年环境教育的目标，将"环境教育"与"环境宣传"并列，并分别阐述了每一部分的目标和任务，对环境教育相关研究也进行了相应的规定。其中，"环境教育"指的是专门的、正式的环境教育，包括高等院校、中小学，针对干部及企业法人的培训等在内的正式的环境教育，这些被纳入全国环境教育体系。"环境宣传"针对的是社会各阶层的公众，属于非正式的环境教育，以普及环境科学知识和法律知识、提高环境意识和观念为目标。这两种形式的教育活动参与的主体不同，前者以各级各类学校为主，后者以新闻媒体、社会活动、文艺活动等为主。作为一种教育活动，环境教育的发展离不开科学的教育体系和理论研究的支撑，而中国环境教育，特别是非正式的环境教育在教育理论方面十分匮乏。在这份纲要中，特别提出"环境宣传教育的能力建设"，对环境教育机构、手段、教育基地、教育队伍以及教育经费等方面内容做出了规定。2001年发布的《2001—2005年全国环境宣传教育工作纲要》提出建立和完善有中国特色的环境教育体系，加强环境宣传教育的国际交流、能力建设和基础研究等要求。这使环境教育的目标、任务的规定更加具体和明确，中国环境教育开始形成科学的、系统的操作框架。

3. 鼓励环保组织发展

20世纪90年代以前，中国的环境保护工作主要由政府承担，专业人才参与环境保护是重点，社会力量参与环境保护的作用没有得到充分发挥。1995年以前，中国民间环保组织在经历了一段缓慢的发展期后，开展了多项有深远影响的环保行动，进入蓬勃发展期。1995年，我国环境非政府组织（NGO）发起的保护滇金丝猴和藏羚羊行动成为民间环保组织发展的首次高潮①。另外，随着环境NGO在国际上的特殊角色被认可，我国政府开始从政策层面鼓励环境NGO的发展。《中华人民共和国宪法》《社会团体登记管理条例》《中华人民共和国环境保护法》《中国21世纪议程》等对民间环保组织的成立和发展进行了相应的规定。加之第四次全国环境保护会议等对民间环保组织重要性的强调，民间环保组织在此后得到了长足的发展。伴随着民间环保组织的发展，越来越多的主体参与到环境教育中来，如共青团中央、全国妇联、企业等等。政策层面的支持使得民间环保组织在环境教育、环保宣传和提高公众环境意识等方面开展了多方面的工作，实现了政府与非政府组织在环境教育领域的合作，推动了环境教育主体的多元化。民间环保组织的成长对于加强非正式的、面向大众的环境教育力量至关重要，其意义在于能够更广泛地提升全社会的环境素养，以弥补政府在公众环境教育方面的不足。

4. 奥运助推环境教育社会化

绿色奥运助推中国环境教育国际化。2000年，中国获得了2008年奥运会的

---

① 和莉莉，吴钢. 我国环境NGO的发展及其在推进可持续发展中的作用［J］. 环境保护，2008（14）：57-60.

举办权。中国提出了《绿色奥运行动计划》，一场绿色行动高潮在全社会掀起，社区、校园、商业、旅游、企业、媒体等均投入到环境教育中来。尽管奥运会本质上是一场体育赛事，但其所带来的环境教育效果却不可小觑。有研究表明，北京奥运会对于提升公众环境意识有积极影响①。在这个过程中，民族自豪感、自信心得到极大的提升，包括互联网在内的技术手段被应用于环境教育，实现了对包括农民在内的全体社会成员的参与动员。

四、中国环境教育的飞跃期（2003—2012 年）

经过前三个时期的积累，中国环境教育发展的法律依据、参与主体、教育内容、教育形式等方面的条件已经比较成熟。中国环境教育 30 周年、环境教育专门机构设立 20 周年、改革开放 30 周年等重大时间节点都在这一时期。2003年是实施全民环境教育计划的第一年，十年中中国环境教育得到了飞速发展。这一时期也是中国环境教育发展的关键期和飞跃期，主要表现在正式教育的精细化、中国特色环境教育理念形成、环境教育内容向社会维度转变、政府加大对社会力量的支持和管理。

1. 中小学环境教育精细化

2003 年，教育部先后发布了《中小学生环境教育专题教育大纲》和《中小学环境教育实施指南（试行）》（教基〔2003〕16 号）。文件提出了中小学环境教育的总体目标和分目标，并规定了不同年级环境教育的内容标准，后者还提出了具体的实施建议和评价建议。教育大纲和实施指南的发布表明，中国中小学环境教育进入了精细化发展阶段，相关教育活动的开展有了明确的实施细则。

2. 形成中国特色环境教育理念

这一时期，环境政策促进了环境教育的飞跃，中国特色环境教育理念形成。2003 年，中国政府提出"科学发展观"，其目标是"通过发展去真正实现人与自然的和谐以及社会环境与生态环境的平衡，实现植根于现代文明之上的'天人合一'"。2005 年，十六届五中全会提出"资源节约型""环境友好型"社会（简称"两型社会"）。研究认为，两型社会背景下的环境教育内容是丰富而具

---

① 刘敬奇，张宝森，王红旗，等．"绿色奥运"对提高北京公众环境意识的影响研究——世界城市环境教育机制与途径的思考［J］．中国人口、资源与环境，2011（S1）：71-74.

体的，并将其概括为七个方面①。《关于做好"十一五"时期环境宣传教育工作的意见》（环发〔2006〕203号）对包括教育格局、面向公众的环境教育及队伍建设与能力建设等方面内容进行了部署。

2007年，党的十七大报告中提出："要建设生态文明，基本形成节约能源资源和保护生态环境的产业结构、增长方式、消费模式"。从2003年到2007年，中国政府的环境政策有较大的发展，这就要求环境教育能够与之相适应。在这种情况下，我国环境教育从可持续发展教育向生态文明教育过渡。《全国环境宣传教育行动纲要（2011—2015年）》（环发〔2011〕49号）要求"开展以弘扬生态文明为主题的环境宣传教育活动"，表明生态文明教育成为环境教育的新方向，中国特色环境教育理念基本形成。2012年，党的十八大报告将生态文明建设加入经济建设、政治建设、文化建设、社会建设，形成"五位一体"的总体布局，将生态文明置于突出位置，生态文明教育正式成为中国环境教育的主题。

3. 环境教育内容转向社会维度

这里的社会维度指的是环境教育的内容。环境教育的内容从单一的个人环境素质、环境行为层面，扩大到了公民作为社会成员的角色定位、权利与义务、人际交往、历史发展等方面。环境与其他社会议题越来越多地联系在了一起。与此前环境教育偏重环境保护相关的知识、意识和行为内容相比，这一时期的环境教育增加了对环境权利、环境公共参与、可持续发展、环境保护文化建设等社会维度内容。在此期间，与社会话题，如北京奥运会，结合的主题宣传教育开展。2009—2012年三年间《全国环境宣传教育工作要点》中有关环境教育社会维度的内容较前一时期大幅增加。这从另外一个方面反映出环境议题在社会生活中的重要程度上升。

4. 政府加大对社会力量参与环境教育的支持和管理

全民环境教育计划开始后，环境保护NGO在中国快速发展。根据统计，2006年我国各类环保民间组织的数量已达2768家②。社会力量在此时已经成为环境教育中不可小觑的部分。伴随着社会组织的成长和发展，对这些组织进行管理和规范成为政府工作的一部分。从全国环境宣传教育工作要点中可以发现，政策层面对社会力量参与环境宣传教育充分认可，例如"充分发挥

---

① 廖小平，孙欢."两型社会"建设与公民环境教育［J］.广东社会科学，2011（3）：84-90.

② 中华环保联合会.中国环保民间组织发展状况报告［J］.环境保护，2006（10）：60-69.

环保非政府组织的作用"（2003 年）、"支持民间环保组织和环保志愿者开展环境宣传教育活动"（2004 年）、"鼓励和支持社会各界参与环境保护宣传活动"（2005 年）、"推动公众和非政府组织参与环保宣教"（2008 年）等等。随着社会力量的发展，加强对社会组织的规范和管理成为重要工作，如"加强 NGO 组织管理，进一步规范公众团体有序参与环保行为"（2010 年），"以不同形式开展面向企业负责人、环保 NGO 组织和宣教工作者的培训"（2011年），"加大面向社会的企业负责人、NGO 组织的培训力度"（2012 年）。由此可以看出，政府对社会力量的要求是逐步提升的，重点由鼓励参与，培养积极性和主动性，转向宣传教育能力和效果发展。这对于中国环境教育能力和实力的提高是关键的一步，有助于提升环境教育，特别是面向公众的环境教育的科学化和专业化水平。

五、中国环境教育的繁荣期（2013—2018 年）

至 2012 年，中国环境教育政策已经形成完善的体系。中小学环境教育和高等院校的环境专业教育已经有针对性的政策，环境专业培训已经成为环境相关组织的运作程序之一；面向公众的环境教育在指导思想、行动规范、参与主体等方面都有了明确的规定。此外，党的十八大以后，生态文明的地位不断得到加强，政府出台了一系列政策推进生态文明建设。在这样的背景下，环境教育进入繁荣期。这一时期的环境教育表现为新方位、新格局、新内容、新方法、新角色。

1. 新方位

党的十八届三中全会后，生态文明建设的理论框架形成。2013 年以来，生态文明一直是政府工作报告中的专门篇章；2014 年以来，在修订和新制定的环境保护法律法规中都有所涉及；2018 年，生态文明写入宪法。在一系列新的改革进程中，作为生态文明建设重要支撑的环境教育必然需要做出相应的调整。十九大报告指出："中国特色社会主义进入了新时代"。在此时代背景下，中国环境教育有了新的历史方位，即生态文明。

2. 新格局

经过四十余年的发展，中国环境教育已经基本形成了"宣传+教育"的格局。以新闻媒体为主的宣传阵地，主要面向社会公众；以各级各类学校为核心的教育阵地主要面向学生和环境保护专业人士。随着信息技术的发展，宣传阵地目前已经实现了多种样式、多种载体的宣传网络；各级各类学校已经形成了较为完善的教育体系，制定了相应的环境教育实施规范。一直以来比较薄弱的环境教育评估环节在这一时期得到加强。2014年，在深入推进生态文明建设的进程中，生态环境部下发了《关于开展全国生态文明宣传教育工作绩效评估工作的通知》（环办函〔2014〕1123号），并同时公布了实施方案、评估办法和标准。至此，中国环境教育形成了完整的"宣—教—评"体系。在生态文明建设实践中，环境教育是正式教育、正规教育、非正规教育和非正式教育的协同过程，是面向社会各群体的不同层次、不同形式的环境教育。新时期，中国环境教育还关注"学"的环节，即将环境教育作为终生教育的一部分，成为个人素质提升和人生发展的一部分。信息技术和人工智能嵌入教育活动的今天，中国环境教育实际上形成了"宣—教—学—评"的新格局。

3. 新内容

环境教育发展到繁荣期，参与实践正式成为新内容。环境教育最终要落实到实践中，在参与过程中实现对公众的再教育。针对我国面临的生态环境问题，国家适时出台相应文件，号召公众积极参与到实践中。例如，为了应对大气环境问题，2014年，生态环境部发布了《"同呼吸、共奋斗"公民行为准则》，在全社会推行绿色、健康生活方式。2015年新《环境保护法》设立了专门的信息公开与公众参与内容，奠定了公众参与的法律基础。同年，生态环境部出台了《环境保护公众参与办法》，首次明确了公众的环境知情权、参与权、表达权和监督权，使得公众参与更加规范。这表明，环境教育从知识、意识等修养层面，逐渐扩大到实践层面。如此一来，环境教育方式不仅局限于学校和媒体宣传，而且覆盖到了公共事务参与和社会治理。从这些政策文件可以看出，政策层面对环境教育的要求，除了学校环境教育和媒体宣传等单一形式，走向了更广泛的社会实践层面，公众更多地参与到决策、监督和治理等不同方面。

4. 新方法

我国面临的主要环境问题正在发生转变，转变之一就是社会舆论和百姓诉求成为影响环境政策制定的重要因素[①]。在这一背景下，推动环境信息化，鼓励和支持公众参与环境公共事务是必然趋势。公众参与是对公众进行环境教育的有效途径之一。另外，从教育层面上看，我国教育正在经历深刻的教育变革，

---

① 魏斌，黄明祥，李顺. 国家环境信息化发展研究［M］. 北京：中国环境出版社，2015：12.

其中教育信息化是推动教育变革的重要因素。党的十九大之后，我国进入教育信息化 2.0 阶段。2018 年，教育部印发了《教育信息化 2.0 行动计划》（教技〔2018〕6 号）。在这一阶段，教育系统内部的体系将会重构，教育体系将面向所有群体①。这一变革契合了环境教育作为一项终生的、面向所有社会成员的教育活动的定位，可以预见其对我国环境教育发展的推动作用。信息化、大数据、人工智能等催生新的学习方式和方法在环境教育中得到逐步利用，这些新的技术手段已经用于环境教育实践中。

环境教育的新方法之二体现在实践教育环节，即基地建设。在前一时期面向中小学的环境教育体系已经初步建立，环境教育的目标、任务、标准等已经形成，但课堂之外的实践教学环节仍然比较薄弱。为此，国家从政策层面推动建立中小学环境教育社会实践基地。2013 年，首批全国中小学环境教育社会实践基地（以下简称"基地"）名单公布，随后生态环境部与教育部联合印发了《全国中小学环境教育社会实践基地申报与管理办法（试行）》（环办〔2013〕85 号）。为了保证实践活动的质量，生态环境部还定期对基地负责人进行培训。至此，中小学环境教育的实践环节得到了必要的完善和规范。确立的基地名单包括四类社会组织，这些社会组织包括博物馆、科技馆、自然保护区、动物园、环境监测站、科研院所等。更多的社会组织参与到环境教育活动中来，丰富了环境教育的内容和形式。

5. 新角色

党的十八届三中全会正式提出了社会治理的命题，政府职能转变成为此后改革的一个重要方面。《教育部关于深入推进教育管办评分离促进政府职能转变的若干意见》（教政法〔2015〕5 号）和李克强在全国深化"放管服"改革转变政府职能电视电话会议上的讲话均表明了教育领域政府角色的变化。在这一时期，环境教育的主体已经多样化。2014 年修订的《中华人民共和国环境保护法》在总则中明确了各级人民政府、社会组织、学校和媒体在环境教育中的职责定位。这一时期，环境教育最初由环境保护部门牵头，以教育部门和宣传部门为主体，逐步变成多主体共同参与、多部门合作协调的教育活动。此时，政府环境教育角色有了新定位，即环境教育的管理者和政策服务者。发文单位变化是角色变化一个明显的标志，环境教育相关政策最初的发文机构是生态环境

---

① 胡钦太，张晓梅：教育信息化 2.0 的内涵解读、思维模式和系统性变革［J］. 现代远程教育研究，2018（6）：12-20.

部（后改为"生态环境部"），逐步发展为生态环境部、教育部，后又增加了中央文明办、共青团中央、中国妇联等单位。在实际运行过程中，政策包含的主体不仅包括政府单位，如生态环境部、教育部等，而且也包括非政府组织、企业、社会文化团体等。《全国环境宣传教育工作纲要（2016—2020年）》提出："积极促进公众参与，壮大环保社会力量"，社会成员和各社会组织的角色和责任得到肯定，社会力量在这一时期发挥更大的作用。

从这一时期的政策文件和社会实践看，环境政策法规制定与实践之间的关系已经发生了一定的变化。环境教育从最初的政策主导与政策驱动类型逐步发展成为社会与政策共同驱动，主要表现在两个方面：一是政策衔接问题，当前生态文明相关政策法规主要面向生态文明建设本身，而生态文明与生态文明教育缺少必要的衔接。也就是说，当前环境教育政策的针对性和具体性与环境教育发展现状之间存在一定的不平衡，即由生态文明建设所带来的环境教育的新要求和新任务，并没有专门的环境教育政策与之匹配，环境教育的发展呼唤新的环境教育政策与法规的出台。二是环境教育短板与生态文明建设之间的不协调问题。生态文明建设对公民整体素质的要求提高，这与我国目前公众生态文明意识水平①并不完全相称。公众环境素养是目前政策执行过程中的一个短板，而目前情况下，大多数环境教育仍集中浅层，环境观念、生态意识的培养任重道远。

五、中国环境教育总结与建议

经过近五十年的发展，中国环境教育大致时间线可以归纳为表1。

表1　中国环境教育政策法规简表

阶段	年份	关键节点	政策出处	部门
启蒙与开创期	1973	正式提出"环境宣传教育"概念	第一次环境保护工作会议《关于保护和改善环境的若干规定（试行草案）》	国务院
	1978	规划"宣传+教育"格局	《1978年环境保护工作汇报要点》	国务院环保领导小组

---

① 全国生态文明意识调查研究报告［N］. 中国环境报，2014-03-24（002）.

续表

阶段	年份	关键节点	政策出处	部门
发展期	1979	确立环境教育法律地位	《中华人民共和国环境保护法（试行）》	全国人民代表大会常务委员会
	1987	要求中小学开展环境教育	《九年义务教育全日制小学、初级中学教学计划（草案）》	国家教委
	1988	成立专门教育机构	生态环境部设立宣传教育司	国家环保局
	1989	环境教育成为精神文明建设内容	第三次环境保护工作会议	国家环保局
	1994	环境教育转向可持续发展教育	《中国 21 世纪议程》	国务院
	1996	制定详细教育规划	《全国环境宣传教育行动纲要（1996—2010 年）》	国家环保局、中宣部、国家教委
	2001	构建中国特色环境教育体系	《2001—2005 年全国环境宣传教育工作纲要》	环保总局
飞跃期	2003	开始全民环境教育计划	《2003 年全国环境保护宣传教育工作要点》	环保总局
	2007	生态文明成为环境教育方向	十七大报告	——
	2011	中国特色环境教育理念基本形成	《全国环境宣传教育行动纲要（2011—2015 年）》	生态环境部、中宣部、中央文明办、教育部、共青团中央、全国妇联
	2012	生态文明成为环境教育主题	十八大报告	——
	2013	建立中小学环境教育实践基地	《全国中小学环境教育社会实践基地申报与管理办法（试行）》	生态环境部、教育部

续表

阶段	年份	关键节点	政策出处	部门
飞跃期	2014	形成"宣—教—评"教育格局	《关于开展全国生态文明宣传教育工作绩效评估工作的通知》	生态环境部
	2015	法律保障个人与社会组织参与权	《中华人民共和国环境保护法》	全国人民代表大会常务委员会
	2018	信息化成为环境教育新要求和新方法	《教育信息化2.0行动计划》	教育部

我国环境教育政策发展体现为以下四个主要特点：第一，面向公众的环境教育内涵逐步丰富。从最初强调公众的卫生习惯、环境美化、节约节能，逐渐发展成为人与自然、环境协调、可持续发展，最终发展成为生态文明。第二，环境教育的主体多元化。中国环境教育主体从环境保护部门和教育部门，逐渐扩大到企业、各类环境NGO以及个人。第三，环境教育地位逐步上升。环境教育诞生之初，政策上对环境教育的定位依次为：服务于环境保护、促进可持续发展、推动生态文明。在这个过程中，环境教育获得了独立地位，逐步形成完善的教育体系，各级各类专门部门和机构建立。第四，与国际环境教育同步发展。从1972年联合国人类环境会议开始，到1992年世界环境与发展大会召开，我国环境教育密切关注国际环境教育的动态，积极响应国际社会的倡议，制定政策时充分体现国际环境教育发展。然而，和世界范围内环境教育发展仍不充分相似，我国环境教育在以下四个方面仍有待加强。

第一，环境教育立法。目前，我国环境教育并没有制定专门的法律。新修订的《环境保护法》第九条规定了"各级人民政府应当加强环境保护宣传和普及工作，鼓励基层群众自治组织、社会组织、环境保护志愿者开展环境保护法律法规和环境保护知识的宣传，营造保护环境的良好氛围"。这是目前关于环境教育最新的法律规定，但这对于跨学科、跨部门、跨领域、多主体的环境教育来说是远远不够的。另外，环境教育理论与实践的发展也需要专门的立法保障。

第二，规定相关社会组织的环境教育功能。目前参与环境教育的主体越来越多，在实践中不同程度地承担着环境教育的功能。但在政策层面，对这些社会组织的环境教育功能并没有明文的规定和认可，这不利于调动社会组织的积极性和主动性，更难以保证其教育效果。

第三，推进信息化和多样化学习。正规的环境教育毕竟容量有限，利用信息化手段，开展多种形式的非正规、非正式环境教育，开拓更广阔的学习空间，扩大环境教育受众范围，增强环境教育影响力成为环境教育未来发展的要求。此外，信息化2.0时代，自主学习将占据更重要的地位。这意味着环境教育的格局未来将会发生重要变化。《教育信息化2.0行动计划》提出："实施教育大资源共享计划"以实现教育资源向全体学习者开放。在政策层面，实施这一计划，切实实现环境教育资源的整合，推进多样化的教育和学习需要政策法规的保障。

第四，环境教育评估亟待完善。评估是我国环境教育中的一个薄弱环节，评估主体不明确，评估对象主要是政府绩效评估，评估标准可操作性差、评估方法单一化、重视程度低等问题比较突出。评估是实现环境教育科学化发展、保证教育效果的重要手段，需要在政策层面对环境教育评估的具体问题做出相应的规定。

専题四：

中国特色社会主义理论与实践研究

21 世纪中国马克思主义的时代价值

张国献

发展"21 世纪马克思主义"是时代赋予中国共产党的历史使命，也是习近平总书记念兹在兹的时代担当。"21 世纪马克思主义"所指向的既是马克思主义在 21 世纪所形成的理论形态和社会制度，也是指 19 世纪的经典马克思主义在 21 世纪的创新进路与发展态势。"21 世纪马克思主义"形成于"中国走向世界"与"世界走向中国"的时空交汇点，极具中国特色社会主义的世界情怀，也承载着马克思主义在中国的神圣使命。它从中国转向世界，实现了马克思主义在时空上的双重发展和交相生辉。

一、历史总结：跨越三个世纪的伟大理论

诞生于 1848 年的马克思主义，已跨越了三个世纪的人类沧桑岁月。纵观人类社会发展史，马克思、恩格斯所开创的"19 世纪马克思主义"，作为一种崭新的革命理论和人类解放学说，推动了空想社会主义向科学社会主义的伟大飞跃。列宁、毛泽东、邓小平等在继承马克思主义基础上形成的符合本国国情的创新理论，可以称为"20 世纪马克思主义"，它指引世界社会主义实践勇猛发展。习近平新时代中国特色社会主义思想使马克思主义在 21 世纪焕发青春活力，它致力于解决民族复兴的中国问题和人类发展的"共同体"问题，使 21 世纪马克思主义的主体样本具有鲜明的中国靓色。

（一）创立与开拓：19 世纪马克思主义

"19 世纪马克思主义"是马克思主义的经典形态，创立者是耀眼双子星的马克思和恩格斯。19 世纪中期是他们所处的时代，那个时代是世界范围内资本主义体系逐步确立的时代。资本原始积累的血腥激发了资本主义社会两大对立

阶级之间的尖锐冲突，无产阶级反抗资产阶级残酷压迫的革命运动风起云涌。马克思、恩格斯带着强烈的历史使命感和关怀劳苦大众的阶级情怀，积极投身革命实践。在对人类社会发展规律，特别是资本主义社会发展趋势的深入揭示中，马克思和恩格斯使人类察觉到"现实的历史"即资本主义的运动规律，赋予人民群众的历史创造活动以理念和信仰。在与资本主义思潮斗争的同时，他们也对各种错误思潮进行批判和辩驳，逐步勾勒出未来社会的一般特征，并描绘了未来社会的发展过程和发展方向，为后人的探索实践奠定了理论基础。19世纪经典马克思主义的创立，主要从理论上回答了资本主义产生、发展和终结的规律性问题，预见了共产主义制度形态和共产主义实现条件等重大时代课题，以其真理的力量跨越地理边界和时代隔阂，理性塑造了世界历史的发展轨迹和固有样态。

（二）学习与运用：20世纪马克思主义

19世纪末20世纪初的世界，资本主义发展出现了前所未有的垄断性新特征，帝国主义本性带给世界的是灾难，尤其是帝国主义之间的世界大战，使不安定的世界局势更加动荡。列宁基于20世纪的俄国社会现实，运用马克思主义的普遍真理，紧扣帝国主义阶段世界经济、政治、外交等领域新的时代特征，及时回应了20世纪马克思主义者的历史使命和世界无产阶级革命的新态势，从提出"帝国主义论""一国革命成功论"的宏观理论，到论述"新经济政策"并付诸实践，探索出一条落后国家迈向社会主义的道路。十月革命后，以毛泽东为代表的中国的马克思主义者立足半封建半殖民地的国情，发动农民，武装革命，打倒帝国主义，建立新中国实现民族独立，人民当家作主实现人民解放，建立社会主义制度展现马克思主义魅力，探索社会主义现代化建设的中国道路，形成了20世纪中国化马克思主义的理论成果——毛泽东思想。20世纪的后20年，中国的发展进入了新阶段，改革开放成为时代的最强音，中国共产党人坚持和发展马克思主义、坚持和发展毛泽东思想，形成了中国特色社会主义理论体系，这一体系创立的主要代表者是邓小平、江泽民和胡锦涛，这一成果对社会主义、党的建设和科学发展等时代课题进行了深入而广泛的实践探索和理论创新。"20世纪马克思主义"解决了经济文化落后国家的革命问题和建设问题。"20世纪马克思主义"没有辜负中国，20世纪的中国没有辜负马克思主义。

（三）继承与创新：21世纪马克思主义

马克思主义和社会主义在21世纪的中国展现出了前所未有的勃勃生机和光明前景。人类社会发展所面临的复杂性和整体性特点是21世纪马克思主义者亟待解决的时代问题。时代问题是真正的马克思主义者战斗的号角。"21世纪马克思主义"肩负着"回答时代课题、引领时代潮流"的历史使命。中国特色社会主义的道路自信和马克思主义理论的伟大创新，让东方古老的中国成为"21世纪马克思主义"发展的主场，历经百年永葆青春的中国共产党成为"21世纪马克思主义"发展的主体力量。21世纪的中国没有辜负马克思主义，21世纪的中国共产党没有辜负时代赋予马克思主义者的神圣使命。习近平新时代中国特色社会主义思想当之无愧地成为"21世纪马克思主义"的主体形态。这一思想深深根植于中国大地，深刻反映中国人民意愿，紧紧顺应新时代潮流，是科学社会主义在21世纪的最新样态。它既是指导21世纪中国由"富起来"到"强起来"的科学指南，也是解决当今世界发展难题的马克思主义者智慧。当前，"21世纪马克思主义"面临着"人类社会向何处发展，怎样发展"等重大课题，既要阐明当代资本主义的历史命运和未来走向，又要阐释社会主义未来发展的重大问题，更要关注21世纪马克思主义新样态的进一步发展。

二、主体样式：习近平新时代中国特色社会主义思想

21世纪马克思主义所面临的现实问题比以往任何时代都要复杂。作为当代中国马克思主义，习近平新时代中国特色社会主义思想聚焦于中国现实与未来问题的解决；作为21世纪的马克思主义，习近平新时代中国特色社会主义思想为马克思主义的世界性发展提供中国方案，守正创新是21世纪马克思主义的坚守和使命。

（一）习近平新时代中国特色社会主义思想坚持和发展了马克思主义

马克思主义的立场、观点与方法是习近平新时代中国特色社会主义思想的浓重底色。习近平总书记指出，要"以人民为中心"，"一切为了人民、一切依靠人民。"这既是中国共产党初心使命的生动表达，也是马克思主义基本立场的鲜明色彩。创新、协调、绿色、开放、共享的新发展理念蕴含着马克思主义辩证唯物论和唯物辩证法，贯穿着历史唯物主义的基本理论和科学社会主义的基本原理，"五位一体"的中国特色社会主义发展总体布局蕴含着历史分析法、辩证分析法、矛盾分析法、阶级分析法等马克思主义方法论原则，"四个全面"思想充分体现了21世纪马克思主义的创新思想。坚持"精准扶贫""两不愁三保障"展现的是马克思主义人民立场，全面建成小康社会体现了人类社会发展理论，这些创新思想都内含着马克思主义的基本原理。

习近平新时代中国特色社会主义思想丰富与发展了马克思主义理论体系。党的十八大以来，无论是习近平经济思想、法治思想、强军思想，还是习近平外交思想、生态文明思想，都饱含着对马克思主义的创新发展。无论是历史方位论和民族复兴论、社会矛盾论和人民中心论的价值理念，或者是发展理念论和反贫困论、"一带一路"论和人类命运共同体论、总体安全观和人与自然和谐共生论的实践指向，都体现出当代中国特色社会主义行动指南的原创性、时代性特点，它丰富了中国共产党的指导思想，展现出马克思主义在 21 世纪发展的崭新篇章。

（二）习近平新时代中国特色社会主义思想深刻改变着中国

"八个明确"和"十四个坚持"是习近平新时代中国特色社会主义思想的体系表达，"新时代坚持和发展什么样的中国特色社会主义"是从理论维度所做的科学回答，"新时代怎么样坚持和发展中国特色社会主义"是从实践的维度走出的时代路径。

中华民族伟大复兴的中国梦是习近平新时代中国特色社会主义思想的价值指向。小康社会的全面建成，是 21 世纪马克思主义者的中国共产党人为人民谋幸福的历史担当，也是习近平新时代中国特色社会主义思想的践行成果。21 世纪的中国共产党人将"全面建成小康社会"推进到决胜阶段，这一建党百年目标的最终实现展现了 21 世纪马克思主义的深厚伟力。小康社会的全面建成是中国共产党人持续奋斗、不断积累的阶段性成果，也为我们建设社会主义现代化强国的第二个百年目标打下了坚实基础。"中华民族伟大复兴"是贯穿于习近平新时代中国特色社会主义思想的理论主线和价值指向。21 世纪马克思主义在中国的创新与发展，使中华民族比历史上任何时期都更接近伟大复兴的战略目标，也是马克思主义在 21 世纪的中国绽放出的绚丽篇章。中国共产党带领全国人民艰苦奋斗，在奋斗中总结经验并升华为理论，接受实践的检验并进一步指导未来实践。21 世纪马克思主义是中国共产党在"伟大斗争、伟大工程、伟大事业、伟大梦想"的百年历程中的时代创新，是 21 世纪马克思主义在中国创新发展的历史飞跃。它将中国人民的理想追求与社会主义道路相统一，将民族振兴与国家富强相结合，将"家国情怀"与个人发展相融汇，为凝心聚力实现中华民族伟大复兴提供了强大的精神支撑和行动力量。所有这些都在客观上表明，21 世纪马克思主义在当代中国进入了发展的新阶段。

（三）习近平新时代中国特色社会主义思想长远影响着世界

构建人类命运共同体、引领经济全球化普惠发展和完善全球治理体系，是习近平新时代中国特色社会主义思想对 21 世纪人类所面临的世界性问题的深刻解答。这一思想顺应了当今世界发展的未来趋势，明确了人类社会发展的历史进程。构建人类命运共同体，有助于世界各国超越社会制度、价值观念的差异，共同维护与促进世界持久和平发展。当今世界，经济深度全球化、政治日益多极化、文明愈加多样化，伴随着社会信息化的不断发展，整个世界的联系前所未有的紧密。构建人类命运共同体，既是马克思主义在 21 世纪的使命担当，也是中国共产党维护世界各国利益的价值指向。习近平总书记指出，经济全球化是世界经济发展规律的内在要求，也是各国人民的共同利益之所在，以马克思主义为指导的社会主义中国要积极参与经济全球化，建构世界经济命运共同体。各国人民应以共享为目标，共商共建全球经济治理体系。作为经济全球化的坚定支持者与维护者，中国致力于打造开放型经济体系，反对一些国家出现的逆全球化和反自由贸易的政策和行为，反对一切形式的保护主义，引领经济全球化的健康普惠发展。新冠肺炎疫情的全球肆虐，加重了全球经济的整体危机，日益增多的全球性挑战亟待各国人民携手应对，发展壮大的中国为 21 世纪的全球治理注入了更大的和平力量。共同发展，合作共赢，已成为全球治理体系深度变革的人心所向。"一带一路""共商共建共享"的 21 世纪马克思主义全球治理观，为世界各国携手共绘发展蓝图、平等参与全球治理提供了全新方案。习近平总书记明确强调，全球治理体系的改革，不是要推倒重来，而是应对世界挑战的积极完善。全球治理体系现代化的推进是世界各国的共同担当，中国特色社会主义的大国应积极参与全球治理体系建设这一历史进程，为完善全球治理贡献马克思主义方案，为推动国际秩序和全球治理体系朝着世界人民向往得更加公正合理的方向发展贡献 21 世纪马克思主义者的智慧。

社会主义的中国是发展 21 世纪马克思主义的关键主场，习近平新时代中国特色社会主义思想是 21 世纪马克思主义创新成果的光辉典范，是 21 世纪马克思主义的主体样式。

三、未来展望：在"一主多样"中携手发展

马克思主义是引领时代的理论。21 世纪马克思主义的发展创新，是各国共产党人和马克思主义学者的共同主题和责任担当。它既要科学解释和推动全球性问题和人类未来发展问题，也要科学揭示当代资本主义发展规律和制度痼疾的治理思路，进一步推动世界社会主义的发展。21 世纪马克思主义，既需要习

近平新时代中国特色社会主义思想的主体样式，也需要形成多姿多彩的马克思主义多国样本。

世界社会主义如何发展，是 21 世纪马克思主义需要阐释与解决的理论和实践问题。当前，国际资本已经作为一种联合起来的世界性力量。为了对抗这种力量，全世界的无产阶级和劳动人民必须联合起来。各国共产党应吸取早期国际共产主义运动史上的经验教训，平衡并处理好国际主义和爱国主义的辩证关系。各国共产党应携手团结积极探讨，凝聚全世界社会主义的智慧和力量，共同创新和践行 21 世纪马克思主义。正如 2021 年 5 月习近平总书记向中共中央对外联络部主办的世界马克思主义政党理论研讨会致贺信所指出的："面对当今人类社会面临的共同挑战，世界马克思主义政党应该加强对话交流。中国共产党愿同各国马克思主义政党一道，共同推动人类进步事业，推动构建人类命运共同体。希望与会同志通过深入研讨，汇聚实践智慧，淬炼思想火花，推动马克思主义在 21 世纪取得新的发展，让马克思主义的真理光芒继续照耀我们的前行之路。"

中国特色社会主义进入
新时代的逻辑依据及价值意蕴①

宫维明

党的十九大报告明确指出："经过长期努力，中国特色社会主义进入了新时代，这是我国发展新的历史方位。"② 那么，我们何以判定中国特色社会主义业已推进到新时代？时代这个词在《辞海》中的解释是"指历史上依据经济、政治、文化等状况来划分的社会各个发展阶段"③，换言之，新时代肯定是一个在经济、政治、文化等领域均出现重大变革和突破的时代，十九大报告用"五个是"对新时代进行了细化描述："这个新时代，是承前启后、继往开来、在新的历史条件下继续夺取中国特色社会主义伟大胜利的时代，是决胜全面建成小康社会、进而全面建设社会主义现代化强国的时代，是全国各族人民团结奋斗、不断创造美好生活、逐步实现全体人民共同富裕的时代，是中华儿女勠力同心、奋力实现中华民族伟大复兴中国梦的时代，是我国日益走近世界舞台中央、不断为人类作出更大贡献的时代。"④ 中国特色社会主义道路开启于改革开放之初，经过全国各族人民的长期努力，在经济、政治和文化层面取得了全方位和开创性的成就，朝着实现中国梦的伟大目标不断行进，已经顺利进入了一个新时代。

---

① 本文是上海外国语大学校级课题"'四个伟大'思想的理论逻辑与现实架构研究"的阶段性成果。
② 习近平. 决胜全面建成小康社会　夺取新时代中国特色社会主义伟大胜利——在中国共产党第十九次全国代表大会上的报告（2017-10-18）[R]. 北京：人民出版社，2017.
③ 夏征农，陈至立. 辞海 [M]. 第六版彩图版. 上海：上海辞书出版社，2009：2057.
④ 习近平. 决胜全面建成小康社会　夺取新时代中国特色社会主义伟大胜利——在中国共产党第十九次全国代表大会上的报告（2017-10-18）[R]. 北京：人民出版社，2017.

一、新思想作为中国特色社会主义进入新时代的理论依据及其价值

恩格斯说过："一个民族要想站在科学的最高峰，就一刻也不能没有理论思维。"① 任何一种发展道路想要在理论上和实践中不断开拓进取，就绝离不开理论思维的创新发展。中国共产党人始终铭记实现中华民族伟大复兴的历史重任，自建党以来就一直重视理论思维的学习和创新，并不断地在实践中推进马克思主义中国化的发展进程，主要标志即在理论层面上产生了马克思主义中国化的两大理论成果——毛泽东思想和中国特色社会主义理论体系，而"习近平新时代中国特色社会主义思想则是马克思主义基本原理同中国具体实际相结合的又一次飞跃。"② 习近平新时代中国特色社会主义思想是马克思主义中国化的最新理论成果，它从理论和实践结合上系统回答了新时代坚持和发展什么样的中国特色社会主义、怎样坚持和发展中国特色社会主义这一重大时代课题，是中国特色社会主义进入新时代的理论依据。

习近平新时代中国特色社会主义思想是新时代的行动指南，它建立在对共产党执政规律、社会主义建设规律、人类社会发展规律进行深化认识的基础上，内容涵盖内政外交国防、治党治国治军、改革发展稳定等诸多领域，其中"八个明确"是最重要的核心内容，它为新时代的发展进程提供了明确的理论依据。

首先，第一大明确是"坚持和发展中国特色社会主义，总任务是实现社会主义现代化和中华民族伟大复兴，在全面建成小康社会的基础上，分两步走在21世纪中叶建成富强民主文明和谐美丽的社会主义现代化强国；"首先，新时代有新的历史定位，其是中国特色社会主义发展进程中的最新阶段，前承四十余年的改革开放历史进程，后启决胜全面建成小康社会的关键阶段；新时代有新的目标定位，低阶目标是到2020年全面建成小康社会，中阶目标是到21世纪中叶全面建设社会主义现代化强国，高阶目标是实现中华民族的伟大复兴。

明确新时代我国社会主要矛盾是人民日益增长的美好生活需要和不平衡不充分的发展之间的矛盾，必须坚持以人民为中心的发展思想，不断促进人的全面发展、全体人民共同富裕；明确中国特色社会主义事业总体布局是"五位一

---

① 中共中央马克思恩格斯列宁斯大林著作编译局. 马克思恩格斯文集：第9卷［M］. 北京：人民出版社，2009：437.

② 人民日报社论. 夺取新时代中国特色社会主义伟大胜利［EB/OL］. 人民网，2017-10-24.

体"、战略布局是"四个全面"，强调坚定道路自信、理论自信、制度自信、文化自信；明确全面深化改革总目标是完善和发展中国特色社会主义制度、推进国家治理体系和治理能力现代化；明确全面推进依法治国总目标是建设中国特色社会主义法治体系、建设社会主义法治国家；明确党在新时代的强军目标是建设一支听党指挥、能打胜仗、作风优良的人民军队，把人民军队建设成为世界一流军队；明确中国特色大国外交要推动构建新型国际关系，推动构建人类命运共同体；明确中国特色社会主义最本质的特征是中国共产党领导，中国特色社会主义制度的最大优势是中国共产党领导，党是最高政治领导力量，提出新时代党的建设总要求，突出政治建设在党的建设中的重要地位。①

如果我们把新时代比喻成一辆行驶在中国特色社会主义大道上的新车，那么本次旅程的三大目标站先后是到 2020 年，全面建成小康社会；到 21 世纪中叶，全面建设社会主义现代化强国；终点站则是实现中华民族的伟大复兴；本次旅程会面临一系列复杂困难的场景，而抓住主要矛盾，解决不平衡不充分的发展，满足人民日益增长的美好生活需要则是本次旅程成功与否的关键；本次旅程所使用的导游图就是"五位一体"和"四个全面"及全面深化改革："五位一体"即经济建设、政治建设、文化建设、社会建设、生态文明建设。这个总体布局意味着新时代从局部现代化到全面现代化，从不断协调的现代化到全面协调的现代化。四个全面是全面建成小康社会、全面深化改革、全面依法治国、全面从严治党；本次旅程需要保驾护航，那么就需要在坚持中国共产党的领导下，全面深化改革总目标是完善和发展中国特色社会主义制度、推进国家治理体系和治理能力现代化；全面推进依法治国总目标是建设中国特色社会主义法治体系、建设社会主义法治国家；党在新时代的强军目标是建设一支听党指挥、能打胜仗、作风优良的人民军队，把人民军队建设成为世界一流军队；中国特色大国外交要推动构建新型国际关系，推动构建人类命运共同体。

在新思想的引领下，中国特色社会主义正式进入新时代的伟大实践中。新思想指引我们决胜全面建成小康社会、进而全面建设社会主义现代化强国；指引我们团结奋斗、不断创造美好生活、逐步实现全体人民共同富裕；指引全国各族人民奋力实现中华民族伟大复兴中国梦；指引我国日益走近世界舞台中央、不断为人类作出更大的贡献。

---

① 习近平．决胜全面建成小康社会 夺取新时代中国特色社会主义伟大胜利——在中国共产党第十九次全国代表大会上的报告（2017-10-18）［R］．北京：人民出版社，2017.

二、新发展作为中国特色社会主义进入新时代的实践依据及其价值

党的十九大报告明确指出："五年来的成就是全方位的、开创性的，五年来的变革是深层次的、根本性的。五年来，我们党以巨大的政治勇气和强烈的责任担当，提出一系列新理念新思想新战略，出台一系列重大方针政策，推出一系列重大举措，推进一系列重大工作，解决了许多长期想解决而没有解决的难题，办成了许多过去想办而没有办成的大事，推动党和国家事业发生历史性变革。"① 自党的十八大以来，我们党在新思想和新战略的指引下勇往直前，成绩斐然，有力地推动中国特色社会主义事业发生历史巨变，从而走入新时代。

毋庸讳言，中国特色社会主义在长达四十余年的发展过程中取得了令世人瞩目的成就，但我们也要保持清醒的头脑，始终不能忘记我国仍处于社会主义初级阶段这一基本国情，始终不能忘记我们在发展进程中所面临的各项难题和难事，这包括发展中不平衡、不协调、不可持续问题依然突出，科技创新能力不强，产业结构不合理，农业基础依然薄弱，资源环境约束加剧，制约科学发展的体制机制障碍较多，深化改革开放和转变经济发展方式任务艰巨；城乡区域发展差距和居民收入分配差距依然较大；社会矛盾明显增多，教育、就业、社会保障、医疗、住房、生态环境、食品药品安全、安全生产、社会治安、执法司法等关系群众切身利益的问题较多，部分群众生活比较困难；一些领域存在道德失范、诚信缺失现象；一些干部领导科学发展能力不强，一些基层党组织软弱涣散，少数党员干部理想信念动摇、宗旨意识淡薄，形式主义、官僚主义问题突出，奢侈浪费现象严重；一些领域消极腐败现象易发多发，反腐败斗争形势依然严峻。②

显然，想要进一步夺取中国特色社会主义的伟大胜利，我们党必须要高度重视并解决这些困难和问题，首要任务就是要继续将改革进行到底，将改革向纵深方向推进，我们党在第十八届中央委员会第三次全体会议上通过了《中共中央关于全面深化改革若干重大问题的决定》，明确指出："全面深化改革的总目标是完善和发展中国特色社会主义制度，推进国家治理体系和治理能力现代

---

① 习近平. 决胜全面建成小康社会　夺取新时代中国特色社会主义伟大胜利——在中国共产党第十九次全国代表大会上的报告（2017-10-18）[R]. 北京：人民出版社，2017.

② 胡锦涛. 坚定不移沿着中国特色社会主义道路前进　为全面建成小康社会而奋斗（2012-11-8）[R]. 北京：人民出版社，2012.

化。必须更加注重改革的系统性、整体性、协同性，加快发展社会主义市场经济、民主政治、先进文化、和谐社会、生态文明，让一切劳动、知识、技术、管理、资本的活力竞相迸发，让一切创造社会财富的源泉充分涌流，让发展成果更多更公平惠及全体人民。"①

在深化经济体制改革方面，我们使市场在资源配置中起决定性作用，坚持和完善基本经济制度，加快完善现代市场体系、宏观调控体系、开放型经济体系，加快转变经济发展方式；在深化政治体制改革方面，紧紧围绕坚持党的领导、人民当家作主、依法治国有机统一，加快推进社会主义民主政治制度化、规范化、程序化，建设社会主义法治国家，发展更加广泛、更加充分、更加健全的人民民主；在文化体制改革方面，紧紧围绕建设社会主义核心价值体系、社会主义文化强国，加快完善文化管理体制和文化生产经营机制，建立健全现代公共文化服务体系、现代文化市场体系，推动社会主义文化大发展大繁荣；在深化社会体制改革方面，紧紧围绕更好保障和改善民生，促进社会公平正义深化，改革收入分配制度，促进共同富裕，推进社会领域制度创新，推进基本公共服务均等化，加快形成科学有效的社会治理体制，确保社会既充满活力又和谐有序；紧紧围绕建设美丽中国深化生态文明体制改革，加快建立生态文明制度，健全国土空间开发、资源节约利用、生态环境保护的体制机制，推动形成人与自然和谐发展现代化建设新格局；紧紧围绕提高科学执政、民主执政、依法执政水平，深化党的建设制度改革，加强民主集中制建设，完善党的领导体制和执政方式，保持党的先进性和纯洁性，为改革开放和社会主义现代化建设提供坚强政治保证。

在这一系列深化改革措施的推动下，我们在经济建设上取得重大成就、全面深化改革取得重大突破、民主法治建设迈出重大步伐、思想文化建设取得重大进展、人民生活不断改善、生态文明建设成效显著、强军兴军开创新局面、港澳台工作取得新进展、全方位外交布局深入展开、全面从严治党成效卓著等。特别是我们还在脱贫攻坚战中取得决定性进展、国防和军队改革取得历史性突破、全面加强党的领导和党的建设，坚决改变管党治党宽松软状况、反腐败斗争压倒性态势已经形成并巩固发展等。

---

① 中共中央关于全面深化改革若干重大问题的决定 [M]．北京：人民出版社，2013：3.

三、新要求作为中国特色社会主义进入新时代的发展依据及其价值

社会主要矛盾的转化是关系全局的历史性变化，其不仅是我们确定工作重点的根据，而且是中国特色社会主义进入新时代的发展依据。新时代既有新气象和新成绩，又有新问题和新要求，想要夺取新时代中国特色社会主义的伟大胜利，自然离不开重视和解决新要求。

我国对社会主要矛盾的认识和定位经历了一个长期发展变化的阶段：1956年党的八大提出我国国内的主要矛盾是人民对于经济文化迅速发展的需要同当前经济文化不能满足人民需要的状况之间的矛盾；改革开放之初，邓小平就强调指出："我们的生产力发展水平很低，远远不能满足人民和国家的需要，这就是我们目前时期的主要矛盾，解决这个主要矛盾就是我们的中心任务。"① 后来，在党的十一届六中全会通过的《关于建国以来党的若干历史问题的决议》中，我们党经过深入研究，将这个重大的理论问题概括为："在社会主义改造基本完成以后，我国所要解决的主要矛盾，是人民日益增长的物质文化需要同落后的社会生产之间的矛盾。"② 党的十九大则强调指出："中国特色社会主义进入新时代，我国社会主要矛盾已经转化为人民日益增长的美好生活需要和不平衡不充分的发展之间的矛盾。"③ 对社会主要矛盾的认识深刻反映了社会生产力和生产关系之间关系、经济基础和上层建筑之间关系的变化，是对中国特色社会主义的历史性变化具有全局性意义的科学判断。

就新时代的具体发展状况而言：一方面，经济在经过快速发展阶段后依然保持中高速增长，综合国力与人民生活水平均发生历史性的巨大变化，经济总量在世界主要国家中名列前茅。自党的十八大以来，国内生产总值从 54 万亿元增长到 80 万亿元，稳居世界第二，对世界经济增长贡献率超过 30%。对外贸易、对外投资、外汇储备稳居世界前列。另一方面，发展不平衡不充分的一些突出问题尚未解决，发展质量和效益还不高，创新能力不够强，实体经济水平有待提高，生态环境保护任重道远；民生领域还有不少短板，脱贫攻坚任务艰巨，城乡区域发展和收入分配差距依然较大，群众在就业、教育、医疗、居住、

① 邓小平．邓小平文选：第 2 卷［M］．2 版．人民出版社，1994：182.
② 中共中央文献研究室．十一届三中全会以来党的历次全国代表大会中央全会重要文件选编（上）［M］．北京：中央文献出版社，1997：210.
③ 习近平．决胜全面建成小康社会　夺取新时代中国特色社会主义伟大胜利——在中国共产党第十九次全国代表大会上的报告（2017-10-18）［R］．北京：人民出版社，2017.

养老等方面面临不少难题；社会文明水平尚需提高；社会矛盾和问题交织叠加，全面依法治国任务依然繁重，国家治理体系和治理能力有待加强；意识形态领域斗争依然复杂，国家安全面临新情况；一些改革部署和重大政策措施需要进一步落实；党的建设方面还存在不少薄弱环节。这些问题，必须着力加以解决。

同时，我们也要清醒地意识到，解决社会主要矛盾不能急于求成，要客观冷静地从社会主义初级阶段的基本国情出发来指导我们的经济社会发展。十九大报告明确指出："必须认识到，我国社会主要矛盾的变化，没有改变我们对我国社会主义所处历史阶段的判断，我国仍处于并将长期处于社会主义初级阶段的基本国情没有变，我国是世界最大发展中国家的国际地位没有变。全党要牢牢把握社会主义初级阶段这个基本国情，牢牢立足社会主义初级阶段这个最大实际，牢牢坚持党的基本路线这个党和国家的生命线、人民的幸福线。"①

总之，我们要在习近平新时代中国特色社会主义思想指引下，适应社会主义初级阶段社会主要矛盾的新变化，牢牢坚持党的基本路线这个党和国家的生命线、人民的幸福线，领导和团结全国各族人民，以经济建设为中心，坚持四项基本原则，坚持改革开放、自力更生、艰苦创业，为把我国建设成为富强民主文明和谐美丽的社会主义现代化强国而奋斗。与此同时，要按照党的十九大的战略部署，在继续推动发展的基础上，着力解决好发展不平衡不充分问题，大力提升发展质量和效益，更好满足人民在经济、政治、文化、社会、生态等方面日益增长的需要，更好推动人的全面发展、社会全面进步。

---

① 习近平.决胜全面建成小康社会 夺取新时代中国特色社会主义伟大胜利——在中国共产党第十九次全国代表大会上的报告（2017-10-18）［R］.北京：人民出版社，2017.

十八大以来中国共产党对少数民族地区的扶贫考察

钟 霞

中国是一个统一的多民族的国家，除了主体民族汉族以外的其余 55 个法定民族都是少数民族。55 个少数民族有一亿多人口，人数虽然少，但分布地域辽阔，呈现大杂居、小聚居、交错杂居的特点。少数民族地区通常指民族八个省区，即内蒙古自治区、新疆维吾尔自治区、宁夏回族自治区、西藏自治区和广西壮族自治区，还包括三个少数民族人口集中的省份——贵州、云南和青海。

自新中国成立以来，少数民族地区经济社会有较快发展，但是，由于历史、自然条件等方面的原因，民族地区的经济和社会发展总体水平还比较落后，存在诸多问题，如生产生活条件差、基础设施落后、生产力水平低下等诸问题，其中贫困问题尤其突出，贫困人数多，群众生活贫困。2012 年民族八省贫困人口有 9899 万人，占全国比重 31.5%，贫困率为 20.8，农村居民恩格尔系数 41.9%。[①]

少数民族地区要实现 2020 年与全国同步全面建成小康社会的任务艰巨。2012 年习近平在河北省阜平县考察开发工作讲话中，谈道"全面建成小康社会，最艰巨最繁重的任务在农村、特别是在贫困地区。没有农村的小康，特别是没有贫困地区的小康，就没有全面建成小康"[②]。2012 年，党的十八大报告指出"如期全面建成小康社会十分艰巨，全党同志一定要埋头苦干、顽强拼搏。国家要加大对农村和中西部地区扶持力度"[③]。

---

① 张丽君，吴本健，王润球，等．中国少数民族地区扶贫进展报告（2016）［M］．北京：中国经济出版社，2016：6，7，10.
② 中共中央党史和文献研究院．习近平扶贫论述摘编［M］．北京：中央文献出版社，2018：4.
③ 中共中央文献研究室．十八大以来重要文献选编（上）［M］．北京：中央文献出版社，2014：15.

少数民族地区的脱贫攻坚工作成效关乎着全面小康社会的实现，"全面实现小康，少数民族一个都不能少，一个都不能掉队。要以时不我待的担当精神，创新工作思路，加大扶持力度，因地制宜，精准发力，确保如期啃下少数民族脱贫这块'硬骨头'，确保各族群众如期实现全面小康"。①

少数民族地区的脱贫问题，是党和国家扶贫工作的重中之重。下面将从三个时期回顾十八大以来中国共产党对少数民族地区的扶贫情况。

一、精准扶贫阶段（2011—2013 年）

少数民族地区的扶贫工作是"精准扶贫"工作的重点区域。2013 年，习近平走访湖南省湘西州十八村，阐明了"精准扶贫"的理念，"实事求是，因地制宜，分类指导，精准扶贫"。精准扶贫作为全面建成小康社会关键阶段的重要机制创新，成为扶贫实践的主要抓手。

党中央制定了脱贫的目标。《中国农村扶贫开发纲要（2011—2020 年）》要求"十三五"期间脱贫攻坚的目标是，2020 年实现"两不愁，三保障"。"两不愁"，就是稳定实现农村贫困人口不愁吃、不愁穿；"三保障"，就是农村贫困人口义务教育、基本医疗、住房安全有保障；同时，实现贫困地区农民人均可支配收入增长幅度高于全国平均水平，基本公共服务主要领域指标接近全国平均水平。

这个目标实现起来并不容易。习近平在 2012 年去河北阜平县的扶贫开发工作会议上强调"深入推进扶贫开发，帮助困难群众特别是革命老区、贫困山区困难群众早日脱贫致富，到 2020 年稳定实现扶贫对象不愁吃、不愁穿，保障其义务教育、基本医疗、住房，是中央确定的目标。"2013 年，十八届二中全会第二次全体会议上讲话指出"加大对扶贫对象和贫困地区的扶持力度，充分发挥贫困地区干部群众的积极性、主动性、创造性，广泛组织和动员社会力量积极参与扶贫济困，确保如期实现扶贫开发的'两不愁，三保障'的奋斗目标"。②

为达成目标，党和国家对少数民族地区加大了扶贫力度、投入力度，提高发展目标。扶贫取得一定成效。以扶持人口较少民族发展为例，国家发展改革

---

① 中共中央党史和文献研究院．习近平扶贫论述摘编［M］．北京：中央文献出版社，2018：6.

② 中共中央党史和文献研究院．习近平扶贫论述摘编［M］．北京：中央文献出版社，2018：5.

委员会"十二五"期间支持人口较少民族发展的中央预算内投资总额比"十一五"大幅增加，前5年安排23亿元，重点安排基础设施及配套建设。财政部前4年安排中央财政人口较少民族专项资金28.75亿元，增加对人口较少民族省区的转移支付，对人口较少民族农村义务教育阶段学生实行"两免一补"和寄宿生生活费补助。

据《扶持人口较少民族发展规划（2011—2015年）》所载，2011—2013年，2119个村累计新增和改扩建乡村公路里程24000多千米，新修农田水利设施1万多处。2013年2119个村的情况如下：建制村通沥青（水泥）路率、通宽带率、有安居房多农户比率、集中式供水覆盖率分别比2010年提高10.3、9.3、5.6、6.2个百分点。适龄幼儿能够接受学前一年教育比率、村卫生室达标率和有体育健身活动场地多村比率分别比2010年提高4.6、8.1和11个百分点。人口较少民族义务教育阶段寄宿生实现免费教育。农牧民人均纯收入5179元，比2010年增长47%。从以上人口较少民族地区看，这个阶段的少数民族地区精准脱贫显见成效。

此外，这个阶段着重探索机制创新，推进扶贫开发。下达的《关于创新机制扎实推进农村扶贫开发工作等意见》文件，采取产业扶贫、雨露计划扶贫、社会扶贫，特困区域综合治理等全面发力的扶贫格局，为少数民族地区扶贫工作指明方向。

二、扶贫攻坚——脱贫攻坚阶段（2014—2016年）

2013年，党的十八届三中全会召开，在此次大会上精准扶贫改为脱贫攻坚。

2013年，习近平先后到内蒙古、新疆、云南、贵州、宁夏、广西、青海、西藏等地走访，就集中连片特困地区扶贫攻坚、东西部扶贫协作等问题举行座谈会。2014年《建立精准扶贫工作机制实施方案》详细规制了精准扶贫工作模式的顶层设计，从总体布局和工作机制等作出调整，建立专属贫困档案，逐村逐户扶贫。

少数民族地区脱贫攻坚形势依然严峻。根据统计，截至2014年底，全国仍有7000多万农村贫困人口。贫困人口超过500万的有贵州、云南、河南、广西、湖南、四川6个省区，贫困发生率超过15%的有西藏、甘肃、新疆、贵州、云南5个省区。各地建档立卡数据显示，全国还有128000个贫困村、近3000万个贫困户。这些贫困人口大部分分布在边远地区、深山区、石山区等交通闭塞和生态脆弱地区，帮助这些群众摆脱贫困绝非易事。①

2015 年，党的十八届五中全会召开，大会从实现全面建成小康社会奋斗目标出发，明确到 2020 年我国现行标准下农村贫困人口实现脱贫，贫困县全部摘帽，解决区域性整体贫困。大会把"扶贫攻坚改成脱贫攻坚"，就是说到 2020 年这一时间节点，一定要兑现脱贫的承诺。全面建成小康社会，最艰巨的任务是脱贫攻坚，最突出的短板在于农村还有 7000 多万贫困人口。"西部地区特别是民族地区、边疆地区、革命老区、连片特困地区贫困程度深、扶贫成本高、脱贫难度大，是脱贫攻坚的短板，也是我对脱贫攻坚最不托底的地方。"②

新时期脱贫攻坚的目标，集中到一点，就是到 2020 年实现"两个确保"，即确保农村贫困人口实现脱贫，确保贫困县全部脱贫摘帽。2015 年《中共中央
国务院关于打赢扶贫攻坚战的决定》出台，少数民族地区精准脱贫进一步推进。这个阶段扶贫工作提出了"六个精准"，即扶贫对象精准、措施到户要精准、项目安排精准、资金使用精准、因村派人（第一书记）精准、脱贫成效精准。做到以扶真贫、真扶贫、真脱贫为目标，"大水漫灌"变为"精准滴灌"。《关于加强和改进新形势下民族工作的意见》《"十三五"脱贫攻坚规划》《"十三五"促进民族地区和人口较少民族发展规划》等文件出台，形成了"五个一批"多元模式，精准扶贫从政府主导变为社会联动，为确保"十三五"期间民族贫困地区的脱贫夯实基础。

这个阶段的扶贫，党和国家的指导思想是很明确的。对于精准扶贫，习近平指出，扶贫开发要坚持因地制宜、科学规划、分类指导、因势利导的思路。好路子好机制的核心就是精准扶贫、精准脱贫，做到扶持对象精准、项目安排精准、资金使用精准、措施到户精准、因村派人精准、脱贫成效精准。③

对于精准扶贫有了更明确的思路与具体要求。

首先，解决好"扶持谁"的问题。扶贫必先识贫，建档立卡，摸清了贫困人口底数，确保把真正的贫困人口弄清楚。有些民族地区，由于多种原因，务工机会少，扶贫脱贫难度比其他地方更大，政策应该更倾斜，工作落实力度应

---

① 中共中央文献研究室. 十八大以来重要文献选编（下）[M]. 北京：中央文献出版社，2018：32-33.

② 中共中央党史和文献研究院. 习近平扶贫论述摘编 [M]. 北京：中央文献出版社，2018：18.

③ 中共中央文献研究室. 十八大以来重要文献选编（下）[M]. 北京：中央文献出版社，2018：38.

该更大。对仍处于深度贫困的偏远边境地区的人口较少民族，应该有更特殊的措施予以扶持。其次，解决好"谁来扶"的问题。中央统筹、省（自治区、直辖市）负总责、市（地）县抓落实到扶贫开发工作机制，做到分工明确、责任清晰、任务到人、考核到位，既各司其职、各尽其责，又协调运转、协同发力。再次，"怎么扶"的问题。按照贫困地区和贫困人口的具体情况，实施"五个一批"工程。一是发展生产脱贫一批，二是易地搬迁脱贫一批，三是生态补偿脱贫一批。不少地方既是贫困地区，又是重点生态功能或自然保护区，还是少数民族群众聚居区，如西藏、四省藏区、武陵山区、滇黔桂部分贫困地区等。四是发展教育脱贫一批，五是社会保障兜底一批。最后是解决好"如何退"的问题。精准扶贫是为了精准脱贫。要加快建立反映客观实际的贫困县、贫困户退出机制，努力做到精准脱贫。一是要设定时间表，实现有序退出。二是要留出缓冲期，在一定时间内实行摘帽不摘政策。三是要实行严格评估，按照摘帽标准验收。四是实行逐户销号，做到脱贫到人。

随着党和国家的系列政策出台，各少数民族地区也制定出台了一系列文件以促进扶贫工作落地实施，并形成一套完整的扶贫攻坚体系制度。新疆维吾尔自治区以《新疆维吾尔自治区〈中国农村扶贫开发纲要〉实施办法》为中心，构建了"1+N"的政策文件体系，从精准识别、精准施策到精准考核、精准退出地推出系列文件：《关于全面推进新疆精准扶贫精准脱贫的实施意见》《关于进一步动员社会各方面力量参与扶贫开发的实施意见》《自治区扶贫农民专业合作社扶持办法（试行）》《自治区脱贫攻坚重要政策措施分工方案》和《自治区内协作扶贫工作方案》等组成一个文件体系，保障脱贫攻坚工作成效。2015年新疆脱贫人口为38万，贫困人口总数下降到185万，较2013年的260.5万人口减少75.5万人，降幅达29%。其中作为扶贫攻坚主战场，南疆三地州扶贫成效较大，合计30.419万人脱贫。①

三、精准脱贫决胜阶段（2017—2020年）

2017年，习近平首次提出要将深度贫困地区作为区域攻坚重点。习近平于6月23日在山西太原召开的深度贫困地区脱贫攻坚座谈会上强调，"脱贫攻坚本来就是一场硬仗，而深度贫困地区脱贫攻坚是这场硬仗中的硬仗"。由此，拉开

---

① 张丽君，吴本健，王润球，等. 中国少数民族地区扶贫进展报告（2016）［M］. 北京：中国经济出版社，2017：93.

了攻克深度贫困的大旗，民族地区脱贫攻坚进入决胜期。2017 年《关于支持深度贫困地区脱贫攻坚的实施意见》对深度贫困地区脱贫攻坚战作出全面而具体的部署，把深度贫困地区定位到少数民族聚集区到"三区三州"，构建专项扶贫、行业脱贫、社会扶贫的"三位一体"大扶贫格局。

2018 年是贯彻党的十九大精神的开局之年，是决胜全面建成小康社会的关键一年，也是民族地区攻克深度贫困的攻坚之年。2018 年出台了《关于打赢脱贫攻坚战三年行动的指导意见》提出集中力量支持深度贫困地区，从帮扶措施、基础设施建设、行动支持、扶贫力量参与等方面给出具体指导意见，对深度贫困地区和特殊贫困群体脱贫攻坚工作给出了针对性的部署。这一年，尽管我国经济出现下行压力，扶贫工作没有停下。

为完成脱贫攻坚任务，少数民族地区在落实精准扶贫和精准脱贫的政策要求下，因人因户精准施策，创新扶贫方式，加大资金投入，全力打好这场硬仗。

（1）产业扶贫。发展产业是实现脱贫的根本之策，培育产业是脱贫攻坚的根本之路。广西全区 2018 年投入产业扶贫的资金达 200 亿，带动建档立卡贫困户 112.35 万户，产业扶贫覆盖率达到 80%。尤其重点扶持县级 "5+2"、贫困村 "3+1" 特色产业发展。内蒙古自治区的产业带脱贫机制，采取龙头企业或产业园区带动、合作社带动、"菜单式" 直补到户、资产收益扶持、电商扶贫、旅游扶贫等新业态扶贫模式，全区 14.8 万贫困人口通过发展产业实现脱贫。[1]

（2）易地扶贫搬迁。广西制定了 "2016 年、2017 年项目建档立卡贫困人口搬迁入住率达 100%，2018 年项目搬迁入住率达 60% 以上" 的目标任务。截至 2018 年 11 月 30 日，全区已搬迁入住 68.726 万人（其中入住 60.8351 万人）。[2]

（3）教育扶贫。贵州省采取 "教育云" 助力教育扶贫，自动生成学生数据、自动识别贫困学生、自动办理教育扶贫资助，实现了贫困家庭子女高中、大专院校免费学到零申请、零证明、零跑腿。通过高校与企业合作模式，对各区县的贫困人口进行专业化培训，提高贫困人口的教育水平。[3]

（4）生态扶贫。少数民族地区利用自然资源优势，开展生态扶贫，如实施

---

[1] 张丽君，吴本健，王润球，等．中国少数民族地区扶贫进展报告（2019）［M］．北京：中国经济出版社，2020：42.

[2] 张丽君，吴本健，王润球，等．中国少数民族地区扶贫进展报告（2019）［M］．北京：中国经济出版社，2020：173.

[3] 张丽君，吴本健，王润球，等．中国少数民族地区扶贫进展报告（2019）［M］．北京：中国经济出版社，2020：191.

生态补偿、发展生态产业等。贵州实施十大生态扶贫工程：退耕还林生态扶贫、生态补偿扶贫、生态护林员精准扶贫、人工商品林赎买改革试点扶贫、自然生态区生态移民扶贫、以工代赈资产收益试点扶贫、农村小水电建设扶贫、光伏发电项目扶贫、森林资源开发利用扶贫、炭汇交易试点扶贫。① 青海注重生态共赢，大力开发水利、林业、湿地生态公益性管护岗位，帮助贫困群众实现就地转岗、稳定增收。全省 4.99 万贫困群众从事生态护林工作，年均增收最高达 2.16 万元，实现了脱贫攻坚与生态保护共赢发展。②

除了上述扶贫方式，还有金融扶贫、就业扶贫等，扶贫模式不能都照一个模式去做，而要因地制宜，探索多渠道、多元化的精准扶贫新路径。

在不断创新扶贫方式、加大扶贫工作力度下，扶贫开发工作呈现新的局面。民族地区经济发展水平提高，农村贫困人口减少，贫困发生率下降，农民收入增加且增长速度高于全国平均水平，等。虽然取得一定成绩，但贫困地区农民人均纯收入指标实现程度水平仍较低，2020 年减贫目标如期完成后，深度贫困民族地区依然是全国欠发达地区。如何继续让脱贫户实现持续稳定增收，防止返贫现象，这仍将是一个非常艰巨的任务。

---

① 张丽君，吴本健，王润球，等.中国少数民族地区扶贫进展报告（2019）［M］，北京：中国经济出版社，2020：194.
② 张丽君，吴本健，王润球，等.中国少数民族地区扶贫进展报告（2019）［M］，北京：中国经济出版社，2020：211.

全面建成小康社会的思想脉络与内涵

刘露萍

2021 年 12 月，是全面建成小康社会的收官之年，也是中国共产党即将迎来百年诞辰的重大历史时刻，在党的发展历程中具有里程碑意义。党创建近百年来，经过前赴后继的革命斗争和艰苦卓绝的探索改革，即将实现全面建成小康社会的美好愿望。这是中国走向现代化强国征程路上的一个至关重要的战略目标，关系到中国共产党能否带领中国人民顺利实现中华民族伟大复兴的时代标记，具有重大的时代意义，值得回顾和展望。

一、"全面建成小康社会"形成的思想脉络

全面建成小康社会是党的十八大提出的"两个一百年"奋斗目标中的第一步，其思想的提出不是一蹴而就的，它是历经了几代中国共产党人的理论创新和实践探索而逐步形成的。

"小康"一词最早出现在《诗经·大雅·民劳》中，寄托了劳动人民渴望通过辛勤劳作过上幸福、殷实生活的愿望。"小康"作为一种生活富足、衣食无忧的理想社会形态最早出现在西汉名著《礼记·礼运》中。它是比大同社会低级的一种理想社会，大同社会是一种高度理想发达的高级社会，"小康"社会是实现"大同"社会过程中必须要经历的一个阶段，是为实现"大同"社会提供必要的经济基础、文化需要、制度保障的必要阶段。

"小康"一词被运用到党和国家重大发展战略中来，始于邓小平。从"小康社会"的提出到"全面建设小康社会"再到"全面建成小康社会"，其思想内涵的丰富和发展是在中国现代化建设实践的进程中实现的。围绕"现代化建设"这条主线，"小康社会"思想的不断丰富发展大致经历了四个阶段。

第一个阶段：从"四个现代化"到"小康之家"。

在中国实现社会主义现代化，是中国共产党和全国各族人民的长期追求。新中国成立后，以毛泽东为核心的党的第一代中央领导集体作为社会主义现代化建设的开拓者，在 1953 年 6 月的中共中央政治局会议上对党在过渡时期的总路线进行概括时就提出："要在十到十五年或者更多一些时间内，基本上完成国家工业化和对农业、手工业、资本主义工商业的社会主义改造。"对于"社会主义现代化"，周恩来将其概述为"强大的现代化的工业、现代化的农业、现代化的交通运输业和现代化的国防"① 这四个方面，即"四个现代化"。中国共产党第八次全国代表大会前夕，毛泽东进一步提出了社会主义现代化分两步走的思想，随后，党的八大将"四个现代化"建设目标写入了党章。1964 年，第三届全国人民代表大会第一次会议总结了 1957 年以来"左"的错误的教训，重新表述了"农业、工业、国防和科学技术四个现代化"和"两步走"的战略构想。尽管受到"文化大革命"的冲击，现代化建设被迫中断，但是党的第一代中央领导集体关于"四个现代化"建设的探索，仍为改革开放以来的现代化建设留下了一笔宝贵的财富。

1978 年中国召开了十一届三中全会，提出改革开放，实现全党工作重心转移到经济建设上来。邓小平对中国实现什么样的现代化、怎样实现现代化有了新的思考。1979 年 12 月 6 日，邓小平同志在会见日本首相大平正芳时提出，"我们要实现的四个现代化，是中国式的四个现代化，我们的四个现代化的概念，不是像你们那样的现代化的概念，而是'小康之家'。到 20 世纪末，中国的四个现代化，即使达到了某种目标，我们的国民生产总值，人均水平也还是很低的。要达到第三世界中比较富裕一点的国家的水平，比如国民生产总值人均一千美元，也还得付出很大的努力，就算达到那样的水平，同西方来比，也还是落后的，所以，我只能说，中国到那时也还是一个小康的状态。"② 而后邓小平在 1981 年谈到"小康之家"时又把人均国民生产总值改为 800 美元，明确提出我们的目标是到 20 世纪末达到人均国民生产总值 800 美元。③ 根据邓小平的设想，中国共产党在 1982 年党的十二大上提出了一个"两步走"的现代化发展战略，即"从 1981 年到 20 世纪末的 20 年，我国经济建设总的奋斗目标是，在不断提高经济效益的前提下，力争使全国工农业的年总产值翻两番，为了实

---

① 周恩来. 周恩来选集（下）［M］. 北京：人民出版社，1984：132.
② 邓小平. 邓小平文选：第 2 卷［M］. 2 版. 北京：人民出版社，1994：237.
③ 中共中央文献研究室. 邓小平年谱（1975—1997）（下）［M］. 北京：中央文献出版社，2004：760.

现这个目标，我国国民收入总额和主要工农业产品的产量将居于世界前列，整个国民经济的现代化过程将取得重大进展，城乡人民的收入将成倍增长，人民的物质文化生活可以达到小康水平"，"为了实现20年的奋斗目标，在战略部署上要分两步走"。① 到1987年10月召开党的十三大时，中国共产党在十二大"两步走"发展战略基础上，又制定了著名的"三步走"发展战略，明确为实现小康设定了时间表："第一步，在八十年代末，实现国民生产总值比1980年翻一番。解决中国人民的温饱问题；第二步是到二十世纪末，使国民生产总值再增长一倍，人民生活达到小康水平；第三步，到下个世纪中叶，人均国民生产总值达到中等发达国家水平，人民生活比较富裕，基本实现现代化"。② 之后中国共产党把"三步走"现代化发展战略作为"建设有中国特色社会主义理论"的主要内容写入十四大报告。

第二个阶段：从"小康之家"到"总体小康水平"。

1989年到2002年，经过"八五""九五""十五"计划的十多年努力，人民生活已经达到了总体小康水平，这段时期，"小康"的内涵也在不断丰富。1997年9月党的十五大上江泽民指出："现在完全可以有把握地说，我们党在改革开放初期提出的20世纪末达到小康的目标，能够如期实现，在中国这样一个十多亿人口的国度里进入和建设小康社会，是一件有伟大意义的事情。"③ 在宣布中国已经"进入和建设小康社会"的前提下，十五大还提出了进入21世纪后实现现代化的"新三步走"发展战略。"展望下世纪，我们的目标是，第一个十年实现国民生产总值比2000年翻一番，使人民的小康生活更加富裕，形成比较完善的社会主义市场经济体制，再经过十年的努力，到建党一百年时，使国民经济更加发展，各项制度更加完善，到下世纪中叶，建国一百年时，基本实现现代化，建成富强民主文明的社会主义国家"。④ 这是对邓小平提出的关于现代化建设"三步走"发展战略第三步目标的进一步细化和具体化，是我们党在20世纪末，我国总体上达到小康基础上提出的新战略。

2000年10月，党的十五届五中全会通过了《中共中央关于制定国民经济和

---

① 中共中央文献研究室．十二大以来重要文献选编（上）［M］．北京：中央文献出版社，2011：14-16.
② 中共中央文献研究室．十三大以来重要文献选编（上）［M］．北京：中央文献出版社，2011：16.
③ 江泽民．江泽民文选：第2卷［M］．北京：人民出版社，2006：47.
④ 江泽民．江泽民文选：第2卷［M］．北京：人民出版社，2006：4.

社会发展第十个五年计划的建议》，《建议》指出："我们已经实现了现代化建设的前两步战略目标，经济和社会全面发展，人民生活总体上达到了小康水平，开始实施第三步战略部署，这是中华民族发展史上一个新的里程碑。"①

2002 年以江泽民为核心的第三代领导集体在党的十六大报告中，总结了"三步走"战略中第一步和第二步战略目标的实施情况："经过全党和全国各族人民的共同努力，我们胜利实现了现代化建设'三步走'战略的第一步、第二步目标，人民生活总体上达到小康水平"。② 可见，在实现了"三步走"战略第二步的奋斗目标之际，"小康"的含义也经历了从"小康之家"到"人民生活总体上达到小康水平"的蜕变。"总体小康水平"较之"小康之家"来说在民生问题上更加全面，更加注重改善人民的衣食住行，提高人民的生活质量，保障人民的基本生活。

第三个阶段：从"总体小康水平"到"全面建设小康社会"。

十六大不仅指出我国人民生活已经达到了"总体小康水平"，胜利完成了"三步走"战略的第一步、第二步奋斗目标，还第一次提出了"全面建设小康社会"的新目标，标志着我国进入了"小康社会"建设的新阶段。党的十六大指出，"必须看到，我国正处于并将长期处于社会主义初级阶段，现在达到的小康还是低水平的、不全面的、发展很不平衡的小康。"③ 正是基于这种客观社会现实考量，十六大提出要"紧紧抓住 21 世纪头二十年这一重要战略机遇期，全面建设小康社会"这一新的战略任务。"我们要在 21 世纪头二十年，集中力量，全面建设惠及十几亿人口的更高水平的小康社会，使经济更加发展、民主更加健全、科教更加进步、文化更加繁荣、社会更加和谐、人民生活更加殷实。"④ 与此同时，在经济、政治、文化、可持续发展四个方面提出了全面建设小康社会的奋斗目标。党的十七大在十六大基础上，又进一步拓展和丰富了"全面建设小康社会"的内涵，从经济、政治、文化、社会、生态文明建设五个方面出发，提出了全面建设小康社会奋斗目标的新要求。可见，从十六大到十七大对

---

① 中共中央文献研究室．十五大以来重要文献选编（中）［M］．北京：中央文献出版社，2011：13.

② 江泽民．在中国共产党第十六次全国代表大会上的报告［N］．人民日报，2002－11－18.

③ 江泽民．在中国共产党第十六次全国代表大会上的报告［N］．人民日报，2002－11－18.

④ 江泽民．在中国共产党第十六次全国代表大会上的报告［N］．人民日报，2002－11－18.

"小康"的认识已经不仅仅是民生层面或经济发展意义上的"小康水平"，而是一个全方位、立体式的现代化建设图景。

第四个阶段：从"全面建设小康社会"到"全面建成小康社会"。

这是全面建设小康社会的决胜期。从党的十六大到党的十八大的十年时间，中国围绕着"全面建设小康社会"这个目标在经济社会各方面获得了历史性大发展。据此，2012年中国共产党召开十八大时，明确提出了"全面建成小康社会"这一新的奋斗目标。党的十八大指出，"只要我们胸怀理想、坚定信念，不动摇、不懈怠、不折腾，顽强奋斗、艰苦奋斗、不懈奋斗，就一定能在中国共产党成立一百年时，全面建成小康社会，就一定能在新中国成立一百年时建成富强民主文明和谐的社会主义现代化国家。"① 同时十八大报告从经济持续健康发展，人民民主不断扩大，文化软实力显著增强，人民生活水平全面提高，资源节约型、环境友好型社会建设取得重大进展这五个方面论述了全面建成小康社会和全面深化改革开放的目标。党的十八大确定的这一新的战略目标，成为激励全国各族人民持续奋斗的强大动力。

综上可见，从中国共产党提出建设"四个现代化"到建设"小康之家"和"总体小康水平"而后提出"全面建设小康社会"再到"全面建成小康社会"，体现了中国共产党既一脉相承又与时俱进的思想演变之逻辑脉络。

二、"全面建成小康社会"的内涵解读

党的十八大以来，以习近平同志为核心的党中央，一直在为实现全面建成小康社会而不懈奋斗。在党的十八届五中全会上，习近平首次对全面小康内涵做了规范性界定。他指出，全面建成小康社会，强调的不仅是"小康"，而且更重要的也更难做到的是"全面"，"小康"讲的是发展水平，"全面"讲的是发展的平衡性、协调性、可持续性。"全面小康"，一是覆盖的领域要全面，是经济、政治、文化、社会、生态文明建设五位一体的全面进步，现代化建设各个环节、各个方面的协调发展。二是覆盖的人口要全面，必须惠及全体人民，包括广大农村农民的小康，没有农村的小康，尤其是没有解决贫困地区的小康，就谈不上实现全面小康，也就不能说全面建成小康社会。三是覆盖的区域要全面，实现城乡区域共同的小康，要不断缩小居民收入差距水平、基础设施通达水平、基本公共服务均等化水平、人民生活水平等方面的差距，这三个全面，

---

① 胡锦涛. 胡锦涛文选：第2卷［M］. 北京：人民出版社，2016：625.

深刻揭示了全面小康的科学内涵。

根据这一理念，围绕着全面建成小康社会，党的十九大报告从"五位一体"的总体布局的角度提出了衡量"全面小康社会"的主要指标内涵。

（1）经济建设的目标：①增强发展协调性；②在优化结构、提高效益、降低消耗、保护环境的基础上，实现人均国内生产总值到 2020 年比 2000 年翻两番；③进入创新型国家行列；④居民消费率稳步提高，形成消费、投资、出口协调拉动的增长格局；⑤城乡、区域协调互动发展，社会主义新农村建设取得重大进展。

（2）政治建设的目标：①依法治国基本方略深入落实，全社会法制观念进一步增强，法治政府建设取得新成效；②政府提供基本公共服务能力显著增强。

（3）文化建设的目标：①社会主义核心价值体系深入人心，良好思想道德风尚进一步弘扬；②覆盖全社会的公共文化服务体系基本建立；③文化产业占国民经济比重明显提高、国际竞争力显著增强，适应人民需要的文化产品更加丰富。

（4）社会建设的目标：①现代国民教育体系更加完善，终身教育体系基本形成；②社会就业更加充分；③覆盖城乡居民的社会保障体系基本建立，人人享有基本生活保障；④合理有序的收入分配格局基本形成，中等收入者占多数，绝对贫困现象基本消除；⑤人人享有基本医疗卫生服务；⑥社会管理体系更加健全。

（5）生态建设的目标：①循环经济形成较大规模，可再生能源比重显著上升；②主要污染物排放得到有效控制，生态环境质量明显改善。

显然，十九大提出的"全面建成小康社会"的目标比十六大提出的"全面建设小康社会"的目标更加具体化，更加完备化，更加高标准化。全面建成小康社会意味着我国全社会各项事业的进一步推进和提升。

由此，从全面建成小康社会的内涵来看，首先全面建成小康社会的核心是小康社会，是使全体人民过上小康生活的社会。全面建成小康社会作为一个战略布局其总目标是建成全面的小康社会而不是仅限于物质方面的小康生活。从小康之家到小康社会，从温饱水平的小康、总体小康到全面小康，从全面建设小康社会到全面建成小康社会，表明以习近平同志为核心的党中央带领广大人民群众实现小康社会的决心和勇气。小康社会不仅对人们的物质生活水平提出了新的、更高水平的要求，同时对民主政治、文化社会建设、生态文明等方面也提出了新的要求。因而，小康社会相对于小康生活来说其内涵更加丰富、要求更加全面。同时，全面建成小康社会是使全体人民过上小康生活的社会，而不是让一部分人或者一大部分人过上小康生活的社会，这就对全面建成小康社会提出了更高的要求。

其次，全面建成小康社会的重点在于"全面"，是实现社会主义各领域、各方面的全面发展的社会。第一，全面建成小康社会涵盖的内容更为全面，全面建成小康社会不仅对经济方面提出了更高的要求，同时也是与其相应的政治建设、生态文明建设、文化建设、社会建设都齐步发展的小康社会，单纯地提高人民的物质生活水平和人均收入只能说是小康生活，片面地只发展经济水平的社会，甚至以牺牲生态环境来只发展经济的社会，不是真正的小康社会，全面建成小康社会是各个方面齐步发展的社会。第二，全面建成小康社会涵盖的地域面更广，惠及的人口更多。全面建成小康社会是涵盖沿海和内地、东部地区和西部地区、城市和乡村、贫困地区和非贫困地区的小康社会。

最后，全面建成小康社会的关键是"建成"，是使广大人民群众有更多获得感的社会。全面建成小康社会本质上是发展问题，是要解决发展后出现的各种问题，破解各种发展难题，实现全体人民生活水平和质量更进一步提高的发展。为了确保"2020 年全面建成小康社会"这个目标的顺利实现，以习近平同志为核心的党中央先后提出了"四个全面"和"五大发展理念"为全面建成小康社会保驾护航。在"四个全面"战略布局中，全面建成小康社会是战略目标。全面深化改革、全面依法治国和全面从严治党是三大战略举措。"五大发展理念"针对经济社会发展中存在的问题和矛盾以及国内国外的发展经验提出了各自的侧重点，创新发展是引领全面建成小康社会的动力；协调发展、绿色发展是全面建成小康社会的内在要求；开放发展是全面建成小康社会的外在支撑；共享发展是全面建成小康社会的目的。通过制度层面的顶层设计为全面小康的如期建成保驾护航，使广大人民群众拥有更多幸福感、获得感。

三、全面建成小康社会的时代意义

"全面建成小康社会"既是党的第一个百年奋斗目标的终点，又是第二个百年奋斗目标的起点。党的十九大报告指出：从现在到 2020 年，我们既要全面建成小康社会、实现"第一个百年"奋斗目标，又要乘势而上，开启全面建设社会主义现代化国家新征程，向"第二个百年"奋斗目标进军。从 2020 年到 21 世纪中叶可以分两个阶段来安排。头一个阶段，从 2020 年到 2035 年，在全面建成小康社会基础上，再奋斗 15 年，基本实现社会主义现代化。第二个阶段，2035 年到 21 世纪中叶，在基本实现现代化的基础上，再奋斗 15 年，把我国建成富强民主文明和谐美丽的社会主义现代化强国，到那时，我国物质文明、政治文明、精神文明、社会文明、生态文明将全面提升，实现国家治理体系和治理能力现代化，成为综合国力和国际影响力领先的国家，全体人民共同富裕基本实现，我国人民将享有更加幸福安康的生活，中华民族将以更加昂扬的姿态屹立于世界民族之林。习近平指出：从全面建成小康社会到基本实现现代化，再到全面建成社会主义现代化强国，是习近平新时代中国特色社会主义的战略安排。它将党的十八大之前确定的"21 世纪中叶基本实现现代化"的奋斗目标提前了 15 年。2020 年全面小康社会的实现，将具有承前启后、继往开来的重大历史意义和时代意义，没有全面建成小康社会，就不可能提前基本实现现代化，更不可能确保 21 世纪中叶全面建成社会主义现代化强国。

2020 年 10 月底召开的党的十九届第五次会议在作出"全面小康社会胜利在望"的重要判断的基础上，发出了在"十四五"期间，我国将乘势而上开启全面建设社会主义现代化国家新征程，向第二个百年目标进军的号角，并且描绘了 2035 年基本实现现代化的远景目标。全面小康社会的建成标志着中国即将跨入一个新的历史发展阶段，它为中国进入新阶段全面建设社会主义现代化国家开启了新的起点，提供了新的发展基础和新的发展经验，为我们实现中华民族伟大复兴提供了重要保证和信心来源。相信随着全面小康社会的建成，中国跨入新的发展阶段以后，一定能在以习近平同志为核心的党中央领导下，实现中华民族梦寐以求的复兴之梦。

全面建成小康社会背景下的社会治理创新

万继蓉

改革开放以来，在探索社会建设过程中，我们从小康水平到小康社会，再到建设小康社会，最后 2020 年全面建成小康社会，经济社会发展实现历史性跨越。社会治理的理论也经历了从社会管理到社会治理再到治理体系与治理能力现代化的转变，我国社会治理理论是伴随着对小康社会认识的深化而深化的。2002 年，党的十六大报告将"社会管理"作为政府的四项主要职能之一首次提出，十六届三中全会通过的《中共中央关于完善社会主义市场经济体制若干问题的决定》，从完善社会主义市场经济的视角提出完善政府社会管理职能，把社会管理和全面建设小康社会紧密联系起来。2013 年十八届三中全会通过的《中共中央关于全面深化改革若干重大问题的决定》提出"推进国家治理体系和治理能力现代化"，2019 年的十九届四中全会第一次以中央全会形式做出了推进国家治理能力和治理体系现代化的决定，社会治理是国家治理的重要组成部分。社会治理能力的提高与小康社会全面建成、建设现代化强国，实现的"两个一百年"奋斗目标同向同行。

社会治理对于全面小康社会建设及建成后的发展至关重要，2021 年之后，中国进入全面小康、并向基本实现现代化及建设现代化强国迈进的新历史时期，全面小康社会将是我国社会主义初级阶段的一个重要历史时期，有效的社会治理，良好的社会秩序，小康社会更可持续，人民的获得感、幸福感、安全感更充实有保障。社会治理创新已经是全面小康社会继续发展的内在组成部分，治理能力现代化既是全面小康社会的推动力，也是全面小康社会的内容。如何将我们的制度优势转化为治理效能，加强社会治理，是进入全面小康社会建设现代化国家的重要内容。

一、进入全面建设小康社会后社会治理面临的形势与挑战

2020 年 10 月召开的十九届五中全会公报显示，经过改革开放四十多年的努力，我国决胜全面建成小康社会取得了决定性成就，社会大局稳定，人民获得感增强，制度优势彰显，治理效能提升，国家治理体系和治理能力现代化加快推进，社会治理思路日益清晰，在转变发展理念、转换政府职能、公共事务创新、制度建设等方面的社会治理实践取得一系列重大进展。

毋庸讳言，在全面小康社会建设过程中，社会治理依然存在着一些问题与不足；而且在全面进入小康社会之后，我国社会发展阶段与要素禀赋发生了变化，价值取向趋于多元、利益诉求多样，国内外矛盾风险交织叠加，对社会治理体系和方式提出了更高要求。

（1）从国际局势看，世界正面对百年未有之大变局，国内社会治理方式需调整应对。习近平总书记不同场合多次指出，当今世界正处于百年未有之大变局，"百年未有之大变局"既是对国际形势的概括，也是国内政策调整的国际大背景。十九届五中全会公报指出："科技革命和产业变革深入发展，国际力量对比调整，和平与发展仍是时代主题，人类命运共同体理念深入人心，同时国际环境日趋复杂，不稳定性不确定性明显增加。"① 国际环境在经济全球化、社会信息化、文化多样化的趋势下，尚有国家提出"逆全球化"的议题，主要发达国家社会种族、民族问题层出不穷，世界面临新冠危机后的调整修复、全球治理变革期，国际形势复杂多变给中国带来诸多新挑战。国家之间的竞争很大程度上是国家治理能力的竞争，只有加强社会治理，国内做到社会公平正义、权益有保障、安定有序、有创新活力，才能做好国内循环并参与国际循环，应对国际风险与挑战。

（2）从国内来看，社会主义社会主要矛盾将长期存在并表现出新特征，需要通过改进社会治理、化解矛盾、促进社会公平正义、维护社会秩序来推动社会的发展和进步。习近平总书记在十九大报告中强调，进入新时代后中国社会主要矛盾发生了重大转变，转化为人民日益增长的美好生活需要和不平衡不充分的发展之间的矛盾，进入全面小康社会后这一矛盾依然存在。我们看到，在全面建设小康社会的过程中，人民生活水平有质的提高，但是在教育、就业、

---

① 中国共产党第十九届中央委员会第五次全体会议公报 [EB/OL].新华网，2020-10-29.

医疗、社保、养老等民生领域还存在短板，城乡区域发展和收入分配差距依然较大；在吃饱穿暖后，人的利益与需求多样化，民主、公正、法治、安全、环境、受尊重等权利意识增强；社会结构包括人口结构、就业结构、阶层结构、家庭结构乃至心理结构都等发生巨大变化；信息化背景下的虚拟社会管理存在难点；社会矛盾冲突、社会问题与风险也在增加。社会领域需要不断建立和完善各种能够合理配置社会资源和机会的社会结构和社会机制，并根据社会矛盾、社会问题和社会风险的新表现和新特征，创造正确处理社会矛盾、问题、风险的新机制、新主体。

（3）从目前社会治理实践层面来说，还不能与全面小康社会相匹配。

改革开放以来我国社会治理在理论与实践上取得显著成效，一定程度上形成"党委领导、政府负责、社会协同、公众参与"的社会治理格局，但还存在一些问题与不足。

①政府角色定位存在误区，职能存在错位与缺位现象。在全面建设小康社会过程中，在社会治理上政府起了主导性作用，特别是脱贫攻坚战，政府发挥了巨大作用，承受了众多压力。但是还存在政府职能定位不清晰，对一些本该由市场主体或社会组织承担的事务大包大揽，全能性政府倾向依然存在；而很多新的社会问题和社会矛盾，如金融监管、食品安全等本来应由政府重点管理的领域管理却明显滞后和弱化；在管理的过程中，政府角色定位存在误区，服务型政府特别是公务员的服务意识有待加强，公共产品供给不足。

②社会治理体制改革滞后，治理主体单一，社会组织、公民参与社会治理的机制尚未形成。政府是社会治理的主要责任人，公民、社会组织参与社会治理的机制不足，社会组织存在双重管理体制，能效未能充分发挥，尚未形成政府、社会组织、公民相互协调的治理格局，导致公民、社会组织过于依赖政府，政府治理压力过大，社会组织培育机制不够，社会组织自身管理体制也不健全。

③地方上具体治理政策存在漏洞，落实不到位，治理方式方法落后，依法治理能力不够。好的政策应该利于社会公序良俗的建构，反之会导致社会离散。在实践中，我们发现一些地方在制定与执行具体政策时存在或是责任不清、推诿扯皮，或是考虑不周全、简单粗暴，甚至违背现行法律的现象。如在脱贫攻坚治理中，官员与群众对政策执行时存在观望、不当参与、排斥、争抢等行为，地方官存在以权谋私，贫困人口识别发生偏差；在城市化过程中，针对拆迁户有的地方提出即时性按户补偿，造成大量夫妻离婚以获得拆迁补偿；如为了脱贫达标，有农村用集体投票的办法选出村子里的"懒人"，并张榜公示，以期

"懒人"主动劳动脱贫，即是触犯法律的案例。

二、全面建成小康社会中社会治理的价值原则

习近平总书记在十九大报告中明确提出："打造共建共治共享的社会治理格局。"这为全面小康社会社会治理机制创新指明了方向，全面小康社会的社会治理至少应该坚持以下价值原则。

（一）全面

全面建成小康社会的"全面"，是一个综合的指标体系，是政治、经济、文化、生态、社会"五位一体"全面进步的小康，也是惠及各地区、各人口的小康。小康社会是一个大系统，某种意义上来说，政治治理、经济治理、生态治理、文化治理之外的治理我们都可以纳入社会治理的范畴，并且社会治理要与其他治理融会贯通，形成系统治理、综合治理、依法治理、源头治理的治理体系。

（二）全民

即全体人民或全体公民。小康社会是全体人民的小康社会，坚持以人为本。习近平总书记指出，脱贫攻坚一个也不能掉队。全民一般理解为一个个具体的个体或者作为人的集合体；但是从国家治理角度来讲，若将全民仅仅解释为个体或是集合体，概念容易泛化，在实际操作中难以落地。在现代组织化的社会中，参与共建共治的全民，更应该理解为各类社会组织或机构中的人，即个体是通过组织或者机构参与社会管理的，这些组织或机构应当包括政府、社会、企业。"全民"的概念体现了现阶段我们强调广泛、多元社会主体参与社会治理。

（三）共建与共治

全面小康社会是共建共治的社会，即全民共同参与多领域的社会建设与社会治理。目前我们正在全面深化改革，在经济体制、社会治理方式深化改革的过程中，必然引起社会结构变动、利益格局的调整与思想观念的变化，深刻的社会变革也必然伴随复杂、多样的社会矛盾，社会治理必须面对这些新情况新问题。这种情况下不可能依靠政府、企业或是个人、社会组织单方面的力量来解决这些复杂情况复杂问题。共建与共治就是主动应对新情况新问题，建立机制，吸引与鼓励多方参与社会治理，共同承担风险，形成多方互补的治理格局。当然，社会治理关系到每个个体的切身利益，共建共治也是回应公民对知情权、

民主参与权的要求。

（四）共享

即治理主体共同享有全面小康的成果。中国共产党提出建设小康社会的初衷，就是着眼于提高全体人民的生活水平，使全体人民共享改革发展成果，逐步达到共同富裕。"共享"是"全民共建"的价值目的与前提保障。改革开放以来，我国经济迅猛发展，但是发展成果却没有很好地惠及每个人每个家庭，地区之间、城乡之间、行业之间存在比较大的差距，这种发展不平衡不充分的状况不符合发展的目的，也影响个体积极性的发挥。共享治理成果就是协调不同地区、不同群体之间的利益关系，逐渐缩小城乡、地区、行业之间的差距，建立与经济发展水平相适应的保障公民生存发展需求的公共服务体系，确保不同社会群体能够公平获得公共服务资源，最终实现社会公平正义与社会和谐。

（五）责任

全面小康社会是共建共治共享的社会，各社会主体在享有权利的同时，也意味着负有一定的责任，具有责任意识的行为主体才能更好积极主动地参与社会治理。责任不仅仅是政府的，也是全社会的。在小康社会中，政府、企业、社会组织、公民个体都要负起应有的社会责任。政府要服务社会，创造与维护公平正义的社会环境，为职能行为负责；企业与社会组织在追求利润的同时，承担起安全生产、环境保护、商业操守、友好睦邻、慈善公益等社会责任；公民要遵守社会公德与伦理良俗，敬业守职，具有志愿服务意识。

三、全面小康社会中社会治理创新路径

习近平总书记深刻指出："社会治理是一门科学，管得太死，一潭死水不行；管得太松，波涛汹涌也不行。"① 社会治理既需要不断建立和完善各种能够合理配置社会资源和社会机会的社会结构和社会机制，又需要正确处理社会矛盾、社会问题和社会风险以弥合社会分歧。

（1）坚持党的领导。中国共产党作为执政党，始终是我们事业的领导核心，在两个一百年建设的进程中，中国共产党始终发挥总揽全局、协调各方作用。全面小康社会的建成，及建成后的巩固与发展，关键取决于党，取决于党的领导。全面建成小康社会后，我国社会主义社会依然长期处于初级阶段，社会矛

---

① 人民日报评论员. 以共建共治共享拓展社会发展新局面——论学习贯彻习近平总书记在经济社会领域专家座谈会上重要讲话 [N]. 人民日报, 2020-08-31（01）

盾依然存在并呈现不同特征与表现形式，社会治理更是一项复杂的系统工程。实现社会治理能力提升，形成现代化社会治理体系，激发社会活力，维护社会秩序，必须有强有力的领导核心，对社会治理的战略进行统筹与引领。

（2）转变政府治理理念与职能，深化"放管服"改革，建立服务型政府。首先要在理念上由"政府治理"向"社会共同治理"转变，并在法律制度上用公开透明的方式明确政府和社会的责权分工，确定政府权力边界，实现社会治理由政府单一管理主体向多元治理主体的发展。其次增强政策的公共性，公共政策的制定从公共性的价值理性出发，体现公共精神和公共价值，加强公共基础设施建设、科技基础研究、义务教育、福利保障、生态和环境保护等，为社会提供市场机制所不能提供的公共产品和服务，回应公众的愿望与要求，以维护和增进公共利益、服务社会，满足社会需求；增加信息的透明度，公众只有获得有关议题的充分信息才能真正参与治理，政府应该作为权威信息的提供者，使参与治理的社会主体能够自由地获取相关主题的资料与信息。

（3）培育政府之外的多元社会治理主体，形成多元共治格局。基层社会自治制度是我国宪法规定的一项基本政治制度，全面小康社会应当通过法律政策培育多元主体参与社会治理。①通过税收、法律等政策激励企业承担节能减排、科技研发、慈善福利等社会责任，鼓励国有企业参与产业扶贫，培养企业家精神。②培育适应现代社会治理的各类组织，形成社会组织网络，明确社会组织的法律地位，用法律规范组织行为；科学地对待社会组织的发展问题，给予必要的政策、资金支持，在确立社会组织主体意识的过程中发展、在能力竞争中发展、在回应社会需求中发展、在与政府和企业的三方互动中发展，增强其内在生命力；采购社会组织提供的优质服务，监督社会组织的活动，对于违反法律政策的社会组织进行处罚。③完善人民代表大会、政治协商会议等人民参政议政的主渠道；在具体社会事务上，通过组织召开议事会、协商会、听证会等形式，建立利益协调机制和利益表达、对话机制，吸引群众参与，防止社会利益关系的失衡，加强协商民主，并多渠道群众监督。

（4）推动社会治理的法治化。在全面小康社会之中，创新社会治理，要从立法、执法、司法、守法多个层面全面推进依法治国。①法律确认并保障独立的、平等的包括政府、企业、社会组织、个人层面多元社会主体的资格，并充分保障多元话语主体实际说话的权利。②法律扩大公民依法参与社会治理的空间，保证主体对公共事务充分的知情权，引导各利益群体以理性、合法的形式表达利益诉求，处理好各种利益关系，使公民在动态平衡中建立和谐关系。③法律惩戒社会治理中各种侵权行为与犯罪行为，依据法律处理社会矛盾和冲突。

（5）提高社会治理智能化水平，改进社会治理方式方法。①全面小康社会是信息化社会，伴随着网络、手机的全覆盖以及5G、量子信息、人工智能、云计算、大数据、区块链、虚拟现实、物联网标识、超级计算等技术的发展，中国人的生活开始从一维走向多维，网络社团、网上论坛、博客微博、网上购物等新的组织方式、传播形式和生活方式迅速发展，适应信息化社会，我们的社会治理方式应当走出传统的思维定式，实现智能化革新，运用大数据、云计算、物联网等信息技术，精准分析、精准服务、精准决策，更有效地管理好国家和社会的公共事务，加强电子公共服务供给，提高社会治理智能化水平。②提高全民素质，摒弃简单粗暴的治理方式，推广协商民主。通过宣传教育，强化现代治理理念，提高公务员及全体公民参与治理的素养，充分发挥我国协商民主的优势，在政策制定、服务提供、矛盾化解等多方面进行民主协商，促进社会动态和谐。

总之，社会治理需要融合多系统。社会治理需要在宽领域高层次对社会事业进行立体化全方位谋划，涉及多个维度的制度安排，区域内及区域间协调合作，综合运用法律、政治、经济、行政、教育、文化等各种手段，系统治理、综合治理、依法治理、源头治理相融合。

新中国成立以来经济开放发展的阶段分析

王宝珠

经济发展总是呈现出阶段性演进的特征，一国的开放发展亦是如此。新中国成立之后，我国开放发展历经七十多年的探索取得了巨大成就，我国对外开放的水平和层次都在不断提升。以改革开放为分水岭，新中国成立之后的开放发展实践大致可以分为两个阶段，一是新中国成立至改革开放前，二是改革开放至今。改革开放以来的经济开放实践阶段又可以划分为试点探索阶段、自我全方位开放阶段、相互开放阶段和制度型开放引领阶段。

一、新中国成立至改革开放前的初步实践阶段（1949—1977 年）

从新中国成立至改革开放前，我国的开放发展取得了一定的进展，然而囿于外部环境，对外开放并未能够成为经济发展的主导力量，甚至未能起到对经济发展应有的促进作用。总结来看，此阶段中国对外开放实践是在西方经济封锁、中苏关系恶化和"文化大革命"等背景下展开的。

在新中国成立之初的政治导向对外关系阶段，我国对"怎么发展、和谁发展"的问题进行了不懈探索。在朝鲜战争爆发之前，中国除了与苏联、东欧社会主义国家进行贸易往来之外，还以香港为中介与西欧部分国家进行经贸合作，并且也与北欧（如瑞典、丹麦、芬兰等）国家建立了经贸关系。然而，在朝鲜战争之后，西方国家对中国在经济上实行封锁和禁运。受国际经济社会限制，中国只能采取"一边倒"政策，和苏联、东欧等国家进行贸易往来。1956 年，我国与苏联之间的贸易额达到了 15.2 亿美元。① 与此同时，深受斯大林"两个平行市场理论"影响，我国缺乏从整体系统性角度考量国际经济关系的认知，

---

① 钱学锋. 开放型世界经济 70 年：实践探索、理论渊源与科学体系［J］. 中南财经政法大学学报，2019（6）：17-25.

进而进一步限制了在计划经济基础上的对外开放格局。此后，面对中苏关系恶化，我国积极发展与拉美地区以及非洲国家之间的关系，并与法国、英国等国签订技术引进合同。在"文化大革命"期间，事实上，我国也在不断发展对外关系，1971 年我国恢复了联合国合法席位，1972 年美国总统尼克松访华，中美关系得以缓和，两国之间的贸易也随之发展。贸易领域的闭关封锁状态在那时已经在一定程度上被打破。但不可否认的是，在冷战时期，中国的对外经济关系主要局限于社会主义国家和第三世界国家，并没有严格意义上的对外开放。囿于国内外形势，我国在这一阶段的对外开放过程十分曲折，尽管未能够对经济发展起到主导作用，但是从总体上来看取得了一定的进展，主要表现为开放思想由片面强调自力更生转变为合理使用国外资金、重视技术引进、扩大外贸出口、合理使用外资等方面，这为我国进行更广泛更深层次的对外开放奠定了一定的基础。

二、改革开放初期的试点探索阶段（1978—1991 年）

1978 年到 1991 年是我国开放发展的探索阶段，经济特区的设立和浦东新区的开放是这一阶段的重要标志。在这一阶段，我国主要采取的是"摸着石头过河"的方式，秉承"大胆地试、大胆地闯"的精神，循序展开"渐进式"开放过程，主要目的在于从试点的过程中确立开放发展的方向。

我国开放发展的空间格局表现为"点—线"，从设立经济特区（深圳、珠海、汕头和厦门）、开放沿海港口城市（大连、秦皇岛、天津、烟台、青岛、连云港、南通、上海、宁波、温州、福州、广州、湛江、北海）、设立海南经济特区、开发开放浦东新区、开放北部口岸（满洲里、丹东、绥芬河、珲春）到设立沿海重要港口保税区，逐步形成线状开放格局，建立了中国与世界联通的路径。

我国开放开展以试点为方式，可以总结为探索方向的外部型经济发展，即通过对开放范围和领域的有限控制，在特定区域和范围内实施外部要素的迅速聚合以促进经济规模的扩张，进而以试点开放的结果确立后续开放的方向。经济发展的第一层内涵即为规模扩张，经济的规模扩张依赖于不同要素的大量投入。当时，我国的劳动力要素以及资源要素十分丰富，但是技术、资本等十分短缺。因此，这一阶段我国开放的重点在于引入国外资本和要素等等，从而实现要素聚合以促进经济规模的扩张。借助发达国家和地区将劳动密集型产业大量转移至国外的历史机遇，我国发展出口导向的劳动密集型产业。① 利用外资②方面的优惠政策是这一阶段最直接的表现，我国逐步下放外资投资项目的审批权，为外资企业提供优惠减免税待遇，并对产品出口型、技术先进型外资企业给予更优惠的待遇。在起步阶段，我国在设立经济特区、开放沿海城市和建立经济开发区等基础上实施外资优惠政策，营造外资投资环境，但由于并未形成系统的配套法律，外资投资存在诸多顾虑，因而利用外资规模较小。直至1986年《关于鼓励外商投资的规定》及若干实施办法出台，辅之以交通、能源等基础配套设施的完善，我国利用外资规模迅速扩张。1987年至1991年，全国外商投资协议金额年均达到66.3亿美元，实际利用外资额年均也达到33.4亿美元。③

从开放促进我国经济发展的结果来看，试点地区的外部型开放发展促进了我国经济发展的规模扩张。这就给予我们一个启示，在开放过程中确立外部型的发展方向可以促进我国生产力的提高。

三、自我全方位开放阶段（1992—2000 年）

以1992年邓小平南方谈话为标志，中国社会主义市场经济体制的改革方向得以确立，对外开放进入全面加速、全方位拓展阶段。

我国开放发展的空间格局表现为"线—面"特点，形成了沿海、沿江、沿边、内陆的多层次、多渠道、全方位对外开放格局。1992年，以上海浦东新区开发开放为起点，芜湖、九江、黄石、武汉、岳阳、重庆6个沿江城市开放，三峡经济开放区设立。与此同时，4个边境和沿海地区省会城市（哈尔滨、长春、呼和浩特、石家庄），14个沿边城市（黑河、绥芬河、珲春、满洲里、二连浩特、伊宁、博乐、塔城、畹町、瑞丽、河口、凭祥、东兴、丹东），11个内陆地区省会（首府）城市（太原、合肥、南昌、郑州、长沙、成都、贵阳、西安、兰州、西宁、银川）对外开放。随着2000年西部大开发战略推进，我国对外开放拓展至内陆。至此，由线到面的全方位开放格局得以形成。

---

① 张二震，方勇. 经济全球化与中国对外开放的基本经验 [J]. 南京大学学报（哲学·人文科学·社会科学），2008（4）：5-13.

② 所谓利用外资，通常是指借用外国资金进行经济建设和从事对外经济交流的各项活动，主要方式包括间接利用外资（吸收国外各种贷款）和直接使用外资（直接吸收、引进国外资金在中国开办工厂或者企业等）。本研究所指"利用外资"主要是指后者。

③ 曹普. 论对外开放与中国发展 [D]. 北京：中共中央党校，1998.

这一阶段，我国开放的目的是实现经济规模扩张，特点是外部型开放发展。我国首先在外资、外贸和汇率等政策方面进行了调整，为这一阶段的开放发展奠定了制度条件。在外资政策方面，从管理型转变为全面鼓励型，即实施更大力度优惠、更加配套性的外资政策，并且鼓励跨国公司在我国市场中参与竞争。在中央政策的引导下，为了吸引更多的外资促进本地的经济发展，地方政府纷纷出台优惠政策以吸引外资流入。在外贸政策方面，我国也放宽对进口的限制、实施出口优惠信贷政策（如出口退税），不断促进进出口的发展。在汇率政策方面，1994年，我国开始实行"以市场供求为基础的、单一的、有管理的浮动汇率制"①，1996年，中国接受国际货币基金组织（IMF）第八条规定的义务，即"实现人民币经常项目下可兑换"②。

在1996年至2000年期间，我国开始注重外资的质量调整，主要表现为从重视外资数量转为重视质量；鼓励外商向高新技术、基础设施等产业投资；鼓励外资向中西部地区投资等。1997年年底，我国重新修订了《外商投资产业指导目录》和《当前国家重点鼓励发展的产业、产品和技术目录》，这表明了我国对不断提高对外开放水平的政策倾向。

从这一阶段的开放发展结果来看，大规模的利用外资的确极大地解决了我国的资金缺口问题。根据相关测算，如果按照1980年工农业部门固定资产与产值的比例和这两个部门产值之间的比例进行计算，工农业部门在7100亿元产值的基础上翻两番，需要追加15500亿元的固定资产投资，而按照我国工农业生产提供的国民收入水平计算，到2000年，我国工农业部门只能提供8700亿元，还存在40%的资金缺口。③ 资金的来源无非是本国与国外，这就要求我们不断提高我国资金使用效率，并加大外资的使用，通过大规模利用外资来缓解我国建设资金的不足。从1992年到2000年，我国实际使用外商直接投资额增加2763.6亿元。④ 大量利用外资确实对我国经济规模扩张起到了积极的推动作用。这一时期我国GDP总额增加62765.5亿元，实际使用的外商直接投资增长占该时期GDP增长的4.4%。⑤

不可否认的是，我国这一阶段所获得的净财富很少，外资引入主要是为了

---

① 李颖帅. 人民币均衡汇率研究：1981—2010 [D]. 成都：西南财经大学, 2011.
② 王青林. 人民币国际化及其对策研究 [D]. 武汉：武汉大学, 2014.
③ 曹普. 论对外开放与中国发展 [D]. 北京：中共中央党校, 1998.
④ 根据《中国统计年鉴2001》数据计算所得。
⑤ 根据《中国统计年鉴2001》数据计算所得。

获得开放的衍生福利。虽然该阶段我国对外出口总额较多，但只有产品增加值才能计入我国 GDP 之中，这一时期我国对外产品生产一般处于低附加值环节，从中获得的直接经济收益甚小。比如，出口一台电脑，扣除进口成本、国外投资者投入的资本要素所获分配，最后留在国内的收益也只有电脑出口额的 1/4。[①] 对外开放的衍生福利表现为：①直接利用外资使我国学习到了先进技术、管理经验。②外部流入要素与国内要素形成了竞争，促进了国内要素质量的提升。这一时期，我国本土企业实力较弱，其通过引进的技术再学习提高自身技术水平，增强核心竞争力。

四、相互开放阶段（2001—2012 年）

经过数十年的努力，国内经济系统在与国外经济系统联通的基础上，逐步解决了与世界贸易组织多边贸易体制的相容性问题。以 2001 年 11 月中国加入 WTO 为标志，我国的对外开放由单方面的自我全方位开放阶段转为世界贸易组织成员之间的相互开放阶段。

在这一阶段，我国注重国内外贸制度的改革，以更好融入国际经济系统的运行。在开放制度方面，我国所进行的改革主要包括：清理和修订相关外贸法律法规以适应 WTO 规则要求；加大贸易自由化力度，大幅降低关税；深化企业所得税改革；深化汇率制度改革等方面。我国的对外开放主要表现为以下几个特点：一是开放领域不断扩大，服务业成为这一阶段开放的重点，我国承诺开放 100 个服务业领域，占 WTO 分类的服务部门的 62.5%，其中全面履行承诺的包括证券、建筑、旅游、教育、商业服务等 12 个行业[②]；二是更加注重引进要素的结构问题，借此促进国内经济结构提升。

从开放发展的总体结果来看，我国的进出口贸易总额以及外汇储备都得到了大量提升，我国经济实力、综合国力和国际地位都显著提高。中国与国际经济体系的联系更加紧密，彼此间的影响也愈加深化，国内经济循环很好地融入至国际经济循环。从 2000 年到 2010 年，中国对世界经济增长的贡献率从 8.3% 提升至 21.5%，从 2006 年开始我国对世界经济增长贡献率稳居世界首位。[③] 与

---

① 江小涓. 新中国对外开放 70 年：赋能增长与改革 [J]. 管理世界，2019（12）：1-16，103.

② 裴长洪. 中国特色开放型经济理论研究纲要 [J]. 经济研究，2016（4）：14-29，46.

③ 国家统计局国际中心. 国际地位显著提高 国际影响力明显增强——改革开放 40 年经济社会发展成就系列报告之十九 [R/OL]. 国家统计局网络，2018-09-17.

此同时，在这一阶段，我国开放发展的净财富获得有所提升。譬如我国在对外贸易中，低端产品比重在不断下降，初级产品、劳动密集型产品所占比重分别从 2000 年的 10.22%、57.74% 下降至 2011 年的 5.3%、13.91%，资本技术型产品出口比重从 2000 年的 42.76% 增加至 2011 年的 86.09%。[①] 在衍生收益方面，我国基本实现了由开放促进国内制度改革的目的。在不断清理与 WTO 不一致的政策、法律和法规的过程中，逐步建立起了既具有中国特色又符合国际经济运行规则的经贸体制。

五、制度型开放引领阶段（2012 年至今）

改革开放的四十多年中，国内经济循环在联通国际经济循环的过程中积累了丰厚的"引进来"经验，但是在"走出去"方面却略显经验不足，坚持"引进来"和"走出去"并重是开放型经济发展到较高阶段的重要特征，也是更好统筹国际国内两种资源、两个市场、两类规则的有效路径。现阶段，我国建立开放型经济体系就是要建立国内国际双循环相互促进的双向循环系统。这种双向循环系统不仅仅在于人流、物流、要素流之间的畅通，更重要的是国内国外关于市场规则和标准之间的有机相容，即从要素、商品流动型开放转向制度型开放，在国内国际经济循环中不断增强立规建制的能力。[②] 在商品、要素等流动的基础上，进一步促进国内外市场规则的统一，进而才能真正由被动式开放转向主动式开放，以积极的姿态融入开放型世界经济体系。

自 2008 年全球金融危机之后，国际经济格局发生了又一次深刻的变化，这也意味着中国开放发展的外部环境条件出现了新变化。第一，在国际金融危机之后，以美国为代表的主要发达国家难以从危机中复苏，贸易保护抬头，逆全球化现象频发，全球贸易增长速度放缓。第二，为了从危机中复苏，部分发达国家将焦点置于新一轮物联网、生物技术、人工智能等科技革命。第三，伴随着新兴市场经济国家的不断发展和崛起，其对"自身利益保障""利益平等分配""参与国际治理"的各方面诉求将不断增强，并与国际经济旧秩序"维护发达国家利益"的立足点、"维持国际利益非均衡发展"的分配原则、"少数国

---

① 秦兴俊，王柏杰. 产品内分工、加工贸易与我国对外贸易结构升级 [J]. 国际经贸探索，2014（7）.

② 臧跃茹，郭丽岩. 构建国内循环为主、国内国际互促双循环新格局 [N]. 人民日报（海外版），2020-06-24.

家占有国际治理控制权"的治理方式之间均有着不可调和的矛盾。这一矛盾在国际经济旧秩序框架下不仅无法解决，反而会不断累积。与此同时，中国自身的条件也呈现出新的特点：第一，恰逢世界经济转型，中国已然成为推动国际经济关系变革的核心力量之一，同时也成为世界关注的重要国家之一；第二，中国从高速增长阶段转入经济高质量发展阶段，发展动力从主要依靠资源和低成本劳动力等要素转向创新驱动。

在国外环境条件深刻变化、国际经济格局呈现新变化以及中国综合实力增强的条件下，中国的开放发展政策也进行了调整。第一，改变过去依靠土地和税收等优惠政策招商引资的做法，为不同所有制的公司提供公平竞争的政策环境；第二，中国对于外资的管理法制化。负面清单管理模式将推动国内投资规则与国际投资新规则的接轨，进而促进中国积极参与并引领国际投资新规则的制定。也就是说，我国已经进入了引领国际经济规则制定的制度型开放阶段。2018年中央经济工作会议强调，"要适应新形势、把握新特点，推动由商品和要素流动型开放向规则等制度型开放转变。"① 2019年10月，十九届四中全会再次表明，要"推动规则、规制、管理、标准等制度型开放"，进而"建设更高水平开放型经济新体制"。②

中国特色社会主义政治经济学的主要任务就是发现与总结开放发展的基本逻辑与理论创新，使之上升为系统化的学理研究，并升华为一般的成熟理论。因而，一国若要在开放发展中取得长足的收益，应当注重不同阶段的目的、条件和方式，这样才能够在开放发展的不同阶段获得阶段收益、实现阶段目标。新中国的开放发展，以融入国际经济为路径，以中国变革自身为基础，以循序渐进为方式。它不仅是中国开放发展的创新性成果，还是解决当代国际经济问题的时代方法。与此同时，在世界经济治理恰逢转型的关键时期，中国也亟须在不断提升自身综合实力的同时，为这一事业贡献中国理念、中国智慧。

---

① 中央经济工作会议在北京举行 习近平李克强作重要讲话 [EB/OL]. 新华网，2018-12-21.

② 中共中央关于坚持和完善中国特色社会主义制度 推进国家治理体系和治理能力现代化若干重大问题的决定 [N]. 人民日报，2019-11-06（01）.

专题五：

马克思主义理论与科学社会主义实践研究

论马克思反贫困思想的理论来源于现实发展

王文臣

马克思反贫困思想的批判对象是市民社会的贫困问题。市民社会的贫困问题既带有人类社会发展的普遍性，也具有自身的特殊性——由市民社会自身所产生的贫困或贫富差距问题。如果前述那种普遍性与生产力水平有某种直接联系，那么市民社会的贫困问题除了与生产力发展有关，更应该从生产关系视角来加以分析。马克思的反贫困思想就从生产关系入手，把资本解释为一种社会生产关系，从而在颠覆国民经济学一般原则的前提下，重新解读劳资双方的生产关系，并从中找到市民社会中无产阶级贫困的根源，在重塑生产资料所有制的基础上解决市民社会的贫困问题。由此涉及的劳资关系、所有制关系、国家与个人的关系等，都构成了马克思反贫困思想的主要内容。更为根本的是，这些内容构成了新时代中国化马克思主义反贫困思想的"源头活水"，为中国化马克思主义反贫困思想的创新与发展提供了思想土壤。不可否认，贫困问题在当代仍是具有全球性的普遍问题，当代西方思想家在分析并力图解决贫困问题时，提出的分析路径和解决策略与中国化马克思主义反贫困思想存在根本不同。着眼于新时代中国发展的2035年发展目标，以及2050年规划愿景，我们在分析西方思想、中国特色、马克思经典理论中的反贫困思想的异同，对于继承发展马克思反贫困思想、开创中国化马克思主义反贫困的新境界、反对西方思想中的错误立场都具有重要意义。由此本文拟论述以下几个方面的问题：①马克思反贫困思想的起因及基本立场；②马克思反贫困思想的逻辑发展及其具体内容；③新时代中国化马克思主义反贫困思想的理论特质及其现实意义。

（一）马克思反贫困思想的起因及基本立场

贫困问题作为市民社会的普遍现象，马克思之前的思想家就已经发现并意识到是迫待解决的社会问题，特别是在国民经济学与德国古典哲学的思想家们心中，更是未加溯源的理论问题，尤其是亚当·斯密，他写作《国富论》的重要目的就在于要论证市民社会的发展，要达到"国富民裕"的目的，但回到市民社会的现实中时，也不得不承认贫困的普遍性存在。以斯密为代表的思想家们在自身理论体系内无法阐释理论目标与现实状况之间的根本对立，继而这一问题便成了马克思反贫困思想的研究起点。换言之，国民经济学的理论困境或终点成为马克思批判理论的起点。

贫困与财富的所有权本质地联系在一起，后者又与财富的创造活动相连。这就意味着，讨论贫困问题，除了涉及生产力之外，还要在生产关系领域来探讨贫困的根源、解决路径等问题。无论是国民经济学，还是马克思的观点，有一个共同的理论立场，即都主张劳动是产生财富的手段或源泉。只要人的生存不被理解为理性的存在，就必须要谈论物质生活对于人的生存发展的现实意义。在物质生活满足生存发展的界限内，又必定要回到其实现方式——劳动或物质资料的生产活动。这里的问题在于：同样从劳动这个创造物质资料满足人的生存需要这一点出发，为什么国民经济学家们的阐述最终使自身体系陷入了二律背反？

从国民经济学的一般原则或许能够看出造成上述理论终局的原因。李嘉图就财富增长、人民贫困等社会问题专门指出，亚欧一些国家的"人民生活是很悲惨的，其原因要不是由于政治不良，便是由于懒惰的习惯使人们安于目前的安逸怠惰"①。这里要表达的是，在土地肥沃、技术进步、人口增加、资本积累等条件下，资本积累若全部投入物质生产中，未必能达到促进社会普遍富裕的目的，反而会有可能导致"所有的阶级陷于同样的贫困状态中"②。原因在于"在不同的社会阶段中，资本或雇佣劳动的手段的积累速度是有大有小的，而且在所有的情形下都必须取决于劳动生产力"③。在李嘉图看来，土地肥沃——生产力增长——资本积累增加——提高所有各阶级人民的生活④显然是成正比的，但这仅是从生产力的视角分析了财富的生产，却没有从生产关系的视角具体分析财富的分配与占有情况，就像他对生产的前提的分析同样未加澄清一样。

---

① 斯法拉. 李嘉图著作和通信集：第一卷［M］. 郭大力，王亚南，译. 北京：商务印书馆，1997：83.
② 斯法拉. 李嘉图著作和通信集：第一卷［M］. 郭大力，王亚南，译. 北京：商务印书馆，1997：83.
③ 斯法拉. 李嘉图著作和通信集：第一卷［M］. 郭大力，王亚南，译. 北京：商务印书馆，1997：81.
④ 斯法拉. 李嘉图著作和通信集：第一卷［M］. 郭大力，王亚南，译. 北京：商务印书馆，1997：83-83.

斯密也得出过本质相同的观点。他从人的自然差异、交换的自然倾向出发，论证了分工的必然性，与之对应的三大收入，即劳动工资、土地地租、资本利润则构成了一切收入的三个根本源泉。如果劳动者不仅勤劳，而且还很节俭，"劳动工资"也会随着"不断增加的国民财富"而不断提高，以至于最贫穷的劳动者"一般都想至少养育四个孩子"。① 不仅如此，斯密还从"一个国家或社会的总资财，即是其全体居民的资财"② 出发来论证资本与收入的关系，即"资本增加，由于节俭；资本减少，由于奢侈与妄为"，③ 奖励节俭则有利于社会资本的增进与"国富的增长"。④ 但问题在于，社会财富因劳动或者节俭等手段实现了增长，是否像斯密所说的那样，社会财富＝全体居民的财富？如果答案是肯定的，则市民社会的共同富裕不是一句空话，否则就只是一种理论上的预设与推演。实际上这一问题并不难回答，只要看看斯密提到的土地荒芜、豪族兼并等现象⑤，就已然证明上述等式不成立，市民社会的发展也没有实现国富民裕的最终目的，反而出现的是贫富分化与阶级对立，甚至在绝对贫困的视域内所描述的普遍本质。这也就是前述所说的那个国民经济学的二律背反。

在马克思看来，国民经济学家们的理论之所以不具备对社会现实的解释力，根源就在于国民经济学的一般原则的错误本质。国民经济学的一般原则——无论是斯密、李嘉图，还是萨伊、克拉克等，都共同论证并主张劳资统一、节制需要、国富民裕等观点，表达了对社会发展的自我立场以及对市民社会美好生活的期待。但马克思却对国民经济学的一般原则做出了详细的批判，仅针对"劳资统一"这一点，马克思就连续列举了7项"主观预设"，并逐一解读这些预设的错误所在。具体地说就是，国民经济学基于以下错误预设来证明劳资统一的合法性，即①资本是积累的劳动；②资本的使命，……就在于生产劳动；③工人是资本；④工资属于资本的费用；⑤工人的劳动是他的生命资本的再生

---

① 斯密. 国民财富的性质和原因的研究（上卷）[M]. 郭大力，王亚南，译. 北京：商务印书馆，1972：47，62，63.

② 斯密. 国民财富的性质和原因的研究（上卷）[M]. 郭大力，王亚南，译. 北京：商务印书馆，1972：257.

③ 斯密. 国民财富的性质和原因的研究（上卷）[M]. 郭大力，王亚南，译. 北京：商务印书馆，1972：311.

④ 斯密. 国民财富的性质和原因的研究（上卷）[M]. 郭大力，王亚南，译. 北京：商务印书馆，1972：322.

⑤ 斯密. 国民财富的性质和原因的研究（上卷）[M]. 郭大力，王亚南，译. 北京：商务印书馆，1972：353.

产；⑥劳动是资本家的资本的活动的因素；⑦国民经济学家把劳动与资本的原初的统一假定为资本家和工人的统一。① 马克思还总结指出，前六项假定都是作为具体论据服务于最后一项结论的，由此所有批判的焦点就指向了"劳资统一"这个国民经济学关于市民社会生产的最一般原则。在马克思看来，国民经济学家之所以把劳资统一视为一般原则，根本原因在于他们把资本理解为"物"或物质财富，即劳动活动创造出来的那个东西。随着劳动成果的积累，作为物的资本也会随之增大，最终呈现出劳资统一的状态。甚至在此基础上还会得出劳资平等、勤劳致富、国富民裕等发展状况，以此为基础，他们的理论终局就是"在现代世界，生产表现为人的目的，而财富则表现为生产的目的"，② 人在生产中获得财富，财富的普遍性成为现实，贫困的普遍性是不会出现的。但现实中呈现出的恰是后者。

在国民经济学家看来，资本是财富，但在马克思看来，资本是一种权力——支配生产资料、劳动力的社会权力，由此构成了马克思批判国民经济学劳资统一这个一般原则的立场与出发点。马克思的分析从以下几点初步展示出来：①从资本的本质来看，资本首先是一种社会生产关系，开启了现代资本主义生产方式，使生产成为世界性的历史发展过程，从而个人也成为具有世界历史性的个人；②以资本为生产前提的基本样式是，资本以购买的方式获得了对生产资料、劳动力的控制权，劳动力在被物化的同时，也被置于资本的控制之下。在此基础上，所谓的劳资之间在生产、交换、分配中的平等就都成了虚构的状态。③从生产关系角度看，看似所有制关系导致了贫富分化或者说贫困问题的产生，但谈论所有制的前提是财富已经被生产出来，而这种生产的前提又被国民经济学置于生产条件的天然私有制的基础上，这是马克思恩格斯通过对社会生产方式的历史性考察，科学而又彻底推翻了的结论。简单地说就是，即便在作为社会生产最基本组织形式的氏族时期，人们已意识到群体性劳动对于共同体生产发展的重要意义，由此揭示的是生产的社会性——共同生产、共同分配并形成了原始共产主义的社会生产方式，这种生存状况虽处于短缺状况，但不是由剥削、掠夺、依附与占有而形成的。

原本氏族、部落内部共同的生产主体，同时也是共同的消费主体之间的平

---

① 马克思.1844年经济学哲学手稿［M］.中共中央马克思恩格斯列宁斯大林著作编译局，译.北京：人民出版社，2000：127.

② 中共中央马克思恩格斯列宁斯大林著作编译局.马克思恩格斯全集：第30卷［M］.北京：人民出版社，1995：479.

等关系，随着私有制的产生被对抗、剥削所取代。但马克思已经实现了对原始共产制的论证，特别是对生产的原始共产制的论述，从根本上说明了生产资料私有制的天生合法性是不符合社会历史事实的，属于国民经济学的主观臆断——如果是以生产条件的私有制为前提，那又如何实现财产分配时的氏族成员间的"共分"呢？马克思甚至在《资本论》中指出，把劳动力的买卖，或者劳资统一、劳动与资本的关系说成是一种平等关系，无异于"天赋人权的真正伊甸园"①，只有在全能的神的护佑下才能完成对劳资双方都有利的事业。但那个全能的神却全然是一种虚构。所谓资本自行增殖、资本家也是劳动者的说法都是谎言，而真相是"资本自行增殖的秘密归结为资本对别人的一定数量的无酬劳动的支配权"②。国民经济学的基本立场——资本是积累的劳动，在马克思看来应是积累的剩余劳动。这既是马克思与前者立场的根本分歧，也是揭开市民社会贫困根源的根本前提。

资本是积累的剩余劳动，从根本上反映出的不再是人对物的占有关系，特别是人对自然物的占有，而是在财富分配中的人与人的关系，资本对剩余劳动的占有体现出的是人与人之间，即资本家与雇佣工人之间绝不是国民经济学家所说的那种平等关系，而是一种雇佣、控制、剥削关系。为什么这么说呢？当马克思强调"每一个资本都分为生产资料和活的劳动"③ 的时候，资本被分为不变资本和可变资本、劳动被区分为活劳动与死劳动、价值被区分为价值转移和价值增值等方面，都是为了证明资本对活劳动创造出的剩余价值的无偿占有而展开的。最终，资本积累与工人剩余劳动的积累之间的关系就被概括为资本主义积累的一般规律——在资本积累与贫民之间的一致性问题上，"把工人钉在资本上"④ 比普罗米修斯被钉在岩石上还要牢。作为资本积累的结果，可以概括为"过剩的工人人口"或"无产阶级的增加"。⑤ 财富与贫困的积累表现为同

---

① 马克思. 资本论：第 1 卷 [M]. 中共中央马克思恩格斯列宁斯大林著作编译局，译. 北京：人民出版社，2004：204.
② 马克思. 资本论：第 1 卷 [M]. 中共中央马克思恩格斯列宁斯大林著作编译局，译. 北京：人民出版社，2004：611.
③ 马克思. 资本论：第 1 卷 [M]. 中共中央马克思恩格斯列宁斯大林著作编译局，译. 北京：人民出版社，2004：707.
④ 马克思. 资本论：第 1 卷 [M]. 中共中央马克思恩格斯列宁斯大林著作编译局，译. 北京：人民出版社，2004：742-743.
⑤ 马克思. 资本论：第 1 卷 [M]. 中共中央马克思恩格斯列宁斯大林著作编译局，译. 北京：人民出版社，2004：728-709.

一个过程，只是前者属于资本家，后者只属于雇佣工人，二者在政治经济上形成了双重对立，无产阶级贫困的根源已然显现。换言之，工人的劳动创造的财富，成了异己的存在物或说异化的产物，这就是马克思早期思想中那个著名的异化劳动理论。由此可以说，异化劳动理论是工人贫困的具体表现，而根源却在于资本私有制及其造成的劳资对立，劳资统一压根就是国民经济学经验的错觉。

在此显示出的是马克思反贫困思想的理论源头与立场。对国民经济学的一般原则，特别是劳资统一的批判构成了马克思反贫困思想的主要源头，而根本立场首先在于对劳资统一的批判，继而展开的对劳资对立、资本私有制及其后果的分析。在马克思早期思想中，就国民经济学一般原则的虚假性做出批判的同时，立足于对资本私有制及其造成的劳资对立的批判，在此后的政治经济学批判过程中，对分工、工资、相对剩余价值、资本积累等各个论域的考察与论证，继而展开的无产阶级的联合与革命、消灭资本私有制与建立共产主义等内容，则构成了马克思反贫困思想的基本立场。当这些基本立场所代表的社会变革实现时，市民社会中那种"国民财富和人民贫困本来就是一回事"① 的局面就会发生根本转变，转向国民财富与人民富裕是一回事。

（二）马克思反贫困思想的逻辑发展及其具体内容

如前所述，市民社会的贫困问题，以及国民经济学理论体系不能科学阐释其产生根源及解决路径的状况，成为马克思政治经济学批判面临的时代之问与理论任务。马克思政治经济学批判在解剖市民社会，继而揭示劳资对立、资本的秘密，以及市民社会、无产阶级的未来出路的同时，一并回答了市民社会摆脱贫困的理论支撑与现实路径，最终形成了马克思反贫困思想的逻辑发展线索，从中更可以看到马克思反贫困思想的具体内容。马克思创立历史唯物主义之前的思想发展阶段，一般被视为马克思早期思想，特别是政治经济学批判思想的萌芽或独立起航阶段。② 马克思不仅阐述了市民社会贫困的现实表现，更是从根本上指出了产生这一问题的根源，在本文看来构成了马克思反贫困思想的逻辑起点与理论基础。马克思在创立历史唯物主义的方法论后，对市民社会的解剖继而走向深入与具体化，从对国民经济学的批判中就能看到他反贫困思想的发

---

① 马克思．资本论：第 1 卷［M］．中共中央马克思恩格斯列宁斯大林著作编译局，译．北京：人民出版社，2004：884.

② 吴晓明．马克思早期思想的逻辑发展［M］．昆明：云南人民出版社，1993.

展过程，比如工资问题、"一般意识形态"、劳资平等的虚假性、剩余价值与资本积累等都具有典型的代表性，可被视为反贫困思想逻辑发展的关键节点。对这些关键节点的阐说过程，也便成为马克思反贫困思想的具体内容，不仅论证了市民社会的危机及未来发展出路，更在一般意义上指出了资本作为现代社会发展的起点所带来的普遍性与特殊性。

首先，马克思早期思想发展过程的反贫困思想，主要表现在 1844—1845 年对市民社会贫困的产生根源与现实表现的阐释。马克思在 1844 年就总结指出工人贫困的现实表现，这就是众所周知的异化劳动理论。异化劳动理论不仅能够说明工人与生产资料的关系，把资本主义生产的前提与以往任何社会的生产状况区别开来，还真实地描述了工人的绝对贫困状态。从这个意义上说，异化劳动理论吹响了马克思进一步提出并论证剩余价值理论的前进号角。国民经济学不懂得异化劳动理论，只是在劳资统一的圈子里反复摇摆，马克思就此批判地指出："国民经济学这门关于财富的科学，同时又是关于克制、穷困和节约的科学。"① 为什么说国民经济学既是一门发财致富的科学，又是一门关于穷困的科学？显然，财富属于资本所有者，而贫困只属于工人，国民经济学那种要求工人克制、节约、勤劳就能积累起更多的资本或直接说财富的观点，在马克思看来就是类似于宗教对人进行的禁欲教化一样，② 用谎言掩盖市民社会剥削的本质。后来在《资本论》中马克思明确指出产生这种错误的根源在于："政治经济学在原则上把两种极不相同的私有制混同起来了。其中一种以生产者自己的劳动为基础，另一种以剥削他人的劳动为基础。它忘记了，后者不仅与前者直接对立，而且只是建立在前者的坟墓上成长起来的"③ 劳动的条件如果不为自己所有，从根本上失去劳动所得则具有必然性，国民经济学家看不到劳动条件或生产资料与劳动者分离这个生产前提，继而不能区分上述两种劳动，更看不到市民社会的生产与以往社会生产——在起点（资本私有制）、条件（生产资料与劳动者的分离）、社会关系（劳资对立）等方面表现出来的根本不同，最终只能在国富民裕的主观预设中陷入自身理论的二律背反。

马克思在 1844 年就曾针对造成工人贫困的根源总结指出，"异化既表现为我的生活资料属于别人，我所希望的东西是我不能得到的。别人的占有

---

① 马克思 . 1844 年经济学哲学手稿 [M] . 北京：人民出版社，2000：123.
② 马克思 . 1844 年经济学哲学手稿 [M] . 北京：人民出版社，2000：123.
③ 马克思 . 资本论：第 1 卷 [M] . 中共中央马克思恩格斯列宁斯大林著作编译局，译 . 北京：人民出版社，2004：876.

物；……我的活动是另一个东西，而最后——这也适用于资本家——则表现为一种非人的力量统治一切。"① 属于工人的"另一个东西"就是贫困，"别人的占有物"则形成了资本家的财富，"非人的力量"则是指资本的力量，甚至可以说，直至今日的属于资本主义的每一次发展，都应被视为资本的社会权力的进一步扩张。雇佣工人呢？马克思则直接指出是"用摧毁生命的方式来维持生命的存在"②。这里揭示的不仅仅是早期资本主义发展阶段工人的绝对贫困，在当代社会仍具有一定程度的普遍性。马克思在《德意志意识形态》中充分论证了这一点。

其次，历史唯物主义的创立与反贫困思想的进一步发展。马克思创立历史唯物主义的最初目标，是要解决德国当时思辨哲学研究对象及其方法的纯粹理性问题，即哲学不能只关注纯思想的批判，置现实社会制度的不合理性于不顾。当马克思把研究对象从思辨思维转向有生命的个体或说现实的人时，主要强调了两个主题，即个体的生命存在、个体生产的社会历史性。③ 既然历史本质地指向人类现实的生产生活发展史，那么又该如何展开对现实的人的生命存在及其社会历史性的考察呢？马克思从双重视域做出了阐释。

（1）人的生命存在要依靠物质生产劳动的方式来满足，因而人类生产史与自身生存生活史具有一致性，就像人们的生活水平与生产力具有一致性那样。生产力水平在共同劳动过程中，又通过分工表现出来，最初的分工是依据性别、"天赋（例如体力）、需要、偶然性等等才自发地或'自然地'形成的"④，而这种自然分工一般发生在家庭内部，最终使生产与消费、生产与占有具有一致性，劳动主体同时也是财富主体与消费主体，贫困只是与生产力有关，与后来谈论的剥削关系无关。

（2）分工是劳动的方式，或者说是人与物的关系；在分工前提下对待劳动所得的问题，则属于分配，由此便产生了因财富分配与占有的不平等而出现的共同体内部成员之间的分化现象，最终必定有成员不仅处于被压迫地位，而且处于绝对贫困之中。为什么这么说呢？

---

① 马克思.1844 年经济学哲学手稿［M］.北京：人民出版社，2000：130.
② 中共中央马克思恩格斯列宁斯大林著作编译局.马克思恩格斯选集：第 1 卷［M］.北京：人民出版社，2012：209.
③ 中共中央马克思恩格斯列宁斯大林著作编译局.马克思恩格斯选集：第 1 卷［M］.北京：人民出版社，2012：158-159.
④ 中共中央马克思恩格斯列宁斯大林著作编译局.马克思恩格斯选集：第 1 卷［M］.北京：人民出版社，2012：162.

原本在共同劳动、平均分配的共同体发展阶段，个人利益与共同体利益具有一致性，否则就会危及共同体的存在与发展，此时的劳动、分工本质地表现为自发的、自愿的，这就是马克思所描述的"原始共产制"的本质所在。但后来，随着生产力的提高，加之共同体内部分工与分化，个人利益与共同利益也随之发生分裂，劳动也随之不再是自愿自发的，反而转变为强制性劳动，即剥削者对被剥削者的强制力量，最终这种与劳动者处于对立状态的强制力量，把劳动者本身变成了"没有财产的人"①。特别是到了市民社会阶段，以资本为前提的社会化大生产，实现了"生产力的巨大增长和高度发展"②，分工的程度也达到了前所未有的程度，但这一切都为雇佣工人的贫困提供了必然性，因为它把自然经济状态下单个人的、分散的个体生产变成了世界性的生产活动，继而使个人也转变成为具有世界历史性的个体，成为普遍联系的世界性生产活动的一员。但在前述异化劳动的语境中，这种世界性生产越发展，工人就越处于异化状态，就越是与"贫穷、极端贫困的普遍化"联系在一起。由此马克思才感叹无产阶级"只有在世界历史意义上才能存在"③，就像无产阶级的贫困状态也是世界历史性的产物一样。总之，马克思从生产力、生产关系的双重视域分析了个体利益与共同利益之间关系是如何由统一走向分裂并走向分化对立的，直至贫困问题成为市民社会的普遍性与必然性。历史唯物主义的出场为马克思从生产方式、生产关系、分工与利益的分化等不同视角，来阐述市民社会的贫困根源提供了科学方法论原则，也为后来探索解决路径提供了切入点。

在《1857—1858 年经济学手稿》中，马克思反贫困思想的进一步发展主要表现在，"在经济学的历史上第一次科学地阐述了资本主义剥削的本质和机制，……马克思证明，资本主义生产关系的本质就在于资本主义的剥削，因此可以得出结论，在资本主义制度的范围内，工人阶级是不可能从资本主义的剥削中解放出来的"④。既然市民社会的贫困根源在于资本私有制，而后者又具体地通过资本主义生产关系体现出来，所以对市民社会贫困根源的分析，就要抓住劳资双方在生产关系中的根本对立，马克思从一开始对"生产一般"的批判，

---

① 中共中央马克思恩格斯列宁斯大林著作编译局. 马克思恩格斯选集：第 1 卷 [M]. 北京：人民出版社，2012：165.

② 中共中央马克思恩格斯列宁斯大林著作编译局. 马克思恩格斯选集：第 1 卷 [M]. 北京：人民出版社，2012：166.

③ 中共中央马克思恩格斯列宁斯大林著作编译局. 马克思恩格斯选集：第 1 卷 [M]. 北京：人民出版社，2012：166.

④ 马克思，恩格斯. 马克思恩格斯全集：第 30 卷 [M]. 北京：人民出版社，1995：6-7.

直到深入分析劳资平等的虚假性等方面都体现了这个根本点。对"生产一般"的批判性分析直截了当地说明了国民经济学不能揭示市民社会贫困问题根源的原因。具体地说就是，生产在国民经济学那里一直被视为是对自然物的占有，并以这种占有形成了神圣不可侵犯的私有财产，进而作为生产的前提；他们还从自然界的永恒性出发，得出人对自然的占有即生产理所当然也具有永恒性，资本主义生产亦是如此。如此一来，每个个体都可以去从事对自然的占有活动，并从中确立自身私有财产的合法性，何来的贫困呢？这种理论推演直接与市民社会的现实构成了二律背反。这实际上是把生产置于社会历史之外，成了与历史无关的东西。马克思不仅重新提到古克尔特人的共同财产，① 更总结指出不考察生产过程中的人与人的关系，即生产关系则不会发现雇佣工人贫困的秘密。

进一步揭示劳资平等的虚假性则构成了反贫困进一步发展的思想成果。作为国民经济学家一般原则的劳资平等，在马克思看来压根就是谎言。在这场交换中，工人出卖了自身劳动力的使用价值，就等于资本取得了对活劳动的支配权。资本对生产资料和劳动力的支配，最终造成了劳动与劳动条件的分离，马克思称之为"资本和劳动之间的这种交换的必然规律"②。这种规律把人变成了工人，作为工人劳动成果的财富，成了异于自身的财富，或他人的财富、对象的财富；雇佣劳动本身"是作为绝对的贫穷的劳动：这种贫穷不是指缺少对象的财富，而是指完全被排除在对象的财富之外"③。我们不能像国民经济学那样，认为工人得到的工资，是他的劳动创造的全部财富，就像资本家得到的利润一样。如果真如是所说，市民社会也就不存在什么贫困问题了。我们必须还要看到，作为工人活劳动的使用价值，其生命力是有界限的，资本对这种活劳动的支配与其生命力界限的最大化具有一致性，马克思曾就此指出，工人的劳动过程就相当于"用摧毁生命的方式来维持他们的生命"④。工人的绝对贫困状况被本质地道说出来。

此外，马克思更是发挥了自身创立的"对象性活动"原理对劳资关系做了深入阐释，把异化劳动学说推进到新的层次，从而把资本阐释为"有灵性的怪

---

① 马克思，恩格斯. 马克思恩格斯全集：第 30 卷［M］. 北京：人民出版社，1995：28-29.
② 马克思，恩格斯. 马克思恩格斯全集：第 30 卷［M］. 北京：人民出版社，1995：253.
③ 马克思，恩格斯. 马克思恩格斯全集：第 30 卷［M］. 北京：人民出版社，1995：253.
④ 中共中央马克思恩格斯列宁斯大林著作编译局. 马克思恩格斯选集：第 1 卷［M］. 北京：人民出版社，2012：209.

物"①。在对资本的灵性做出对象性解读的同时，展示出雇佣劳动的贫困根源于
具体表现，把反贫困思想发展到新水平。一方面，国民经济学家不觉得资本与
劳动、土地有什么本质区别，都是生产的自然前提；劳动者创造或积累的财富
越多，则他的资本也同步增长，这就是前述那个著名的国民经济学的一般原则，
即"资本是积累的劳动"，或者说资本是积累的交换价值。另一方面，马克思在
把资本阐释为社会关系或社会权力的同时，指出了资本不会自行增殖，它需要
空间与动力。所谓空间是指资本运动的生产与流通环节，所谓动力则是指活劳
动的生产过程。资本的灵性就在于它懂得自身的不可增殖性，就像从劳动不可
能过渡到资本一样。唯有在交换价值生产的领域，资本驱使"活劳动"生产出
用于交换的商品，在流通中完成交换后再以货币的形式回笼，成为增殖后新的
资本。在此显示出了资本与货币的根本区别，即后者只能充当价值尺度或流通
手段，不能实现增殖，但前者却能实现。如果把资本相对于货币的独特性在于
增殖成为前者的"灵性"，那么借助活劳动实现这种增殖并对活劳动造成的剥削
性，则是它作为"怪物"的本质体现，同时也是造成工人贫困的根源所在。为
什么这么说呢？

马克思利用"对象性活动"原理指出，"太阳是植物的对象，是植物所不可
缺少的、确证它的生命的对象"②。如果说太阳能够唤起一种生命的存在，那么
植物就是这种生命力存在的对象，植物的存在就是太阳本身的存在。简言之，
一个存在物的存在必定是一种"对象性"的存在。资本的增值作为一种客观存
在，必须借助于工人的"活劳动"，也就是说资本增殖是工人"活劳动"的对
象性的产物，工人把自身使用价值的消耗过程，对象化为资本的增殖过程，最
终以新创造的财富的形式表现出来，但却被资本以社会权力的身份占有，财富
不仅是一种对象性的存在物，更是一种异己的存在物。这种存在物的积累越高，
属于资本家的财富就越多，而留给工人的知识贫困的积累就越少。"劳动的产
品，表现为他人的财产，表现为独立地同活劳动相对立的存在方式"，③ 劳动的
作用不但把自身变成"完全贫穷的"，而且把本身的"自为的存在"变为"他
物的存在"。④ 这种利用对象性原理说明工人贫困的内容，既是对异化劳动学说
的深化补充，又是对工人贫困根源的深入解读——内置于劳资双方生产关系的

---

① 马克思，恩格斯. 马克思恩格斯全集：第 30 卷 [M]. 北京：人民出版社，1995：464.

② 马克思. 1844 年经济学哲学手稿 [M]. 北京：人民出版社，2000：106.

③ 马克思，恩格斯. 马克思恩格斯全集：第 30 卷 [M]. 北京：人民出版社，1995：445.

④ 马克思，恩格斯. 马克思恩格斯全集：第 30 卷 [M]. 北京：人民出版社，1995：445.

对象性解读。所谓"怪物"，就是用来描述资本对雇佣劳动的支配程度。资本因拥有对工人的支配控制权，在实现自身倍增的同时，也不断提高对工人的压榨与剥削程度，从而使资本"怪物"的本性成为市民社会贫困的根源。

最后，马克思在《资本论》中反贫困思想的集中体现与论述。如果说马克思早期反贫困思想主要是通过工资、地租、分工、资本与利润等内容的分析呈现出来——同时也完成了以"斯密教条"为代表的国民经济学的批判，那么在创立历史唯物主义，特别是在《资本论》中，马克思总结得出了"国民财富与人民贫困本来就是一回事"的结论，可被视为马克思《资本论》具有代表性的反贫困思想观点。原因在于从《资本论》整体来看，无论是资本的生产、流通，还是资本主义生产的总过程，都指向了资本主义生产的特殊性，即"是一种特殊的、具有独特历史规定性的生产方式"，主要通过双重特征表现出来，一是"它生产的产品是商品"，二是生产的直接目的和决定动机是剩余价值。① 工人自身在第一个特征的视域内也成了商品，他从事的劳动也就同时转变成了雇佣劳动，这种劳动形式在资本的社会化权力普遍开来的支配下，导致贫富差距的不断拉大，工人的贫困则具有必然性，否则马克思也不会说工人是在用摧毁生命存在的方式来维持生命的存在。

马克思不仅指出了上述结论，还全面批判那种"贫困是财富的必要条件"②的论调，把劳动者的贫困说成是一种具有合乎现实的必然性，继而要求他们安于现状。就像教会对民众的说教那样，认为贫困永久化是基督教等慈善机构存在的理由，否则那些卑微、肮脏、下贱的活让谁去做呢？在这种论调中，贫困不是一种待解决的社会问题，而是一种需要持存的社会合理性，连他们一直宣扬的众生平等都弃之不顾了，这种直接以劳动者为敌的观点必定被反贫困思想与现实斗争彻底颠覆。马克思在此用了很长的篇幅来推翻并论证上述观点的反动性，它不仅重新提到了国民经济学常用到的人口理论，特别是相对人口过剩的意义，还具体地考察了1846—1866年英格兰的财富与人口增长、工人收入以及城市化进程等方面，还包括英国12个郡的农民生产生活状况，最终指出保留并人为制造一批"过剩人口"，从而使他们处于被雇佣地位，是资本主义生产方式的基本特征，以便为资本运动提供源源不断的"活劳动"，达到增殖目的——如果劳动者都摆脱了资本的社会权力的支配，资本的运动就因失去了驱动力而

---

① 马克思. 资本论：第3卷［M］. 北京：人民出版社，2004：995.

② 马克思. 资本论：第3卷［M］. 北京：人民出版社，2004：744.

无法实现最终目的。为了说明这一点，马克思再一次提到了韦克菲尔德的殖民理论来说明这一点。

韦克菲尔德指出，皮尔带着 5 万英镑及 300 名工人来到澳大利亚这个新大陆，一下子发现这 300 名工人都转变为了自由劳动者，自己为自己劳动，继而人人都成了小私有者——他甚至发现连给自己"铺床或到河边打水的仆人也没有了"①。但资本家不是慈善家，不是为了发展澳洲生产力而来，而是为了给资本增殖寻找新的空间，他们带来了资本与劳动者，但却忘记了一并带来"英国的生产关系"②，或者说要在他乡复制故乡那一整套劳动与资本的生产关系，这就是所谓的"现代殖民理论"——既能为资本家解决普遍小私有者的问题，又能为资本增殖、雇佣劳动的实现创造"过剩人口"，不致使人们觉得精明的资本家带来的不是随从，而是竞争者。只要旧大陆的政治经济学在新大陆落地生根，每个移民就再也没有机会使自身成为生产资料私有制的主人；相反，新大陆的生产资料的主人只有一个，那就是韦克菲尔德所描述的诸如皮尔这样的资本家，新移民只能作为"过剩人口"提供给资本，成为"活劳动"促使资本增殖的实现。简言之，新大陆的生产方式是以"劳动者的被剥夺为前提的"③，就像这种生产关系在它的故乡——西欧一样。无论空间如何转换，劳动者的贫困是随着资本增殖的脚步和程度而同步的。同样地，反贫困的路径也被包含在贫困生成的根源那里。

（三）新时代中国化马克思主义反贫困思想的理论特质

新冠肺炎疫情的全球蔓延，促使思想家们不断思考如何摆脱动荡、走向稳定与美好。无论是"重构"还是发展，描述的都是人们对未来社会的期待，结果大体会沿着两种路向呈现出来，要么"更加包容、平等和公平的世界"，要么"世界变得更加贫瘠、分化、危险和自私"④。新冠疫情成为加剧以往困难与挑战的直接条件，包括贫困问题与反贫困斗争。但在当代中国，无疑呈现出来的是前述第一种发展路向："我们如期完成了新时代脱贫攻坚目标任务，交上了一份放眼历史、放眼世界都无可比拟的'脱贫答卷'。"⑤ 就此来说，新时代中国化马克思主义反贫困思想既是基于新中国成立以来反贫困斗争的思想总结，又

---

① 马克思. 资本论：第 3 卷 [M]. 北京：人民出版社，2004：877-878.
② 马克思. 资本论：第 3 卷 [M]. 北京：人民出版社，2004：878.
③ 马克思. 资本论：第 3 卷 [M]. 北京：人民出版社，2004：887.
④ 施瓦布，马勒雷. 后疫情时代大重构 [M]. 北京：中信出版社，2020：218.
⑤ 彭庆红. 人类反贫困的划时代成就 [J]. 红旗文稿，2021（3）：29-32.

是基于进入改革开放新时期现实发展成就的理论创新，必定具有属于新时代的理论特质，其内容也本质地包含在习近平新时代中国特色社会主义思想中。总结这种特质，能够看到对经典马克思理论的继承与发展，更能够认识到与当代西方反贫困理论立场的本质差别。

但在总结与探讨新时代中国化马克思主义反贫困思想理论成就过程中，一方面，当说到当代资本主义贫困问题时，对其根源的分析还本质地停留在马克思立足自由资本主义阶段所做出的批判性分析，甚至在提到当代资本主义消除贫困的成绩时，也仅仅指出是一种"社会性成就"，而不是"制度性优势"，难道这里的社会性与资本主义制度毫不相干？① 另一方面，当谈到在中国解决贫困问题时，认为只要消灭了资本私有制和雇佣劳动、建立社会主义公有制就能解决，甚至对比恩格斯的路径分析，来解读当代中国的发展措施。② 甚至还出现了把建档立卡等具体措施说成是理论创新的说法。③ 在总结新时代中国化马克思主义反贫困思想的理论特质时，还要注意以下三个方面的问题。

第一，要处理好决胜脱贫攻坚与新时代中国社会主要矛盾的关系问题。2020 年中国脱贫攻坚任务的历史性胜利，与解决当前社会主要矛盾并不冲突，人民对美好生活的追求与发展的不平衡不充分之间的矛盾在一定历史时期依然存在，并成为经济与社会发展的奋斗目标。脱贫攻坚的胜利从根本上解决了现行标准条件下农村人口的绝对贫困或物质贫困问题，但在物质生活水平的发展程度上仍需要向富强、民主、文明、和谐的社会主义现代化强国的目标迈进。这也就意味着：发展的不平衡、不充分仍是制约相对贫困，或者说进入新发展阶段的主要社会问题。这种不平衡不充分的解决路径，从理论根基处看可以大体依循以下逻辑线索。

首先，与生产力等具体因素的关联。在高新技术、先进经验、管理制度、生产效率等因素所提示的视域内，为国民收入的增加、新财富的创造等创造有利条件。但这与马克思当时阐释的技术、效率、资本构成、资本主义积累的一般规律等经典论述已经存在着本质区别。马克思对工人致贫的原因分析，本质

---

① 牛变秀，王峰明. 历史视域中的资本剥削与贫困问题——与何祚麻先生商榷 [J]. 上海财经大学学报（哲学社会科学版），2015，17（6）：4-12.
② 燕连福，王驰. 恩格斯的反贫困思想探析 [J]. 马克思主义理论学科研究，2020（6）：40-49.
③ 王奎. 精准扶贫：全球贫困治理的理论、制度和实践创新 [J]. 思想理论教育导刊，2020（10）：80-84.

地反映在对剩余价值生产过程的阐述中，在"勤劳贫民"①所描述的雇佣劳动过程中，生产力的提高、先进技术的采用不但造成了相对过剩的人口，更是直接造成了无产阶级数量增加的事实，这也构成了马克思指出的关于资本主义积累的一般规律的主要内容。当代中国已经消灭了马克思语境中所说的资本主义积累一般规律的前提条件，从根本上解决了生产力发展会造成无产阶级贫困人口增加的问题，相反，带来的是不断走向共同富裕的共享道路。

其次，从生产关系视角来看，资本私有制不仅是"勤劳贫民"的产生根源，也意味着"直接生产者的被剥夺"②，即代替了小私有制。但以资本为起点的社会化私有制对小私有制的代替，继而出现的资本积聚与集中，使得财富创造得越多，分配关系越趋于两极分化。这既反映了资本主义生产方式的独有特点，也内在地包含着"对自身的否定"。③马克思不仅从中阐释了资本主义积累的历史趋势——社会化生产程度越高，资本私有制就越成为这种社会化脚步的桎梏，最终走向其反面的发展限度，而且指出了未来社会发展要重建个人所有制的必然性。当代中国已经从根本上消灭了上述社会化生产的前提。最终是财富积累不再是生产贫困的根基，而是实现市民美好生活的物质基础，更是解决发展的不平衡不充分的根本条件。

可见，新时代中国社会的主要矛盾既不是马克思所说的资本主义积累的一般规律发展的必然结果，也不会在资本集中与垄断等视域内造成分配关系的"勤劳贫困"，全面建成小康社会的伟大胜利则直接证明了这一点——就像马克思为了证明资本主义积累一般规律的科学性而列举的例证一样。④

第二，在探讨致贫原因、反贫困路径时，要正确处理好根本制度的优越性与具体政策的发展性之间的关系。这里所说的根本制度的优越性是特指我国社会主义制度的根本优越性；具体政策的发展性是指，解决贫困问题的具体政策在不同历史时期也会有所不同，比如从"扶贫攻坚"到"脱贫攻坚"的政策转变就反映了党中央立足于反贫困成就与现状基础上理论阐述的科学性，同时也会在实践中表现为一个不断发展完善的过程。对于社会主义制度的根本优越性，毛泽东就曾指出，"你有那么多人，你有那么一大块地方，资源那么丰富，又听

---

① 马克思．资本论：第3卷［M］．北京：人民出版社，2004：710.
② 马克思．资本论：第3卷［M］．北京：人民出版社，2004：872.
③ 马克思．资本论：第3卷［M］．北京：人民出版社，2004：874.
④ 马克思．资本论：第3卷［M］．北京：人民出版社，2004：746.

说搞了社会主义，据说是有优越性"①，这里实则论及的是作为社会主义根本制度的优越性，不是一下子就展现得淋漓尽致、药到病除，而是在奋斗与实践中不断释放与体现，表现为一种源源不断的发展动力。为什么说资本主义作为根本制度，就具有内在的根本病症，从而使贫困问题无法根除？而社会主义作为根本制度就能从根本上解决呢？

资本私有制一般被认为是资本主义内在的、自身无法克服的根本病症，最终造成了市民社会贫困问题的"无解状态"。但作为制度并不是自在之物，必定会在一定的思想土壤中滋生并成长起来。马克思之前的理论家们显然意识到了市民社会贫困问题的客观性——在卢梭、黑格尔、斯密等人的著作中都可明显看到，② 他们共同的思想土壤是什么呢？从斯密的"利己心"、黑格尔的"抽象人格"等代表性观点，可以总结出的是原子主义个人或利己主义思想。这一思想被视为西方现代制度的思想土壤。马克思把这种自我生产、自我满足的状态——"单个的孤立的猎人和渔夫"——概括为"属于18世纪的缺乏想象力的虚构"。③ 这种虚假性何以成为利己主义或所谓原子主义个人的理论依据呢？马克思多次以蜜蜂的"生产"、语言的产生、落入荒野的鲁滨孙等事例，来论证生产的主体必定是处于"在社会中进行生产的个人"，即便落入荒野并处于所谓"孤立"状态，也早已成为"内在地具有社会力量的文明人"。④ 实际上，原始社会初期的部落时代的生产，也已经说明生产具有群体性、社会性——从他们共同劳动、成果"共分"、遗产"共享"而不是采取直系子女继承的私有化制度来看，把人性说成天生利己自私，从而是孤立的、单个的、彼此毫无联系的，是一种类似于"真实的上帝"的虚构。马克思就此还论述了原始共产制、生产的社会历史性等内容，为后来创立历史唯物主义奠定了现实基础，不仅从根本上批判了利己主义或原子主义的虚假性，更直接挖掉了资本私有制脚下的思想根基，完成了对资本私有制思想土壤的彻底的科学性批判。

作为具有中国特色的社会主义制度，其思想土壤扎根于马克思的理论立场，特别是以实现共产主义为崇高理想的指导思想，在当代中国分阶段、有步骤、

---

① 中共中央文献研究室. 毛泽东文集：第7卷［M］. 北京：人民出版社，1999：89.

② 王文臣，刘芳. 论马克思对现代形而上学财富观的批判及其当代意义［J］. 马克思主义与现实，2013（1）：55-61.

③ 马克思，恩格斯. 马克思恩格斯全集：第30卷［M］. 北京：人民出版社，1995：22.

④ 马克思，恩格斯. 马克思恩格斯全集：第30卷［M］. 北京：人民出版社，1995：22-25.

有目标地逐步迈进中，现实地表现为反贫困、共富乃至共享的新发展理念。新时代的发展理念，越是强调社会主义本质与生产目的，越是强调"人民至上""致富路上一个都不能少"，越是反映出作为社会主义根本制度的优越性，即集体主义或利他性——这也是马克思共产主义理想的本质所在。这种集体主义或利他性塑造着当代中国发展的现实性，以及社会主义核心价值观的普遍性，最终成为作为根本制度的社会主义的思想土壤。总之，我们要把根本制度的优越性和具体政策的发展性结合起来，要以超越以往错误认识的理论态度——要么认为只要建立了社会主义制度就能够短期摆脱贫困实现共产主义，要么把一时的挫折归于对根本制度的不自信，进而不承认根本制度的优越性——在社会主义根本制度的思想土壤中不断生成新时代新发展阶段的强大动力。

第三，在总结论述反贫困的"中国话语"时，要正确处理好经典马克思理论观点与"中国道路"的特质的关系。

新中国成立后的一段历史时期，贫困或贫穷曾获得了它的"合理性"存在，但在理论觉醒与人民诉求的双重发展中，贫困不再被视为社会主义的本质属性，社会主义制度下的广大人民群众应该在全面发展中享有美好生活的权利。贫穷不等于社会主义这个基本论断，为改革开放以来中国反贫困思想的系统化发展提供了基本前提。党的十八大以来，脱贫攻坚工作在精准化、持续化等方面的现实做法目标明确、科学推进、踏实有效，到 2020 年，在党中央的带领下，取得了决战脱贫攻坚、决胜全面建成小康社会的伟大胜利。同时，新时代中国化马克思主义的反贫困理论应该既能反映上述伟大胜利的现实成果，也应具备属于"中国道路"的理论特质。

但在总结反贫困的"中国话语"时，要注意从理论上把握好与马克思经典反贫困思想的区别与联系，更有利于彰显"中国道路"发展的特色。马克思始终认为反贫困斗争，不是用词句反对词句的抽象理性的事情，而是主张立足于市民社会贫困的现实状况，消灭资本私有制从而消灭资本主义，最终建立共产主义；依靠的主体是无产阶级及其世界性的联合力量，手段则是暴力革命；在彻底解决贫困问题的理论态度上，主张从生产力——财富创造、生产关系——"生产将以所有人的富裕为目的"[1] 的双重视域来分析。可见，在变革与发展主体、最终目的等方面的相同点之外，新时代中国化反贫困思想也具备它独有的

---

[1] 中共中央马克思恩格斯列宁斯大林著作编译局. 马克思恩格斯文集：第 8 卷 [M]. 北京：人民出版社，2009：200.

理论特质，具体可简要分析如下。

首先，把对资本的批判的最终理论态度，转变为发展的现实原则。马克思毕生的资本批判，最终理论态度是"消灭资本"，实现前述所说的"所有人的富裕"。但这里所说的"消灭"不是把"有"变成"无"，就像把资本家从肉体上消灭并表现为"无"那样，而是改变了资本的所有制关系——一种生产关系的根本变革。马克思在对"机器体系和科学展以及资本主义劳动过程的变化"的分析中曾指出，资本为了达到自身生产的目的——对剩余价值的追求，会不断改进、采用先进科学技术，最终"使整个社会的劳动时间缩减到不断下降的最低限度，从而为全体'社会成员'本身的发展腾出时间"。如此一来，那个一直被我们理解为具有根本阶级性和剥削性的资本，不就"违背了自身的意志，成了为社会可以自由支配的时间创造条件的工具"了吗？但资本发展的最终限度走向这一趋势也具有必然性——就像成熟的分析所指出的，当资本无利可图时，只能以两条路径呈现出它的未来：一是退出流通领域并使自身还原为资金；二是转入新的生产与流通领域并开启增殖的循环路径，这种路径最终也终将走向它无利可图的终点。但无论怎样，"生产力的增长再也不能被占有他人的剩余劳动所束缚了，工人群众自己应当占有自己的剩余劳动"①。

马克思的资本批判理论，最终要求实现"所有人的富裕"，这已成为新时代中国发展的现实原则。当代中国越是强调"以管资本为主""人民至上""共享全面小康"，就越突显资本在当代中国发展的限度，已经达到了上述马克思所阐释的那个原则，不仅要实现生产目的的从价值到使用价值的转变，更要转变到广大人民群众占有自身劳动成果上来，为彻底转变到实现共同富裕，而不是少数人的利益迈出重要一步。新时代中国化马克思主义反贫困思想的伟大历史性成就，特别是绝对贫困问题的历史性解决，"意味着我国将提前十年实现联合国二〇三〇年可持续发展议程确定的减贫目标，继续走在全球减贫事业前列"②。当代中国在决胜脱贫攻坚的同时，向共同富裕的目标又迈出了关键一步。

其次，在总结新时代反贫困思想的"中国话语"时要突显它的世界历史意义。新时代中国化反贫困思想的重要理论特质，是"把包容共享理念融入发展战略"，并致力于"帮助各国打破发展瓶颈，缩小发展差距，共享发展成果，打

① 中共中央马克思恩格斯列宁斯大林著作编译局. 马克思恩格斯文集：第8卷［M］. 北京：人民出版社，2009：200-201.
② 中共中央党史和文献研究院. 习近平扶贫论述摘编［M］. 北京：中央文献出版社，2018：158.

造甘苦与共、命运相连的发展共同体"①。反贫困的国际视野、共商共建共享的发展理念也使新时代中国化马克思主义反贫困思想具有了它的理论特质的世界历史意义。为什么这么说呢？这实则是对待经济全球化本质不同的两种态度。无疑，作为现代世界经济起点的资本，②凭借它的社会权力，把世界市场变成了自身逐利的空间最终按照自己的面貌为自己创造出一个世界，只服务于自身根本利益，不断地在世界各地复制在国内生成的那种生产关系，就像把农民变为雇佣工人时那样，"把大地的儿女从养育他们的怀抱里拉走"③。以资本为主义的社会化生产就这样把雇佣工人的贫困普遍化到所能达到的最大化程度，施瓦布的研究结果所表明的全球发展不平衡以及极端贫困的存在更是证明了这一点。④

但当代中国所采取的反贫困措施，特别是借助"一带一路"实现的发展，并没有把以资本私有制为起点的社会化生产带入经济全球化的发展过程中，始终致力于合作共赢，把消除贫困作为人类的共同使命，从未把利己心、雇佣与剥削、危机与转嫁等"政治经济学的故乡"所采取的一贯做法运用到国际合作发展中，在凝聚共识、共建共享的基础上推动建设人类命运共同体，为各国人民带来更多福祉，是新时代中国化马克思主义反贫困思想在国际领域展现出来的重要特质。

① 中共中央党史和文献研究院．习近平扶贫论述摘编［M］．北京：中央文献出版社，2018：161.
② 马克思，恩格斯．马克思恩格斯全集：第30卷［M］．北京：人民出版社，1995：49.
③ 马克思，恩格斯．马克思恩格斯全集：第30卷［M］．北京：人民出版社，1995：235.
④ 中共中央党史和文献研究院．习近平扶贫论述摘编［M］．北京：中央文献出版社，2018：158.

文化自信与《共产党宣言》关系新论①

曾德华

党的十八大以来，随着习近平总书记反复强调文化自信，同时又高度重视原原本本学习和研读《共产党宣言》（以下简称《宣言》）等马克思主义经典著作，我国学者开始重视对文化自信与《宣言》关系的研究。然而，专门论述和探讨这两者关系的著述并不多见。在国内已有的研究成果中，还有一个不容忽视的问题，即国内学者比较注重从《宣言》中挖掘文化自信的思想资源以及探寻文化自信的理论根据，但没有凸显文化自信在思想理论上的原创性贡献。换言之，《宣言》和文化自信在理论上是关联起来了，却未能同时澄清文化自信与《宣言》在思想上的重要差别，从而不能彰显文化自信对《宣言》的发展和创新。为了有可能对这个主题进行重新考察，我们首先需要对现有的研究成果进行梳理和分析。

一、文化自信与《宣言》理论关系的研究

我国有学者明确指出，《宣言》是马克思主义文化理论公开问世的标志。②这启发我们，尽管马克思、恩格斯在他们的著作中很少使用"文化"有关的术语，但是在《宣言》这样一部标志着马克思主义理论诞生的著作中却包含有较为丰富的文化思想。毋庸置疑，习近平总书记提出的文化自信思想是对马克思主义文化理论的继承和发展，因而必然能够在《宣言》等有关马克思主义经典著作中找到相应的理论根据和挖掘出可用的思想资源。目前，国内已有一些学

---

① 本文系上海高校马克思主义理论研究一般项目"习近平新时代中国特色社会主义思想与《共产党宣言》的理论关系研究"的阶段性成果，课题编号 ZX2018-YB14。本研究项目受上海学校习近平新时代中国特色社会主义思想研究中心资助.
② 宁德业，徐鑫.《共产党宣言》与马克思主义文化理论的创立［J］. 文化软实力，2018（1）：41-46.

者从《宣言》出发，着力探讨文化自信与《宣言》在思想理论上的联系，对于我们认识和把握文化自信思想的马克思主义渊源确实发挥了非常重要的作用。

第一，文化自信思想是《宣言》中国化的最新理论成果。有学者认为，《宣言》对于我们理解和准确把握文化自信具有深刻的理论意义和深远的现实意义，具体表现在《宣言》为文化自信提供了理论支撑、实践动力和价值追求等三个方面。① 我们首先来看第一个方面，作者主要引用了《宣言》第一章中的一段话："过去那种地方的和民族的自给自足和闭关自守状态，被各民族的各方面的互相往来和各方面的互相依赖所代替了。物质的生产是如此，精神的生产也是如此。各民族的精神产品成了公共的财产。民族的片面性和局限性日益成为不可能，于是由许多种民族的和地方的文学形成了一种世界的文学。"② 在笔者看来，这段话中所蕴含的"世界文学"思想既是十分重要和耐人寻味的，又是一个长期以来都易被误解的主张。笔者认为，这实际上是马克思主义文化思想的集中体现，但不能被理解为一种同质化的存在，我们要注意民族和地区之间的差异性和特殊性。这个观点的确说明了文化自信的理论根据，也就是说，在"世界文学"的语境中，民族文化应当有一席之地，不能被吞没，进一步说，各地区之间的不同是"世界文学"繁荣的必要条件。因此，马克思、恩格斯所表达的其实就是关于各民族国家和地区的精神生产及其产品如何在世界范围内得以传播和被承认的思想。

我们再来看第二个和第三个方面。如笔者所说，《宣言》充分揭示了世界历史的发展趋势及其必然性和资产阶级在其中所扮演的重要角色，然而，自从20世纪90年代以来，历史似乎并未按照马克思、恩格斯所预言的那样发展，而是在跳跃式地和曲折地前进中得以展开的。在这种背景下，《宣言》提供的积极的历史观念为文化自信提供了强劲的实践动力。之所以是实践动力，是因为马克思和恩格斯关于世界历史的论述为中国共产党人和中国人民通过文化自信展示我们走出现代困境的实践注入了思想上的动力。在作者看来，文化自信还可以在《宣言》中找到价值领域的思想资源。马克思、恩格斯在第二章最后说："代替那存在着阶级和阶级对立的资产阶级旧社会的，将是这样一个联合体，在那

---

① 蒋晋光.《共产党宣言》视域下的文化自信［J］.中共石家庄市委党校学报，2018（5）：22-25.
② 马克思，恩格斯.共产党宣言［M］.中共中央马克思恩格斯列宁斯大林著作编译局，译.北京：人民出版社，2014：31.

里，每个人的自由发展是一切人的自由发展的条件。"① 作者认为，马克思、恩格斯的这句话是《宣言》中人本观念的生动体现，深刻诠释了文化自信的价值追求。按照作者的观点，《宣言》强调的是每个人的自由发展，而这正是对人的个体性、独特性和差异性的充分肯定，它意味着未来共产主义社会完全不同于当下的资本主义社会。我们国家提出文化自信，一方面坚持了以人为本的价值原则，另一方面又把实现每个人的自由发展作为自己的价值追求，所以构成对《宣言》有关思想的继承。以上三个方面的内容表明，在文化自信和《宣言》之间是存在思想理论上的密切联系的，《宣言》构成我们分析和评价文化自信思想的重要理论视角。

第二，《宣言》对坚定文化自信具有重要的现实意义。《宣言》不仅对文化自信思想的形成有理论上的影响，而且还对坚定我国各族人民的文化自信、推动实现我国社会主义文化事业繁荣兴盛是有实际帮助的。我国学者主要是从以下两个方面加以论述：①《宣言》确立的文化发展"取决于现实生活的生产和再生产"的历史唯物主义解释原则，使我们有更加充分的理由坚定文化自信。我国经济建设取得的巨大成就，无疑能为文化事业、文化产业的加快发展奠定坚实而雄厚的物质基础，必将更为有力地增强我国人民的文化自信；②《宣言》揭示的资本主义文化所具有的双重属性和世界历史境遇下文化的发展趋势等思想，能够为进一步增强我国人民的文化自信提供现实指导。在吸收外来的同时，对资本主义文化保持强大定力，增强鉴别能力；在不忘本来的基础上，增强与世界各民族文化交流融合的自觉性，推动中华文化成为世界文化的有机组成部分。② 由此可见，《宣言》不仅从唯物史观的角度夯实了文化自信思想的理论基础，而且还通过对资本主义文化的辩证分析为我们坚定文化自信提供了一个牢固的方向，使中国人能够自立于世界民族之林。同样，也有学者在对《宣言》进行文本考察的基础上，分析了这本书对于我们坚定文化自信的重要历史价值。③ 无论是现实意义，还是历史价值，都是《宣言》有关思想在文化自信的理论和实践中展现出来的。

---

① 马克思，恩格斯. 共产党宣言 [M]. 中共中央马克思恩格斯列宁斯大林著作编译局，译. 北京：人民出版社，2014：51.

② 宁德业.《共产党宣言》的文化思想及其当代价值 [J]. 当代世界与社会主义，2018 (1)：61-66.

③ 马玉婕，杨彬彬.《共产党宣言》文化思想的文本考察 [N]. 中国社会科学报：马克思主义月刊，2019-01-31 (6).

　　第三，文化自信在性质和内容上都来自《宣言》的文化逻辑。有学者指出，我们可以从《宣言》的文化逻辑中引申出文化自信的基本内涵和思想性质。① 在他们看来，《宣言》中包含着完整的文化逻辑。马克思、恩格斯在第二章中指出："共产主义革命就是同传统的所有制关系实行最彻底的决裂；毫不奇怪，它在自己的发展进程中要同传统的观念实行最彻底的决裂。"② 这句话在学界被通称为"两个决裂"。在"两个决裂"思想中，马克思、恩格斯明确表达了对以生产资料私有制为内容的传统所有制关系和与之相适应的传统观念的拒斥态度，有力阐发了共产主义革命同以往一切历史运动的根本区别。毫无疑问，这里反映出马克思主义创始人对未来文化发展也就是建立共产主义文化的高度自信，但是我们需要注意其中的文化逻辑。研究者们认为，所谓"最彻底的决裂"并不是绝对的，而是有条件的。也就是说，我们应该把马克思、恩格斯对传统观念的态度理解为"扬弃"，即主张批判地吸收过去的优秀文化，但要坚决否定传统观念中因循守旧、开历史倒车的因素。这种观点在以前也出现过，比如，俞吾金先生认为，第二个"决裂"并不是泛指同传统观念的决裂，而是专指同流传下来的、对共产主义的种种责难的决裂。③ 所以，在《宣言》中，马克思主义和传统观念之间并不包含一种完全否定的关系。这就解释了我们今天在培育文化自信时，为什么要强调对中华优秀传统文化的创造性转化和创新性发展。不过，学者们很清楚，文化自信在思想性质上是一个马克思主义命题，这一方面源于《宣言》所提示的未来文化发展的方向，另一方面则来自《宣言》对共产主义文化与传统文化和外来文化的严格划界以及对马克思主义基本原理的积极守护。

　　以上研究成果在某种意义上解释了文化自信和《宣言》在思想理论上的联系，并且凸显了文化自信思想的马克思主义渊源，但似乎没有从根本上把这一思想的原创性贡献标举出来，不利于我们在新时代坚定和增强文化自信。造成这一结果的原因也许是多方面的，但最主要的原因还是研究方法的问题。我们习惯于从《宣言》出发理解和把握文化自信，而不是反过来通过文化自信来阐

---

① 薛琳钰，孟宪平．《共产党宣言》中的文化逻辑及其现实思考［J］．湖湘论坛，2019（1）：79-86.

② 马克思，恩格斯．共产党宣言［M］．中共中央马克思恩格斯列宁斯大林著作编译局，译．北京：人民出版社，2014：49.

③ 俞吾金．从《共产党宣言》的一段译文看马克思如何看待传统［N］．光明日报，2000-10-24（B03）．

发《宣言》，结果使大家的目光局限于文本，而缺失一种当代视野。如果我们从文化自信出发，到《宣言》中去寻找必要的理论前提和可能的思想资源，那么我们不仅能够发现二者之间的本质关联和内在的统一性，而且还可以看到从《宣言》到文化自信的逻辑发展。接下来，我们将在阅读国内学者有关文献资料的基础上，结合习近平总书记关于文化自信的重要论述，扼要揭示出这一思想的核心要义与当代使命，以便为重新解读《宣言》提供一个坚实而可靠的理论视域，从而深化文化自信与《宣言》理论关系的研究。

二、文化自信思想的核心要义与当代使命

习近平总书记在不同场合，从不同角度多次阐述文化自信的思想，已经形成一个内涵丰富、特色鲜明、层次清晰和立意高远的理论体系。在认识和理解文化自信时，我们需要着重把握这一思想的核心要义与当代使命，即搞清楚文化自信思想在本质上是什么和实际上为了什么，因为它们不仅是文化自信的主要内容，而且已得到学界大量的研究，受到人们最为广泛的关注。围绕这两个问题，我国学者在具体理解上还是各有侧重和特点，表述上也有所不同，但是我们依然可以从中发现一些最基本的共识和共同的现实指向，从而为深入探讨文化自信思想的核心要义与当代使命提供了必要的理论准备。

唐凯麟教授说："我们要增强和提升文化自信就必须对这一概念有一个清晰明确的整体把握和理性对待。否则，就可能在所谓文化自信、繁荣文化的旗号下造成混乱。"① 所以，我们要解决的第一个问题就是澄清文化自信的概念性认识。大体说来，关于这个问题国内主要有三种阐释方式。

第一，文化自信是对某种文化及其价值的深刻理解、充分肯定、高度认同和积极践行。陈先达教授认为，文化自信不是文化的自我自信，而是表现出作为主体的人对文化的某种认同关系，其内容是作为中华民族独特标识的中国精神、中国智慧、中国理念，这些都是中华文化的深层内涵。② 曲青山教授指出："文化自信是一个民族、一个国家和一个政党对自身禀赋、文化价值的充分肯定和积极践行，是对其文化生命力保持坚定的决心和信心。"③

第二，文化自信是对人的主体性能力和状态的确认。何中华教授认为，文

---

① 唐凯麟. 文化自信三题 [N]. 光明日报, 2017-04-24 (15).
② 陈先达. 文化自信的本质与当代意义 [N]. 光明日报, 2018-01-08 (18).
③ 曲青山. 关于文化自信的几个问题 [J]. 中共党史研究, 2016 (9): 5-13.

化自信一方面是指中华民族在文化意识和文化自觉层面上的主体性角色的自我肯定和自我认同，另一方面又是对中国人实践能力的自信，而实践按照马克思的观点就是指人的本质力量的对象化，也就是主体性能力的发挥。①

第三，文化自信在本质上是人民对自己创造的文化的信念与信心。王易教授说："文化自信是人民的自信，既表现为人民对自身所具备的文化创造能力和文化建设能力的优越感、自豪感，又表现为人民对创造出来的文化结果的坚定信念，核心是对价值观的相信与坚持。"②

以上理解虽然没有穷尽学界所有的答案，但已经具有相当的代表性，并且都谈到了一个关键问题：我们不能离开作为主体的人来谈论文化自信。有论者说："实质意义上的文化自信，归根结底是对人本身的自信。"③ 易小明教授也讲文化自信的首要含义就是基于主体的自信，或者说是一种对主体的自信。④ 如此说来，文化自信思想强调的主要是人的主体性内涵，这一点同样被东南大学研究员刘波所证实，他指出："中国特色社会主义文化，从本质上讲，就是以人民为中心、服务人民的文化。"⑤ 这就意味着，人民是文化自信的主体，不是人民服务于文化，而是文化为人民服务。

因此，我们可以从主体性角度阐明文化自信思想的核心要义：一是人在对文化的关系中保持自己的主体性，文化是人创造出来的，人当然是主体，但人的主体性是和文化的强弱密切联系在一起的，因此，文化自信的实质在于通过对文化的认同来确立人的主体性，以及通过文化的建设来加强人的主体性；二是人通过文化实现自己的相对独立性，人的主体性以自身的相对独立性为前提，由于人也是被创造出来的，因而会受到经济关系和政治环境的决定性影响，所以，文化自信还意味着人能够利用文化的因素和力量在自己的创造者面前保持一定程度的相对独立性。这两项内容在习近平总书记的文本中都有很好的体现。

习近平第一次提出文化自信是在 2014 年 2 月，但真正突出强调文化自信的主体性内涵是在两年后。2016 年 11 月，总书记在中国文联十大、中国作协九大

---

① 何中华．从马克思主义哲学角度看文化自信［J］．新时代马克思主义论丛，2020（1）：155-163.
② 王易．文化自信有赖人民主体性发挥［N］．光明日报，2016-07-07（02）
③ 陈培永，李茹佳．中国特色社会主义文化自信：内在逻辑、现实困境与未来前景［J］．学术研究，2020（2）：1-6.
④ 易小明．文化自信的内在意蕴［N］．光明日报，2015-08-05（15）．
⑤ 刘波．习近平新时代文化自信思想的时代意涵与价值意蕴［J］．当代世界与社会主义，2018（1）：97-104.

开幕式上的讲话中说："文化自信，是更基础、更广泛、更深厚的自信，是更基本、更深沉、更持久的力量。坚定文化自信，是事关国运兴衰、事关文化安全、事关民族精神独立性的大问题。"① 这个论断生动地诠释了文化自信的独特内涵，其核心要义就是对中国人的主体性或主观能动性和独立性的积极守护。具体来讲，中国人对自己文化的主体性集中体现在以下三个方面：①无论是中华优秀传统文化，还是革命文化和社会主义先进文化，都是中国人民自觉选择和主动建构的结果，体现了空前的主观能动性；②对于中华优秀传统文化，我们要努力实现创造性转化和创新性发展，而对于外来文化，我们既要反对一味排斥的观点，也要拒绝全盘西化的主张，这同样有赖于中国人民主体性的发挥；③我们不仅在自己的文化中看到了中国人民的本质力量，而且还要面向未来创造出更为灿烂的中华文化。正是由于这种态度和能力，我们才说中国共产党、中华人民共和国、中华民族是最有理由自信的。

习近平的文化自信思想还包含对人的相对独立性的强调。他在十八届中央政治局第二十次集体学习时说："辩证唯物主义虽然强调世界的统一性在于它的物质性，但并不否认意识对物质的反作用，而是认为这种反作用有时是十分巨大的。我们党始终把思想建设放在党的建设第一位，强调理想信念是共产党人精神上的'钙'，强调'革命理想高于天'，就是精神变物质、物质变精神的辩证法。"② 这段话着重阐述了人的意识对物质的强大反作用，认为中国人民能够在自己文化的积极引领和推动之下，创造出许多不可思议的人间奇迹。若没有这种对人的自信，我们原本可以干成的事情也干不成，或者干不好。所以，文化自信在本质上是要凸显文化在人实现自身相对独立性的过程中发挥的重要作用。譬如，总书记想从文化自信的角度解决一些棘手的社会问题。他说："我国社会正处在思想大活跃、观念大碰撞、文化大交融的时代，出现了不少问题。其中比较突出的一个问题就是一些人价值观缺失，观念没有善恶，行为没有底线，什么违反党纪国法的事情都敢干，什么缺德的勾当都敢做，没有国家观念、集体观念、家庭观念，不讲对错，不问是非，不知美丑，不辨香臭，浑浑噩噩，

① 中共中央文献研究室. 习近平关于社会主义文化建设论述摘编［M］. 北京：中央文献出版社，2017：16.

② 中共中央文献研究室. 习近平关于社会主义文化建设论述摘编［M］. 北京：中央文献出版社，2017：10.

穷奢极欲。现在社会上出现的种种问题病根都在这里。"① 这段话带有强烈的忧患意识和问题意识。总书记认为，一些社会问题的出现有其文化上的根源，即文化对一部分中国人的影响正在走向式微，而这个问题说到底又是人在特定的历史发展阶段对一些腐朽、落后、负面因素缺乏必要的免疫能力所导致的。因此，我们需要提升现有文化的规范和制约能力，使中国人能够借助于文化的力量提升和巩固自己的相对独立性。

文化自信的提出不是没有原因的，正是这些原因为文化自信思想的当代使命提供了具体的内容。我们可以从文化自信的必要性、可能性和重要性等三个方面来分析。从必要性的角度来说，文化自信的提出是由于我国已经处在一个特殊的历史发展阶段，正在面临着一系列前所未有的问题和挑战，其中最为根本的是人的问题。朱康有教授指出，当今的世界冲突归根结底是价值观的冲突。争夺价值高地，比拼价值观的得当与否、善恶与否，成了新的"战场"，"增强文化自信和价值观自信"刻不容缓。② 今天的中国人还有文化上不自信的表现，"这种文化不自信首先表现在对西方文化的盲目崇拜……文化不自信的另一个表现就是对中华文化的不认同。"③ 这些表明，中国人不仅正在受到西方价值观的强烈影响，而且还面临着主体选择能力的巨大挑战。

从可能性的角度来讲，我国是一个历史悠久的文明古国，有着深厚的文化底蕴和丰富的文化资源。中国共产党 100 年的不懈奋斗和新中国成立以来 70 余年，特别是改革开放 40 多年来的伟大实践，为我们铸就"大写的中国人"提供了坚实的支撑。有论者指出，中华民族的文化自信并非无根无据，它起源于党自成立之初就已然确立的全心全意为人民服务的根本宗旨和实现共产主义的奋斗目标，并有马克思主义科学理论的正确指导和中国特色社会主义经济、政治、文化、社会和生态文明的蓬勃发展作为现实基础。④ 也有论者强调，文化自信是以习近平同志为核心的党中央，根据人类社会形态演变和中国社会发展新要求提出的文化旗帜，是对整个社会建设和文化建设历史经验的总结。⑤ 这就为解决

---

① 习近平. 在文艺工作座谈会上的讲话（2014-10-15）［M］//中共中央文献研究室. 十八大以来重要文献选编（中）. 北京：中央文献出版社，2016：133-134.

② 朱康有. 文化自信的核心和目标［N］. 中国青年报，2017-07-24（02）

③ 辽阳市社会主义学院课题组. 关于习近平"文化自信"思想的理论研究［J］. 辽宁省社会主义学院学报，2017（4）：5-11.

④ 邹慧. 文化自觉、文化自信、文化自强：习近平文化思维的逻辑理路［J］. 思想理论教育，2017（3）：148-151.

⑤ 刘仓. 论习近平文化自信的多维理路［J］. 山东社会科学，2017（12）：19-25.

中国人的实际问题提供了必要的信心。

从重要性的角度来看，文化自信对于中国人民的身份塑造和现代人格的建构都有当代价值。有论者认为，习近平文化自信思想不仅发展了马克思主义的文化理论，而且还具有深远的现实意义，为实现中华民族伟大复兴的中国梦提供了以文化人的精神力量。① 研究者还指出："对于中华民族来说，从近代中国被侵略、被矮化、被污化而陷入文化自卑、民族自卑的漩涡挣脱出来，重建全民族的文化主体性进而再造民族文化自信，是当代中国从经济现代化进到文化现代化这一历史阶段后的国家使命。"② 综上所述，无论是解释文化自信的必要性和可能性，还是说明文化自信的重要性，本质上都和中国人的现实处境有关，因而也是与我们对未来中国人的合理建构联系在一起的。对于我们而言，文化自信的当代使命是培养和塑造担当民族复兴大任的时代新人，这是习近平新时代中国特色社会主义事业的决定性因素。

习近平总书记的文化自信思想不仅是对中国特色社会主义文化建设成就的充分肯定，而且还承载着重大的历史使命。对于文化自信在当代中国肩负的使命，总书记自己其实已经明确谈到和重点强调过。在党的十九大报告中，总书记郑重提出要"培养担当民族复兴大任的时代新人"③。2019年3月，在学校思想政治理论课教师座谈会上，总书记再一次提出"努力培养担当民族复兴大任的时代新人"④ 的目标问题。事实上，无论是在全社会提倡以文化人，还是在教育界落实立德树人，都是在强调文化自信的当代使命。习近平还经常把文化自信和价值观自信相提并论，主要是因为二者在对人的认识和目标问题上是高度一致的。有人说："社会主义核心价值观建设，说到底是人的思想建设、灵魂建设，聚焦的是造就具有正确世界观人生观价值观的建设者。"⑤ 由于社会主义核心价值观在当代中国文化建设中是要扮演引领角色的，所以，我们有理由相信，文化自信的真正使命就是要培养和造就符合新时代要求的中国人民。党的

---

① 许亮．习近平文化自信思想的科学内涵和当代价值［J］．理论视野，2018（12）：23-27.

② 傅才武，齐千里．坚定文化自信，是对当代中国文化现代化道路问题的科学回应［J］．华中师范大学学报（人文社会科学版），2020（1）：62-72.

③ 习近平．决胜全面建成小康社会 夺取新时代中国特色社会主义伟大胜利——在中国共产党第十九次全国代表大会上的报告［N］．人民日报，2017-10-28.

④ 习近平．习近平谈治国理政：第3卷［M］．北京：外文出版社，2020：328.

⑤ 中共中央宣传部．习近平新时代中国特色社会主义思想三十讲［M］．北京：学习出版社，2018：197.

十九届五中全会提出，我们要到 2035 年实现建成社会主义文化强国的远景目标，这是自从党的十七届六中全会首次提出"建设社会主义文化强国"目标以来对我国人民提出的最为具体的要求，即要让中国人民在文化上变得强大起来。无论是"打铁还需自身硬"，还是"打铁必须自身硬"，"打铁"才是我们的目的，也是中国共产党人的历史责任。中华民族在实现从站起来、富起来到强起来的伟大飞跃中始终贯穿和伴随着文化自信的不断演进，其实质就是中国人从自立到自主再到自强的发展过程。

我们之所以对文化自信思想的核心要义与当代使命进行详尽的阐述，主要是为了重新解读《宣言》的主题和文本结构。在此之前，我们来简要评述一下学界关于文化自信与《宣言》理论关系的研究。从整体上看，他们对《宣言》中有关世界文学、世界历史、未来社会、唯物史观、资本主义文化矛盾和"两个决裂"等思想的阐发的确为文化自信提供了理论上的注脚，但他们都没有把人的主体性课题化，也没有围绕文化与人的关系展开讨论，所以就没有真正理解和把握文化自信与《宣言》在思想理论上的联系，因而也不能把文化自信思想的原创性理论贡献标举出来。从细节上看，第一类文献分别谈到了文化自信的生存语境（世界历史）和外部环境（世界文学），甚至提到了个体的人在其发展过程中进行选择的自主性，但并没有在人的主体性基础上有机统一起来，因而未能涉及文化自信思想的本质内涵和触及这一思想的核心要义。第二类文献虽然谈到了文化自信的历史唯物主义基础，但只是强调了其中的第一原理，而忽略了第二原理：社会意识对社会存在的反作用，而后者正是文化自信的重点内容；与此同时，这一类文献尽管强调我们要在与资本主义文化打交道时采取扬弃的态度，以及积极参加世界文化交流，却没有凸显中国人民对中华优秀传统文化、革命文化和社会主义先进文化的自主建构。第三类文献主要讲我们对未来共产主义文化的自信不能与传统文化脱离和割裂开来，而是要采取批判和吸收并举的态度，这就解释了我们为何要在文化自信中实现对中华优秀传统文化的创造性转化和创新性发展，即要对"我是谁"这个问题做出回答。然而，当我们彰显出"我"的时候，文化自信的实质内容并没有得到明确表述，人与文化的关系问题也没有得到有效解决。正如善于继承才能善于创新，只有把继承说清楚，我们才能讨论文化自信的创新之处。

三、重新解读《宣言》的主题和文本结构

习近平总书记关于文化自信的一系列重要论述为我们重新解读《宣言》提

供了理论契机和新的视域。有论者指出，尽管学术界普遍认为马克思主义是习近平文化自信思想形成和发展的重要理论渊源，但对于这一思想是如何继承和发展马克思主义的却没有开展较为具体的研究，没有说清楚细节方面的内容。①《宣言》是马克思主义文化理论的诞生地，在这里我们完全可以找到文化自信思想的理论根据和必要前提。为此，我们要以现在为视角，重新解读《宣言》的主题和文本结构，进而发掘其中的隐性逻辑。

从文化自信的角度看《宣言》，我们发现二者分享着相同的问题意识和原则立场，前者表明它们有着共同的理论关注点，也就是关于人的问题，确切地说，是人的主体性方面的问题，这是一个理论如何掌握和推动人民群众的问题；后者表明它们有着同样的理论出发点，即以人民为中心的政治立场。习近平总书记说，中华民族伟大复兴，绝不是轻轻松松、敲锣打鼓就能实现的，其中的主要问题是中国人的主体性问题还没有得到妥善解决。近代中国由于受到西方列强的侵略和国内反动势力的压迫，广大人民群众在文化上是不自信的，甚至是自卑的。华中师范大学教授刘从德等认为，中国共产党领导中国人民取得了国家的独立和人民的解放，并不足以完全消除在近百年的屈辱中所产生的文化自卑思想。② 中国现已是全球第二大经济体，政治影响力也在不断提升，但在许多中国人看来，我们国家未必称得上是文化强国。在《宣言》中，马克思、恩格斯所倚重的无产阶级还受到自身发展程度的制约，因此需要共产党人的领导和用马克思主义把他们武装起来，最后就实现了马克思主义与工人运动的结合。所以，《宣言》的文化问题表现为无产阶级的问题。由于习近平总书记和马克思、恩格斯有着相同的原则立场，他们能够在解决各自面临的问题时找到实现文化自信的方法论路径。

习近平总书记和马克思、恩格斯都承认意识对物质、社会意识对社会存在的反作用，但二者思考的方向有所不同，前者同时强调了人对文化的地位问题以及人与文化的关系问题，而后者是主张无产阶级要尽量避免受到来自资本主义生产方式的意识形态影响。与此相关的另一个问题是，前者对文化的理解和态度总体上是积极的和建设性的，而后者则突出强调文化的意识形态性质和消极的方面。所以，他们在文化自信问题上所采取的路径和由此得出的结论又是

---

① 向玉珍，殷文贵. 近年来习近平文化自信思想研究述评［J］. 社会科学动态，2018（9）：43-49.

② 刘从德，王晓.“文化自信”的“力量”之源与提升路径——学习习近平总书记文化自信思想的重要论述［J］. 中南民族大学学报（人文社会科学版），2018（2）：1-5.

有明显差异的。这就预示着习近平总书记文化自信思想在理论上的原创性贡献。因此，尽管二者都希望和要求广大的人民群众能够有一种历史主动性，但他们的具体做法却有着显著的不同。习近平总书记力求把中国特色社会主义文化建设好并用它武装我国最广大的人民群众，使他们成为符合新时代要求又能担负起民族复兴重任的社会主义建设者，而马克思、恩格斯则是通过对各种各样文化意识形态的批判，试图用先进的理论去掌握革命的无产阶级，使他们能够在共产党人的领导下联合起来以对付当时的资产阶级和反动势力。习近平总书记已不是把文化作为批判或克服的对象，抑或是作为手段服务于历史的主体，而是把文化作为国家和民族的灵魂。马克思、恩格斯关注的主要是无产阶级在资本主义生产关系和与之相适应的意识形态语境中如何自信的问题。

因此，《宣言》的主题是：培养和造就什么样的无产阶级？这是《宣言》的文化思想所要回答的中心问题。早在《1844 年经济学哲学手稿》中，马克思就已提出一个振聋发聩的问题："把人类的最大部分归结为抽象劳动，这在人类发展中具有什么意义？"[1] 这个问题几乎贯穿马克思的一生，同时也表明他最关注的还是无产阶级问题。在以往关于《宣言》的研究中，我国学者的确从中发掘出了大量的文化思想，阐明了马克思主义文化观的基本内涵，但都没有从无产阶级的角度立论。上海市委党校黄力之教授在考察《宣言》这个文本时，是从资产阶级角度论述马克思的文化思想的。他说："从早期资产阶级的清教徒形象到成功期的资产阶级实际形象，我们已经看到了资本主义文化矛盾的初步显现——由启蒙精神、理想主义走向贪婪庸俗。"[2] 诚然，《宣言》中的资产阶级在文化上已趋向堕落，它不再能领导所处的社会了，但遗憾的是，无产阶级的文化问题却没有被主题化。笔者认为，《宣言》固然是一部共产主义纲领，但其主要研究对象却是资本主义。与其说马克思、恩格斯重点研究了资产阶级的问题（在经济上甚至不能养活无产阶级，反而要无产阶级来养活自身），不如说他们一直都在隐性关注着无产阶级的问题（无产阶级的赤贫化并不必然导致资产阶级和无产阶级的冲突），而无产阶级问题与其说是经济方面的，不如说是文化方面的。换句话说，马克思主义创始人在《宣言》中不可思议地透露出一种焦虑，即无产阶级还不够发展，因而不能驾驭和运用由资产阶级社会创造出来的

---

[1]　马克思 . 1844 年经济学哲学手稿［M］. 中共中央马克思恩格斯列宁斯大林著作编译局，译 . 北京：人民出版社，2000（3）：14.

[2]　黄力之 . 资本主义文化矛盾理论与马克思的文化思想及其延伸［J］. 中国社会科学，2012（4）：23-45.

高度发达的生产力，这就关系到无产阶级能否胜任所肩负的世界历史使命。这是一个相当重要的文化问题。

从《宣言》整个文本看，马克思、恩格斯并没有直接提出或一开始就论述关于无产阶级的问题。众所周知，《宣言》的出发点是一个简单事实，即阶级斗争，这是当时人人都可以看得到的。在人类历史上，阶级斗争的结局无外乎两类：①整个社会受到革命改造，比如，资产阶级和封建贵族的斗争；②斗争的各阶级同归于尽，例如，奴隶主和奴隶之间的斗争。然后，马克思恩格斯分析了资产阶级时代即"我们的时代"的特点：阶级对立的简单化，对立的各阶级日益为资产阶级和无产阶级所代替。由此，《宣言》开始对资产阶级和无产阶级各自的发展历史和相互斗争的复杂过程进行论述。在具体分析过程中，他们逐步揭示出无产阶级面临的一系列问题：①工人像货物一样受到竞争的一切变化、市场的一切波动的影响；②无产者的劳动已经失去了任何独立的性质，因而对工人也失去了任何吸引力；③工人阶级只是劳动工具，不过因为年龄和性别的不同而需要不同的费用罢了；④现代的工人并不是随着工业的进步而上升，而是越来越降到本阶级的生存条件以下。这些问题都是致命的，表明无产阶级既不是主体，因而有可能丧失历史的主动性，也不是独立的，所以就没有自己的个性。如果是这样，无产阶级不可能是一个自信的和有作为的阶级。在马克思、恩格斯看来，无产阶级经历的各个发展阶段都伴随有反对资产阶级的斗争，这种反对，不论其目的如何，都是无产阶级对自身地位、力量和利益的捍卫和诉求。无产阶级证明自己是同资产阶级对立的一切阶级中真正革命的阶级，这一方面是因为"无产者没有什么自己的东西必须加以保护，他们必须摧毁至今保护和保障私有财产的一切"①，另一方面是由于"无产阶级的运动是绝大多数人的，为绝大多数人谋利益的独立的运动"②。然而，无产阶级发展不成熟的问题始终存在。大卫·利奥波德（David Leopold）指出："马克思恩格斯坚持认为，除非在共产主义运动和无产阶级利益之间建立起理论上和实践上的联系，否则，共产主义就会只是一种理想而已。"③ 在资产阶级想方设法克服经济危机的同

---

① 马克思，恩格斯. 共产党宣言［M］. 中共中央马克思恩格斯列宁斯大林著作编译局，译. 北京：人民出版社，2014：39.
② 马克思，恩格斯. 共产党宣言［M］. 中共中央马克思恩格斯列宁斯大林著作编译局，译. 北京：人民出版社，2014：39.
③ Terrell Carver, James Farr. The Cambridge Companion to The Communist Manifesto［M］. New York：Cambridge University Press，2015：35.

时，无产阶级也在经历一场前所未有的文化危机。能否及时化解这一危机将决定无产阶级是否可以真正"抬起头来，挺起胸来"①。对于无产阶级来说，这就是一个有关文化自信的问题。

马克思、恩格斯说："资产阶级不仅锻造了置自身于死地的武器，它还产生了将要运用这种武器的人——现代的工人，即无产者。"② 之所以说无产阶级是将要运用这种武器，而不是现在就拿起来进行革命，的确颇有深意。在马克思、恩格斯看来，与资产阶级相比，无产阶级才是代表未来和真正有希望的阶级，但是无产阶级现在还不够格。因此，马克思主义创始人关注的焦点是无产阶级如何从资本主义生产关系中走出来，成为现代工人运动的参加者。与其说马克思、恩格斯倚重当时的无产阶级，毋宁说他们寄希望于将来的无产阶级。就当时的无产阶级来说，发展水平还是十分有限的，他们相互之间的竞争，无论是在国内，还是在国际，都是十分激烈的。正是由于这个缘故，马克思、恩格斯才在文末呼吁全世界无产者，联合起来！要言之，无产阶级成长为革命的主体还面临一些有待克服的重大问题：①无产阶级有可能滞留于资本主义生产关系的产物和结果，而不能发挥某种历史主动性，这又是由于其受到资本家工厂制度和资产阶级意识形态的强烈影响造成的；②无产阶级在资本主义生产方式下，囿于分工和彼此相互竞争的影响，其生产能力越来越片面化，他不能全面发展自己的生产力，形成某种能力体系，结果就不能掌握已经造成的发达生产力；③当无产阶级上升为统治阶级以后，他不能有效地实现自己的个性，把丰富的个人特性、全面发展的能力体系和庞大的现实财富运用于整个社会的发展，相反却局限于有限的阶级利益，而不去实现整个人类的解放。这三个问题不仅在《宣言》及其序言中有相应的体现，而且也贯穿于马克思主义的全部理论著述。

在新的理论视域下，《宣言》实际上是一部关于无产阶级如何在资本主义生产关系语境中树立自信，进而真正实现这个阶级所肩负的世界历史使命的著作。在引言部分，马克思、恩格斯把共产主义叫作"幽灵"，并称其为一种已得到欧洲社会普遍承认的势力。对于他们来说，现在是通过反驳关于共产主义幽灵的神话来面向无产阶级告知真相和敦促行动的时候了。在第一章中，马克思、恩格斯是以"资产者和无产者"为标题的，也是按照从资产者到无产者的顺序进

---

① 马克思，恩格斯．共产党宣言［M］．中共中央马克思恩格斯列宁斯大林著作编译局，译．北京：人民出版社，2014：39.

② 马克思，恩格斯．共产党宣言［M］．中共中央马克思恩格斯列宁斯大林著作编译局，译．北京：人民出版社，2014：34.

行论述的，但他们主要的关注点还是无产阶级，这一点不因资产阶级在历史上曾经起过非常革命的作用而改变。在马克思、恩格斯看来，无产阶级是资产阶级产生出来的，其发展也必然受到资本主义生产方式和资产阶级发展程度的影响和制约。但是，在无产阶级的发展过程中，真正的成果并非在经济和政治等领域取得的成功，而是工人得越来越扩大的联合，从而使无产者有可能组织成为阶级，以至于组织成为政党。① 与此同时，资产阶级自己还为无产阶级带来大量的教育因素。这些都是无产阶级获得自信的前提条件。在第二章中，马克思、恩格斯认为，无产阶级若要克服自身，实现质的飞跃，就需要共产党人的领导。他们指出："一方面，在无产者不同的民族的斗争中，共产党人强调和坚持整个无产阶级共同的不分民族的利益；另一方面，在无产阶级和资产阶级的斗争所经历的各个发展阶段上，共产党人始终代表整个运动的利益。"② 就是说，共产党人是无产阶级实现国际大联合和取得革命成功的政治保证。按照马克思、恩格斯的意见，共产党人的实践优势体现在，他们在带领无产阶级前进的道路上，态度是坚决的，作用是积极的；共产党人的理论优势则在于，他们对无产阶级反对资产阶级运动的一般规律是熟悉的。正是由于无产阶级在社会运动中同时改变了自己的社会意识，使自己不仅和传统所有制关系实行最彻底的决裂，而且还要同传统的观念实行最彻底的决裂，他才能在创造共产主义新社会的过程中真正做到自信。在第三章中，马克思、恩格斯对当时比较流行的社会主义和共产主义思潮进行了有力的批判，破除了它们对无产阶级的消极影响。事实证明，只有经过激烈的意识形态斗争，无产阶级才能实现文化自信。在第四章中，马克思、恩格斯直接敦促无产阶级行动起来，他们强调要教育工人尽可能明确地意识到资产阶级和无产阶级的敌对的对立，并把主要的注意力集中在德国，这是因为该国将在整个欧洲文明更进步的条件下，拥有发展得多的无产阶级实现革命的理想。在共产主义革命面前，无产阶级已经没有什么好失去的了，唯一能够失去的只是锁链，而获得的却是整个世界。这句为无产阶级鼓劲和打气

---

① 马克思，恩格斯. 共产党宣言［M］. 中共中央马克思恩格斯列宁斯大林著作编译局，译. 北京：人民出版社，2014：40.《宣言》第一章的最后揭示了无产阶级联合起来的极端重要性，因为按照马克思主义创始人的观点，资产阶级是建立在资本的形成和增殖基础之上的，而资本又是建立在雇佣劳动的基础之上的，雇佣劳动则是建立在工人的自相竞争基础之上的。所以，随着无产阶级在世界范围内的革命联合，资产阶级也就必然要灭亡。这就充分说明《宣言》在逻辑上是非常严谨的。

② 马克思，恩格斯. 共产党宣言［M］. 中共中央马克思恩格斯列宁斯大林著作编译局，译. 北京：人民出版社，2014：41.

的话，成为马克思、恩格斯和文化自信取得联系的重要理由。

由此可见，无论是前言，还是后续各章，《宣言》的主题始终是无产阶级的发展问题，即在创造出它来的生产关系面前树立和保持文化自信的问题。如果说《宣言》的前言为无产阶级的自信进行了命名（共产主义），那么，最后的结论"全世界无产者，联合起来！"就是实现自信的实践路径，而中间各章则是围绕如何培养和造就革命的无产阶级渐次展开的具体论证。在资产阶级还是无产阶级的问题上，马克思、恩格斯明显倾向于无产阶级，譬如，"工人阶级的解放应当是工人阶级自己的事情。"① 不难看出，尽管他们大量谈到了经济生产和政治斗争，但真正重要的是，无产阶级能够恢复自己的独立性和个性，从而胜任和实现资本主义掘墓人的角色。无产阶级的团结离不开现代工人自觉自愿的努力，而这就是他们的文化自信。无产阶级能够做出有利于自己长远利益和根本利益的选择，其依托的正是影响他们做出决定的文化观念和教育因素，以及他们对自身所负使命的正确理解。

在本来的意义上，现代工人只是资产阶级赚钱的工具，他们是资本主义生产关系的历史产物和必然结果，但在未来的意义上，无产阶级却有可能是资产阶级社会的掘墓人，并成为未来社会的领导者和建设者。因此，《宣言》深远的历史意义在于，它为无产阶级的崛起做好了理论上的准备。对于马克思、恩格斯而言，现代的工人能否自觉参加到无产阶级革命运动中来，取决于他们是否可以在资本主义生产关系语境中取得相对的独立性和形成自己的个性，而这又要无产阶级在文化上进行艰苦卓绝的努力。所以，马克思、恩格斯一方面是对资产阶级意识形态进行不遗余力的批判，另一方面则是不断用先进的思想理论武装现代的工人阶级，实现马克思主义与工人运动相结合。在马克思、恩格斯看来，为了实现无产阶级的解放，相信并且依靠无产阶级，说到底是要把无产阶级培养成为自信而且有能力实现其世界历史使命的阶级。这才是《宣言》文化思想的实质，也构成其与文化自信的本质关联。

---

① 马克思，恩格斯．共产党宣言［M］．中共中央马克思恩格斯列宁斯大林著作编译局，译．北京：人民出版社，2014：12.

《共产党宣言》与中国革命精神塑造

张　放①

　　《共产党宣言》于1848年2月在英国伦敦发行，是全世界范围内发行量最大、影响最广的政治学著作，其发表"标志着马克思主义的公开问世及国际共产主义运动的兴起，其传达的基本思想在马克思主义发展史上具有里程碑式的重要意义"②。正如习近平总书记指出，《共产党宣言》"是一部科学洞见人类社会发展规律的经典著作，是一部充满斗争精神、批判精神、革命精神的经典著作，是一部秉持人民立场、为人民大众谋利益、为全人类谋解放的经典著作"③。《共产党宣言》（以下简称《宣言》）的完整中文版于1920年在上海发行，至今已逾百年。百年间，《宣言》见证了中国共产党的建立、中国革命与建设的沧桑变化，并逐渐内化成为当代中国政治文化的重要组成部分。目前学术界对《宣言》的研究主要集中于现实意义、文本解读以及版本考证，本文在吸取已有研究的基础上，试图在《宣言》诞生和传播的历史脉络中，从思想文化史的角度考察其对中国革命进程的影响，在此基础上初步探索《宣言》对中国革命精神的形塑。

一、《宣言》的诞生与在中国的早期传播

　　《宣言》诞生的时代，即19世纪上半叶，欧洲经历了由第一次工业革命推动的资本主义工业化。众所周知，这场变革极大提高了社会生产力，重塑了人类生存的空间场景。但与此同时，由变革产生的社会问题也随之发生，诸如经

---

① 2022年度上海市教育科学研究项目"高校思政课获得感的提升路径研究"（项目号：C2022332）。
② 方红.《共产党宣言》陈望道译本考［M］.沈阳：辽宁人民出版社，2019：2.
③ 陈学明.重读《共产党宣言》［M］.北京：人民出版社，2018：99.

济危机频发、贫富差距扩大、社会矛盾加剧等。为转移国内危机，新型资本主义国家纷纷将目光对准世界范围内的未开发市场，由此导致新兴资本主义国家之间以及新兴资本主义国家与尚未融入资本秩序地区的冲突与矛盾。简言之，《宣言》诞生时代的矛盾具有双重性，一是资本主义国家内部有产者与无产者之间的结构性矛盾，二是国际间的竞争性矛盾与压迫性矛盾。

两种矛盾导致两种不同形式的反抗。内部矛盾方面，19 世纪三四十年代，欧洲接连爆发工人运动，如法国里昂工人起义、德国西里西亚纺织工人起义、英国宪章运动等。但这种反抗是在资本主义的框架结构中展开的，并未触及资本主义制度本身。外部矛盾方面，以中国人对英国侵略者的抗击为例，指导这种抗击的理念从根本上说是"两种民族传统观念"的结合："一种观念来自儒家的知识精英，他们提倡个体忠诚、爱国；另一种则在民间广泛存在，主要包括替天行道的英雄主义精神和集体反抗外族入侵的文化传统。"① 但不管是来自士大夫阶层的努力，还是社会底层民众的抗争，都未能将饱受西方列国侵略的中国带出泥淖。

事实上，内外维度的两种反抗形式之所以均以失败告终，乃是因为缺乏新型理论指导，因此抗争并不能从整体上解决由资本主义发展造成的全球性矛盾，而《宣言》的出现为抗争带来了新的曙光和希望。《宣言》的价值并不局限于某个地区，其核心问题意识也是具有世界性的，它所提供的理论武器极大地震动了未来百余年的世界政治图景。《宣言》站在全球发展的高度，从根本上提出了对抗资本主义的方案，加之其所具有的犀利语言和充沛情感，一经出版，便在欧洲各国的工人中间流行起来，并被翻译成多国语言，在全世界传播扩散。

相比之下，《宣言》中文版本的引入相对较晚。最早将马克思介绍到中国的是西方传教士。1899 年英国人颁德撰写的《大同学》由李提摩太和蔡尔康合译成中文，该书第一章和第三章提到了马克思、"安民新学"（社会主义）和《宣言》的相关内容。进入 20 世纪，《宣言》所具有的超越性、突破性革命精神自然也吸引到身处困境的中国进步人士的关注，二十年间通过各种媒体先后数次节译、介绍《宣言》。这一现象从一个侧面说明《宣言》此时至少部分地开始与中国国情相结合，激励在黑暗中摸索前进道路的知识分子，为他们的探索带去灵感。这些译介中最有影响的莫过于李大钊在 1919 年《新青年》第五、六号

① 威尔逊. 历史天平上的毛泽东［M］. 王伟丽，译. 北京：中国人民大学出版社，2015：176.

上连续发表的《我的马克思主义观》。在这篇雄文中，李大钊系统介绍了马克思主义的唯物史观、经济学说以及社会主义理论，并引用《宣言》中"从来的历史都是阶级竞争的历史"① 这句话，说明"阶级竞争"在马克思理论体系中的关键位置。李大钊对《宣言》和马克思主义的把握，对后来革命者理解《宣言》起到了重要指引作用。除此之外，一些留学日本的中国学生也对包括《宣言》在内的马克思主义学说引介作出了贡献。② 总体而言，这一阶段《宣言》所蕴含的对中国革命的指导价值开始被知识精英所认识，但由于介绍并不系统，《宣言》还未能在更大范围内发挥其潜在力量，直到《宣言》完整中译本的出现，这种局面才开始得以改观。

二、《宣言》首个中文完整译本发行

1920 年 8 月陈望道翻译的完整中文译本，作为社会主义研究小丛书的第一种，由社会主义研究社在上海出版，这是历史上马克思主义经典著作的第一个完整中文版本。马克思的正面半身照片印于封皮之上，"社会主义"这个重要概念也出现在封皮上，这些因素都为马克思主义的传播提供了便利。首个完整译本的发行，开启了马克思主义在中国体系化的主动译介和传播，为中国人接受马克思主义思想创造了社会舆论基础，也为中国共产党的成立做了理论铺垫。在此基础上，《宣言》推动了中国无产阶级革命的发展，促成革命精神的形成。回首历史，可以说《宣言》中文译本的顺利发行，预示着中国革命的胜利离不开思想的跨国流动、坚定的信念以及国际支援。

首先，我们要在思想文化国际交往的视野中透视陈望道翻译《宣言》——这与他在日本的留学经历密切相关。他在日本学习期间，接触并开始了解马克思主义，为其之后的信仰确立以及投身共产主义事业奠定了基础。近代以来，日本知识分子解决主体困境的路径主要有三条，分别是"脱亚入欧""亚洲统一"和社会主义。1903 年幸德秋水出版的《社会主义精髓》简单明了地阐释了日本早期马克思主义者对社会主义的理解，并将这种理解运用于对国际秩序的判断。③ 20 世纪的前十年，日本对马克思主义思想的研究大有进展，大量专著

---

① 中国李大钊研究会 . 李大钊全集：第 3 卷 ［M］. 北京：人民出版社，2006：29.
② 中共中央党史研究室 . 中国共产党的九十年（新民主主义革命时期）［M］. 北京：中共党史出版社，2016：21-22.
③ 幸德秋水 . 社会主义精髓［M］. 马采，译 . 北京：商务印书馆，2018：39.

的出版为关注该思想的读者提供了契机。① 第一次世界大战爆发后，对西方列强本质的进一步认识促使劳工运动和社会运动在日本蓬勃开展，马克思主义迅速普及。② 日本涌现出一批有影响力的马克思主义者，且多集中活跃于东京首都圈。陈望道正是在这一时期求学于东京诸高校。身为一个有理想有抱负的青年，他痛心于中国的状况，受日本进步思想的影响，他开始阅读马克思主义的著作，并通过中日进步人士的社交网络，与当时日本马克思主义的代表性学者有过接触。

在日本的经历，为陈望道理解马克思主义和中国革命的出路增添了国际视角，其共产主义信仰也逐渐确立。1919 年陈望道回国后，受聘于浙江省立第一师范学校，但很快因其激进改革而受到保守力量的抵制和诽谤，被扣上"非孝、废孔、共产、公妻"的罪名，最后还酿成"一师风潮"的流血事件。事件之后，他便回到义乌老家。经过此番顿挫，陈望道对改变社会的意愿更加迫切。据陈望道自己回忆，1920 年初上海《星期评论》杂志开始约他翻译《宣言》。当时《星期评论》是由戴季陶、李汉俊、沈玄庐三人主持的，陈望道翻译主要使用的底本是戴季陶给他的日本版。③ 该版本由幸德秋水和堺利彦经由英文版翻译而来，而英文版则是由萨缪尔·穆尔（Samuel Moore）从德文版翻译而来，并得到恩格斯亲自校对，权威性有所保证。据目前学术界的普遍看法，陈望道在翻译过程中还参考了《宣言》的英文版，不过这一看法还须更多证据支撑。鉴于老家的环境和条件，陈望道在翻译过程中能够参考的资料相当有限，而《宣言》本身涉及的知识面宽广，翻译过程中颇为花费精力，但信念的力量使得他将这一工作坚持下来。当翻译工作完成之时，他们却面临没有经费出版的尴尬。此时，维经斯基代表共产国际来到上海，为《宣言》的出版提供了经费支持。

概言之，思想文化的国际间交流、信念的支撑以及共产国际的援助这三个方面共同促成了《宣言》在中国问世，缺少其中一个条件，历史就可能改变。可以说《宣言》诞生本身就带有浓郁的信仰色彩和国际性特质。而这两大特征在今后中国革命精神的塑造过程中，发挥着基础性作用。《宣言》出版后，广为

---

① 堺利彦. 社会主义研究：第 1 期［M］. 东京：东京社会主义研究发行所，1906：83.
② 李永晶. 分身：新日本论［M］. 北京：北京联合出版公司，2020：235.
③ 宁树藩，丁淦林. 关于上海马克思主义研究会活动的回忆——陈望道同志生前谈话记录［J］. 复旦学报（社会科学版），1980（3）：1-4.

流传，首印千余册销售、分发一空。新中国成立前，陈译本总共发行了17个版本。①《宣言》成为众多怀揣理想、试图改变社会的青年人的案头书。例如，毛泽东在跟斯诺的谈话中就指出，有三本书帮助他建立了持续一生的坚定马克思主义信仰，而影响最大的便是陈望道翻译的《宣言》。② 周恩来也对陈望道说过，"我们都是你教育出来的"③。陈望道译本的出现，迈出了马克思主义中国化进程的关键性一步，为中国人理解马克思主义打开了一扇方便之窗。下文，我们将在中国革命的历史进程中，从思想文化史的角度重点考察《宣言》所发挥的作用。

三、《宣言》与中国革命进程的发展

《宣言》中文版的传播，积极参与塑造了中国革命进程。它的出现有效改变了革命者对于中国革命性质的理解以及对革命目标的期盼。这一改变对于我们之后进一步透视中国革命精神的形成，发挥着关键作用。具体来看，可以从四个方面来理解《宣言》与中国革命之间的关系。

第一，《宣言》为中国共产党的建立打下人才和理论基础。

1920年，《宣言》从翻译到正式出版发行，而这一年在中国共产党的历史上至关重要。这一年，在思想上已经转向马克思列宁主义的陈独秀在上海重新组织了《新青年》编辑部，吸收陈望道、李汉俊等拥护马克思主义的青年知识分子加入。经过调整，在上海出版的《新青年》实际上成为马克思主义宣传重镇，同时也成为后来筹建中国共产党的基地。④ 这些渴望进步思想的同道中人于5月份一同建立马克思主义研究会，积极兴办刊物，组织工会，宣传马克思主义。⑤《宣言》完整本的翻译出版工作自然成为马克思主义研究会的任务之一。马克思主义研究会也为上海共产党早期组织的建立奠定基础。维经斯基到上海后就发现，当时中国革命活动"最薄弱的地方就是活动分散"，不过在上海《新

---

① 陈红娟. 版本源流与底本甄别：陈望道《共产党宣言》文本考辨［J］. 中共党史研究，2016（3）：79-87.
② 斯诺，等. 早年毛泽东：传记、史料与回忆［M］. 刘统，编注. 北京：生活·读书·新知三联书店，2011：21-22.
③ 韩云川.《共产党宣言》在中国［N］. 人民日报，2006-06-29（7）.
④ 唐宝林. 陈独秀全传［M］. 北京：社会科学文献出版社，2013：248.
⑤ 宁树藩，丁淦林. 关于上海马克思主义研究会活动的回忆——陈望道同志生前谈话纪录［J］. 复旦学报（社会科学版），1980（3）：1-4.

青年》和支持其发行的群益书店则能够"作为一个核心把这些革命团体团结在它的周围"①。

8月，中文版《宣言》正式出版。与此同时，上海的共产党早期组织在法租界老渔阳里2号《新青年》编辑部正式成立，在"社会党"和"共产党"之间选择后者来为组织命名。② 正如有论者所言，在20世纪20年代初期的特定历史时刻，《宣言》驱动了一个政党以"共产"为名。③ 维经斯基将上海共产党早期组织的建立视为其上海之行的最重要成果。④ 该组织下设出版部、宣传部和组织部，负责培训干部、开展工人运动、出版党内机关报，宣传马列主义和苏俄新政府情况，"从思想上为全国建党做准备"⑤。陈望道翻译的《宣言》正是由出版部发行的，对上海和其他地方的青年人产生了重要影响。⑥ 可以说，《宣言》事实上加入了马克思主义从上海传向全国各地的历史进程。一批具有初步共产主义思想的进步青年和知识分子，通过学习《宣言》等马列主义著作，投身于工人运动和反帝反军阀斗争中不断锻炼自己，逐渐成长为无产阶级战士，"为中国无产阶级政党的创建准备了干部条件"⑦；与此同时，工人群众也开始接受新思想，提高觉悟，涌现一批拥有马列主义思想的先进分子。整体而言，正式成立中国共产党的条件已基本具备。⑧

《宣言》除了推动早期共产党组织的人才储备建设，还深刻塑造了党组织的理论认知。1920年11月7日上海共产党组织创刊了内部机关刊物《共产党》，陈独秀为其撰写了创刊词《短言》。在寥寥数百字中，陈独秀认为资本主义在欧美已经由发达走向崩塌，取而代之的必然是"社会主义的生产方法"。在资本主

---

① 中共中央党史研究室第一研究部. 共产国际、联共（布）与中国革命档案资料丛书：第1卷［M］. 北京：北京图书馆出版社，1997：28.

② 中共中央党史研究室. 中国共产党历史：第1卷（上册）［M］. 2版. 北京：中共党史出版社，2011：59.

③ 路军.《共产党宣言》和《资本论》在中国的早期翻译与传播［M］. 百年潮，2020（11）：30-39.

④ 中共中央党史研究室第一研究部. 共产国际、联共（布）与中国革命档案资料丛书：第1卷［M］. 北京：北京图书馆出版社，1997：31.

⑤ 唐宝林. 陈独秀全传［M］. 北京：社会科学文献出版社，2013：253.

⑥ 中共中央党史研究室第一研究部. 共产国际、联共（布）与中国革命档案资料丛书：第1卷［M］. 北京：北京图书馆出版社，1997：34.

⑦ 中共中央党史研究室. 中国共产党历史：第1卷（上册）［M］. 2版. 北京：中共党史出版社，2011：51.

⑧ 中共中央党史研究室. 中国共产党历史：第1卷（上册）［M］. 2版. 北京：中共党史出版社，2011：66.

义制度下，劳动者都是资本家的奴隶。要彻底摆脱奴隶的境遇，唯有通过"阶级战争的手段，打倒一切资产阶级，从他们手中抢夺来政权；并且用劳动专政的制度，拥护劳动者的政权，建设劳动者的国家以至于无国家，使资产阶级永远不致发生"。① 陈独秀表达的看法与《宣言》传递的核心要旨相同。同样的观念在同月制定的《中国共产党宣言》中再次表达——从标题来看，该宣言明显受到马恩《宣言》的影响。《中国共产党宣言》第一次比较系统地表达了中国共产主义者的理想和主张，尽管未在社会上流传开来，但选择加入组织的党员均可阅读，可以说反映了早期共产主义者的理论认知状况。《中国共产党宣言》指出共产主义者的理想是让社会上只存在一个阶级，即由劳动群众组成的无产阶级。要实现这一目标，就必须"用强力打倒资本家的国家"，"铲除现在的资本制度"，而实现目标的工具则是"阶级争斗"。在该宣言中，共产党的任务被明确，即组织和集中"阶级争斗的势力，使那攻打资本主义的势力日增雄厚"②。《中国共产党宣言》传达的中心思想同样来自马恩《宣言》，而其中一个关键术语"阶级争斗"更是直接源自陈望道译本中对"阶级斗争"的翻译。从这一细节足可见马恩《宣言》对中国早期共产党人理论认识的影响。可以说《宣言》在中国共产党成立的历史进程中扮演着重要角色。

第二，《宣言》构成中国革命者信仰和理想愿景的基石。

《宣言》之于中国革命的核心价值之一便是提供了对未来社会的理想愿景描述，很多进步青年正是追随着这一愿景，形成了共产主义信仰，并立志为这一愿景奋斗终身。在革命时期，革命者对这种愿景的向往是非常真实的。很多人都是在年轻时读了《宣言》等马克思主义读物，决定投奔共产党，义无反顾走上革命道路的。③ 当时还有不少从事教育的青年教师，由于对现实不满开始阅读《宣言》等书籍，从而发现了对未来社会构想的全新可能，并通过课堂将这些进步书籍介绍给学生，影响更多人投身理想事业。④《宣言》在追求进步的学生中影响非常大，即便在某些无法直接读到该书的内陆地区，青年人也都对其中的内容有所耳闻。⑤

---

① 陈独秀．陈独秀文集：第 2 卷［M］．北京：人民出版社，2013：76-77.
② 中共中央文献研究室．建党以来重要文献选编（一九二一——一九四九）：第 1 册［M］．北京：中央文献出版社，2011：486-487.
③ 张秀山．我的八十五年——从西北到东北［M］．北京：中共党史出版社，2007：7.
④ 刘昶．革命的普罗米修斯：民国时期的乡村教师［M］//黄宗智．中国乡村研究：第 6 辑．福州：福建教育出版社，2008：42-71.
⑤ 曾彦修．曾彦修访谈录［M］．李晋西，整理．北京：人民文学出版社，2020：25.

　　为什么《宣言》能够吸引如此多的进步青年树立信仰？我们要进入 100 年前的思想语境中寻求答案。五四前后，中国思想界事实上出现了双重危机，一方面，中国文化的价值和意义经历了"全盘性反传统主义"① 思潮的否定，另一方面由于西方国家在第一次世界大战中所暴露的种种问题，出现了诸如"西方文明破产论"等观念。许多有追求有理想的青年人一下子失去了人生坐标和奋斗方向，消极苦闷情绪开始产生蔓延。青年毛泽东敏锐地观察到当时"大势斗转"的现象，他坦言当时青年人思想的混乱："甚至国家要不要，家庭要不要，婚姻要不要，财产应私有应公有，都成了亟待研究的问题。"② 而在马克思主义指导下取得胜利的俄国革命，给处于烦闷无适的年轻人提供了不同的路径和希望。

　　与此同时，苏俄新政府成立后，发布第一次对华宣言，声称归还中东铁路，修改"中国在武力威逼或外国人侵威胁下被迫订立的各种旧条约"。1920 年 3 月底 4 月初，该宣言进入中国，在媒体上被反复宣传，引起中国人热烈响应。个人和团体纷纷通过各种方式发表意见，为苏俄在中国思想界塑造了新形象：原本是毁誉参半的苏俄新政权，现在成了主持正义的世界英雄，取代美国成为当时舆论的焦点。苏俄新形象的确立，不仅直接造成中国思想界的美俄易位，更因外交道路的"正义"使得其内政形象进一步正面化，从而在中国出现了"列宁时刻"，"为苏俄式的共产主义在中国铺了一条路"③。

　　俄国革命的胜利以及对华宣言发表所形成的合力，将年轻人更进一步推向马克思主义。当时，马克思主义对于青年人而言，可以在"赋予意义、积极引导、提供答案"三个方面提供整体性方案，"满足了人们的渴望，消解人们对国家命运模糊、低迷而又找不到下手处的痛苦"④。而这种痛苦的表现之一即是有感于中国人缺乏组织力，始终呈现各自为战、一盘散沙的局面。在这一语境下，

① 林毓生. 中国意识的危机："五四"时期激烈的反传统主义 [M]. 穆善培，译. 贵阳：贵州人民出版社，1986：2.
② 中共中央文献研究室，中共湖南党委《毛泽东早期文稿》编辑组. 毛泽东早期文稿 [M]. 长沙：湖南人民出版社，2008：335.
③ 周月峰. "列宁时刻"：苏俄第一次对华宣言的传入与五四后思想界的转变 [J]. 清华大学学报（哲学社会科学版），2017（5）：113-128.
④ 王汎森. 思想是生活的一种方式：中国近代思想史的再思考 [M]. 北京：北京大学出版社，2018：90-91.

《宣言》最后那句"万国劳动者团结起来呵!"① 就显得格外有冲击力和凝聚力。

受到《宣言》的影响，选择革命的人开始将"组织起来"视为中国通向理想愿景的必由之路。1920 年 12 月陈独秀在给张东荪的复信中对中国劳动者缺少组织的现状痛心疾首，认为"中国劳动者没有组织，没有阶级的觉悟，不能做阶级的斗争来抵抗资本家，所以生活极苦而工价极贱，造成外国资本家群来掠夺底好机会"②。唯有组织起来，才能抵抗剥削者的层层压迫，最终夺取理想生活的权利。这一逻辑在次年成立的衙前农民协会宣言中也清晰地体现出来："我们农民，从小没有受教育的机会，长大时做了田主地主不用负担维持生存条件的牛马奴隶，老来收不回自己从来所努力的一米半谷来维持生活。……我们的觉悟，才是我们的命运。我们有组织地团结，才是我们离开恶运交好运的途径。决定我们的命运，正是决定全中国人的命运。"③ 劳动者需要团结起来对抗资本家，农民需要团结起来对抗地主，沿此逻辑，如果要想对抗帝国主义的侵略，则需要全国人民大团结。1924 年 1 月李大钊在中国国民党第一次代表大会上的发言就明确传达了这层含义："我们相信在今日列强的半殖民地的中国，也就是本党总理所说的次殖民地的中国，想脱除列强的帝国主义及那媚事列强的军阀的二重压迫，非依全国国民即全民族的力量去做国民革命运动不可。"④

毛泽东延续李大钊的逻辑，更进一步肯定群众所具有的巨大力量，明确动员广大群众参加革命是把帝国主义赶出中国的唯一路径："真正的铜墙铁壁是什么？是群众，是千百万真心实意地拥护革命的群众。这是真正的铜墙铁壁，什么力量也打不破的，完全打不破的。反革命打不破我们，我们却要打破反革命。在革命政府的周围团结起千百万群众来，发展我们的革命斗争，我们就能消灭一切反革命，我们就能夺取全中国。"⑤ 1936 年，在与斯诺谈话时，毛泽东再次强调只有团结起来的群众，才有力量战胜帝国主义，实现理想社会愿景："中国

① 马格斯，安格尔斯. 共产党宣言［M］. 陈望道，译. 上海：社会主义研究社，1920：55.
② 陈独秀. 陈独秀文集：第 2 卷［M］. 北京：人民出版社，2013：87.
③ 于建嵘，何建华，苑丰. 中国农民问题研究资料汇编：第 1 卷（上）［M］. 北京：中国农业出版社，2007：3.
④ 中国李大钊研究会. 李大钊全集：第 4 卷［M］. 北京：人民出版社，2006：389.
⑤ 中共中央文献研究室. 毛泽东选集：第 1 卷［M］. 北京：人民出版社，1991：139.

蕴藏着极其巨大的潜力，这些力量，在一个伟大的斗争的时期是能够组织起来投到强大的抗日战线上去的"；"我们深信，中国人民是不会向日本帝国主义屈服的。我们深信他们会把他们的巨大潜力动员起来，投到抗日的战场上去的，他们会全力以赴地去对付侵略者的挑战。"①

简言之，中国革命者经由《宣言》发现共产主义信仰的价值，共产主义信仰能够有效解答革命者思想中的诸多困惑，并提供一套完整的行动指南引导其行动：革命者按照《宣言》构想出革命的目标和未来愿景，并根据《宣言》发掘了实现革命目标的根本路径——团结起来。这正是《宣言》在中国革命中发挥作用的基本表现形式。

第三，《宣言》为团结民众、发动更深入的社会革命提供了关键性理论武器。

共产党人通过《宣言》明确了将群众团结起来，是取得革命胜利、建立理想社会的唯一路径。那么，如何将群众团结起来，就成为革命者下一个面临的问题。而《宣言》中出现的"阶级斗争"概念，对共产党人深入群众、发动群众，尽可能地团结和动员革命力量，起到了最为关键的作用。可以说"阶级斗争"概念，对中国革命和建设影响极其深远。中国共产党所进行的革命动员，与对"阶级"概念的理解把握以及对"斗争"概念的洞悉密不可分。

1922年4月陈独秀在《马克思学说》一文中谈了对阶级斗争的理解。他认为马克思和恩格斯最重要的著作即是《宣言》，而该书精髓则是"阶级争斗"。"阶级争斗"的要义被陈独秀概括为两点，一是"一切过去社会的历史都是阶级争斗的历史"；二是"阶级之成立和争斗崩坏都是经济发展之必然结果"。②

当然，对"阶级斗争"概念把握最为深刻、贯彻最为彻底的当属毛泽东。1925年12月毛泽东在《中国社会各阶级的分析》开篇即表明："谁是我们的敌人？谁是我们的朋友？这个问题是革命的首要问题。中国过去一切革命斗争成效甚少，其基本原因就是因为不能团结真正的朋友，以攻击真正的敌人。"③ 在毛泽东看来，缺少阶级分析思维以及疏于对阶级斗争的理解，是中国革命难以取得成效的根本原因。毛泽东在《实践论》中特意强调阶级斗争之于社会实践的重要性，认为阶级斗争对于人的认识发展的影响尤为深刻，"在阶级社会中，

---

① 中共中央文献研究室. 毛泽东文集：第1卷［M］. 北京：人民出版社，1993：383.
② 陈独秀. 陈独秀文集：第2卷［M］. 北京：人民出版社，2013：240.
③ 中共中央文献研究室. 毛泽东选集：第1卷［M］. 北京：人民出版社，1991：3.

每一个人都在一定的阶级地位中生活，各种思想无不打上阶级的烙印"①。1941年9月在延安对中央妇委和中共中央西北局联合组成的妇女生活调查团讲话时，毛泽东谈了自己对农村调查的心得，明确指出受《宣言》之影响，他"才知道人类自有史以来就有阶级斗争，阶级斗争是社会发展的原动力，初步地得到认识问题的方法论"②。可以说，是《宣言》打开了毛泽东以阶级视角透视中国社会的大门。

而所谓革命动员、发动革命，其实质便是在广大农村地区进行阶级划分，将传统中国文化中含情脉脉的农村文化割裂、打破，按照马克思主义的"阶级"视角对其力量进行重新整合，调整农村的权力格局和政治秩序，将马克思主义的概念与中国的现实问题有机结合起来，进而在解决民族前途的"整体性思路"和日常生活的"具体性实践"之间建立起关联。将"阶级"和"阶级斗争"概念落地的关键一步即是农村调查。毛泽东非常重视实地调查，并撰写多份农村调查报告。毛泽东正是在不断深入农村的过程中，逐渐将基于自身生活体验的感性认识转化成了基于马克思主义理解基础之上的理性认知。而这一过程也是将《宣言》中的"阶级斗争"概念不断融入中国革命、塑造革命精神的过程。

第四，《宣言》为革命者理解中国革命注入了国际视野。

如上文所述，《宣言》诞生的历史背景是由于资本主义的迅速发展而形成的跨越国境和地区的时代危机。在这一背景下，宣言的核心问题意识并非集中于某个国家或者某个地区，而是关注全球性状况。而《宣言》所倡导的理想愿景得以实现的逻辑基础，也是以在全球范围内将先进革命力量调动组织起来为前提的。因此，《宣言》本身就具有浓郁的国际视野。当中国革命者通过阅读《宣言》来理解自身行动的价值和意义时，势必将这种国际视野代入其中。

理解革命的国际视野在列宁著作的影响下变得更加坚定。列宁在《帝国主义是资本主义的最高阶段》一书中，明确揭示了资本主义发展逻辑所具有的全球性特征："在资本主义制度下，国内市场必然是同国外市场相联系的。资本主义早已造成了世界市场。所以随着资本输出的增加，随着最大垄断同盟的国外联系、殖民地联系和'势力范围'的极力扩大，这些垄断同盟就'自然地'走向达成世界性的协议，形成国际卡特尔。"③ 这些垄断组织是跨越国界和疆域

---

① 中共中央文献研究室. 毛泽东选集：第1卷［M］. 北京：人民出版社，1991：283.
② 中共中央文献研究室. 毛泽东文集：第2卷［M］. 北京：人民出版社，1993：379.
③ 中共中央马克思恩格斯列宁斯大林著作编译局. 列宁专题文集（论资本主义）［M］. 北京：人民出版社，2009：155.

的，其所具有的剥削和压迫性质也注定不会局限在一国范围内，受压迫者也必定分散在世界各个角落——来自不同地域、拥有不同文化和历史的民众，面临着相同的命运。列宁将发展至此的资本主义称为"帝国主义"，即"发展到垄断组织和金融资本的统治已经确立、资本输出具有突出意义、国际托拉斯开始瓜分世界、一些最大的资本主义国家已把世界全部领土瓜分完毕这一阶段的资本主义。"① 帝国主义国家的利益是全球性的，帝国主义在任何一个区域遭到受压迫民众的反抗，其利益链条都会受损。

1925 年 8 月李大钊在开封第一师范的演讲中沿用了列宁对帝国主义的界定，并更加强调帝国主义所具有的武力侵略性质："帝国主义是什么？就是资本主义发展之结果。因为他要向海外找殖民地作他自己的贸易场和原料地，因为又要保护，便要武装起来，所以武装之资本主义就是帝国主义。"② 在这种情况下，中国人的革命和反抗就不仅仅是中国的问题，而且是世界的问题，"将来中国革命成功之一日，即世界问题解决之一日，即世界革命成功之一日"。③ 1926 年 5月陈独秀在《孙中山三民主义中之民族主义是不是国家主义?》中更是明确了帝国主义时代的民族运动所具有的国际性之特点："这时代的民族运动之特性，乃是二十世纪一切殖民地半殖民地及被压迫国家之资产阶级及无产阶级联合反抗他们的压迫者——资本帝国主义，不像前时代的民族运动是单纯资产阶级运动。因为资本帝国主义有国际性，反抗他们之民族运动也不得不含有国际性，和前时代民族运动之对象及作战策略遂至不同，这也是此时代民族运动和前时代民族运动特征不同之一。""前时代的民族运动是：纯资产阶级的，没有国际性的，造成资本帝国主义的；此时代的民族运动是：各阶级联合的，含有国际性的，反资本帝国主义的。"④ 这段话充分体现出中共早期革命者对于革命所蕴含的世界维度的理解。可以说，帝国主义时代的革命和反革命行为，都具有牵一发而动全身的全球性意义。

毛泽东进一步深化了对中国革命国际维度的理解，"自从帝国主义这个怪物出世之后，世界的事情就联成一气了，要想割开也不可能了"。⑤ 在此基础上，

---

① 中共中央马克思恩格斯列宁斯大林著作编译局. 列宁专题文集（论资本主义）［M］. 北京：人民出版社，2009：176.
② 李大钊. 李大钊全集：第 5 卷［M］. 北京：人民出版社，2006：51.
③ 李大钊. 李大钊全集：第 5 卷［M］. 北京：人民出版社，2006：57.
④ 陈独秀. 陈独秀文集：第 3 卷［M］. 北京：人民出版社，2013：431.
⑤ 中共中央文献研究室. 毛泽东选集：第 1 卷［M］. 北京：人民出版社，1991：161.

他更进一步分析了全球格局中处于压迫与被压迫、剥削与被剥削的双方。他借用中国传统中的一个概念"义战"来定义世界范围内被压迫民族和被压迫阶级的革命斗争，认为"全世界一切由人民起来反对压迫者的战争，都是义战"，在帝国主义者与被压迫者二元对峙的国际秩序中，义战必定遍布全世界。而义战最关键的一个特征，在毛泽东看来就是"得道者多助"，即"凡义战都是互相援助的"。① 因此，中国的革命离不开世界各国正义力量的帮助，中国也同样会帮助其他受剥削受压迫民族摆脱帝国主义的侵略。义战一方的利益注定要超越民族和疆域的界限，从根本上讲是一致的。中国革命所拥有的全球性价值，是历朝历代的起义造反所不具备的，这一特征使革命具有了全新的生命力和意义。《宣言》为革命者准确把握革命性质的根本特征奠定了基础，而这一对革命透析的全球性视角，直接影响了革命的前途和结果。

四、《宣言》对中国革命精神的形塑

前文梳理了《宣言》产生之时代背景所具有的全球性特征，在思想跨国流动、信念支撑和国际支援前提下首个中文完整译本诞生的大致经过，进而从阅读接受史的视角探讨了《宣言》对中国革命进程的影响和推动。文章结语部分旨在以上述讨论为基础，初步概括《宣言》对中国革命精神之形塑。本文所关注的，不是产生一时效应、稍纵即逝的波纹，而是《宣言》本身特征在与中国革命进程长期互动中，逐渐凝聚、回响至今的精神特质。这种精神特质，可以从三个方面进行总结。

第一，《宣言》促成革命信仰的产生与持续性凝聚。中国共产党领导的革命是具有信仰支撑的革命，革命者怀揣强烈的信念投奔革命，为了实现心中美好的愿景，他们毫不犹豫地牺牲小我、成就大我。缺少对革命进程中信仰凝聚力的把握和理解，我们很难确保在阐释革命时不会出现偏差。在信仰的形成和维系方面，《宣言》扮演着重要的角色。《宣言》中对唯物史观清晰明了的解释极具说服力，读者能够准确把握其中阐释的社会发展规律，并秉持一种乐观积极的态度面对眼下的困顿。而《宣言》富有战斗力的犀利话语也能够将人们从彷徨、颓废、畏缩、安于现状、不思进取的泥淖中拉出来。正是由于强烈的逻辑性和鼓动性，《宣言》成为一代代共产党员产生信仰、维系信仰的源泉。2020年6月27日习近平在给复旦大学《共产党宣言》展示馆党员志愿服务队全体队

---

① 中共中央文献研究室．毛泽东选集：第 1 卷 ［M］．北京：人民出版社，1991：161．

员的回信中，高屋建瓴地表明《宣言》对信仰形成的重要价值，将学习《宣言》置于凝聚和维系信仰的高度："心有所信，方能行远。面向未来，走好新时代的长征路，我们更需要坚定理想信念、矢志拼搏奋斗。"① 革命精神中的信仰特质，在新时代的建设进程中将继续发挥着关键作用。

第二，《宣言》赋予中国革命以理想主义气质。习近平总书记在十九大报告中指出，"革命理想高于天。共产主义远大理想和中国特色社会主义共同理想，是中国共产党人的精神支柱和政治灵魂，也是保持党的团结统一的思想基础。"② 诚如总书记所言，中国共产党领导的革命具有深厚的理想主义气质，这种气质的形成同样与《宣言》密切相关。《宣言》中对资本主义逻辑无情的批判以及对全世界无产者联合起来与被压迫命运相抗争的描述，为革命时期在黑暗中摸索前行的革命者提供了一幅光明的宏大愿景，这一愿景成为革命者行动的精神指引。这种革命的理想主义精神并未随着革命胜利而终止，在社会主义建设时期，这种理想主义又促使一批批各行各业的有志青年奔赴祖国边远地区，发挥他们的专业技能，支援国家建设。革命时期形成的这种理想主义气质，能够抵挡住各种诱惑与腐蚀的汹涌浪潮，构成善良与德性的重要基石，是中华民族持续性前进必不可少的要素。

第三，《宣言》熏陶出中国人浓郁的国际主义情怀。如上所言，《宣言》将一个民族或地区的反抗，赋予国际视野，唯有站在全球发展高度，才能为革命行动找到出路。从资本主义在全世界大肆扩张的时刻起，一个民族的命运就已经无法在民族国家的版图内被决定。中国共产党领导的革命其命运与世界范围内的反抗者紧紧交织在一起，一荣俱荣，一损俱损。中国革命的胜利，不仅仅是中国人的胜利，同时也为世界其他地区的民众带去了希望和借鉴，为世界反法西斯战争作出了贡献。新中国成立后，民族独立的事实并没有让中共领导人停止通过国际视野思考如何为世界作出更大的贡献，正如毛泽东所言，"中国是一个大国，它的人口占全世界人口的四分之一，但是它对人类的贡献是不符合它的人口比重的。将来这种状况会改变"③。而各级教育中融入的国际主义内容

---

① 习近平.习近平给复旦大学《共产党宣言》展示馆党员志愿服务队全体队员的回信[EB/OL].中华人民共和国中央人民政府，2020-06-27.

② 中国共产党第十九次全国代表大会文件汇编写组.中国共产党第十九次全国代表大会文件汇编[M].北京：人民出版社，2017：51.

③ 中华人民共和国外交部，中共中央文献研究室.毛泽东外交文选[M].北京：中央文献出版社，1994：257.

也使得成长在新中国的年轻人早早就认识到中华民族命运与世界人民命运之间存在的紧密关系。如今，"人类命运共同体"的提出，更是将形成于革命时期的国际主义情怀提升到全新高度，中国共产党也必将不忘初心、铭记《宣言》中的使命，秉持国际主义情怀，为世界健康和谐地发展，作出自己的贡献。

专题六：

国际视野下的马克思主义中国化

库恩呼吁世界理解中国共产党①

郑国玉

"我从一开始就对中国能战胜疫情充满信心",库恩博士在接受《环球时报》专访时表示:"中国走的是中国特色社会主义道路,强调中国共产党的领导,以及共产党对中华民族伟大复兴和为人民谋幸福的承诺。"② 罗伯特·劳伦斯·库恩(Robert Lawrence Kuhn)是美国著名的国际投资银行家和公司战略家,也是作家、学者和科学家。库恩于 1989 年首次访华,在此后的 30 多年里,他一直关注中国的改革开放,亲眼看见并经历了当代中国在经济、社会、文化、科技等各领域所取得的重要成就。20 世纪 90 年代中期开始,库恩经常在中外新闻媒体上就中国问题接受采访、发表评论,在报刊、网站上撰文和出版专著以及参与制作、主持海内外中国主题的深度电视节目和纪录片,用独特的视角解读中国,不断向世界讲述一个全面、真实的中国和中国共产党及其领导人的故事,被称为"美国的中国通"。2018 年 12 月 18 日,在北京举行的庆祝改革开放 40 周年大会上,库恩博士被授予"中国改革友谊奖章"。在庆祝中华人民共和国成立 70 周年之际,这位中国人民的老朋友在接受媒体采访时表示,新中国成立 70 年来取得了巨大发展成就,为全球繁荣与稳定作出了重要贡献,但许多外部人士并不能客观看待中国的成功,也无法充分了解中国成功背后的艰辛。③ 因此,库恩认为,向世界讲述真实的当代中国故事是一项十分有意义的工作。

---

① 基金项目:2018 年上海市哲学社会科学规划课题"中国特色社会主义在美国的研究状况评析"(2018BKS009)的阶段性成果。

② 闫韫明.美国库恩基金会主席库恩接受《环球时报》专访:"我一开始就对中国战疫充满信心"[N].环球日报,2020-03-30.

③ 钱珊铭.罗伯特·库恩:中国用自身发展促进全球繁荣与稳定[Z].中央广播电视总台国际在线频道,2019-10-01.

一、只有理解了中国共产党，才能真正理解中国

"中国共产党保持执政党地位近 70 年，这是很多外国朋友所惊奇的"，库恩在《需要向世界多讲讲中国故事》（2016）一文中写道："许多外国人对中国共产党还不够了解——比如，不了解中国共产党的宗旨、组织以及运作"，① 因此，库恩认为："现在，世界对中国的兴趣正不断增加，只有理解了中国共产党，才能真正理解中国。"② 理解中国共产党的方式，库恩认为可以通过了解一位中共领导人的个人史来进行，但库恩认为："大部分西方媒体在对中国进行报道时，都形成某种偏见，对中国领导人的动机有着某种固定的预设。"③ 库恩试图扭转这种现象："想把我在中国的所见所闻尽可能多地介绍给我的美国同胞乃至西方世界。"④ 江泽民就是库恩向西方，特别是美国人，真实介绍中国的第一个很好的"载体"和一种有效的"媒介"，其撰写的《他改变了中国——江泽民传》（2005）正是在这一背景下出版发行的。另一方面，通过了解中国的历史，了解中国正在发生的事情，以此来反映整个中国 20 世纪的历史巨变，是库恩向西方尤其是美国人客观介绍中国共产党的又一方式，库恩的巨著《中国 30年：人类社会的一次伟大变迁》（2008）就是这样的一部理论成果。

中国共产党肩负着历史性的使命。在撰写《中国领导人是如何思考的》（2009）一书的过程中，库恩采访了十几位中国共产党的高级领导干部，包括时任浙江省委书记的习近平。在 2006 年 3 月进行的一次访谈中，习近平向库恩介绍了中国四代领导人是如何履行职责和使命的：毛泽东领导中国人民推翻了三座大山，使中国人民站起来了，并通过新民主主义和社会主义革命建设社会主义强国；在邓小平的领导下，迎来了改革开放的新时代，提出了社会主义现代化建设"三步走"的战略目标；在江泽民的领导下，"三个代表"重要思想阐明了中国共产党的历史使命和现代化的目标；在胡锦涛的领导下，中国共产党正在推进"科学发展观"的重大战略。⑤ 2012 年年底习近平就任中共中央总书

---

① 库恩. 需要向世界多讲讲中国故事［N］. 人民日报，2016-08-18.
② 张宏毅. 国际视野中的中国共产党［N］. 人民日报，2016-06-26.
③ 库恩. 中国 30 年：人类社会的一次伟大变迁［M］. 吕鹏，李荣山，徐辰，等译. 上海：上海人民出版社，2008：13，434。
④ 听库恩讲述 4 年潜心写作的经历感想［N］. 新民晚报，2005-02-05.
⑤ Kuhn R L. How China's leaders think：the inside story of China's reform and what this means for the future［M］. John Wiley & Sons，2009：24，436.

记，中国共产党在整个国家层面，包括经济、社会、军事、政治等各个领域加快了改革进程。2014 年 9 月，《习近平谈治国理政》一书出版发行，书中记录了习近平和党中央领导集体有关治国理政的思考与实践，回应了国际社会对当代中国问题的关切。库恩称："这本书是一个里程碑，因为它解释和丰富了中国梦的概念"。① 在库恩看来，读懂了《习近平谈治国理政》这本书，就能理解中国共产党提出"四个全面"战略思想的深意，也有助于更好预见中国的未来。一些外国学者认为这本书中展现的只是政治格言，并无太大价值，对此观点，库恩批评道："那些把这些政治格言视为简单的口号而不予理会的外国人，失去了一个丰富他们对中国现实和在世界上具有更广泛适用性的治理经验的理解的机会。"②

2017 年 10 月，中共十九大的召开以及习近平新时代中国特色社会主义思想作为当代指导思想被写入党章。为此，库恩撰写了《解读习近平思想的精髓》（2018）一文，从目标、框架和时间表三个不同的角度来概括"习近平新时代中国特色社会主义思想"的精髓。③ 我们看到，习近平担任党和国家最高领导人以来，我们党加快推进各个领域的改革——强势反腐是改革；依法治国是改革；脱贫攻坚是改革；重组军队是改革；机构重组是改革。中国共产党推动的改革力度强、范围广，成效显著。库恩曾乐观地预测说："当未来的历史学家再现中国的悠久历史时，他们很可能会把中国当下的时代作为一个转折和变革的时代。"④

二、要理解中国共产党，必须理解其人才选拔机制和选贤任能制度

库恩认为，要理解中国共产党，人们还必须理解该党的人才选拔机制和选贤任能制度。中国共产党继承、创新并发展了干部人才选拔机制，这个机制对官员的选拔、任用、培训、考核、提拔乃至降职等，都做出了一整套规定。这个选拔过程很严格，包含定量评估，具有连续性。库恩对我们党的这套干部人才选拔机制比较欣赏，他说："中国这样一套选贤任能制度对于其他国家也是有

---

① Xinhua, Book of Chinese President Debuts at Frankfurt Fair ［N］. China Daily, 2014-10-09.

② Xinhua, Chinese Experience Highlighted at BRICS Seminar on Aovernance ［N］. China Daily, 2017-08-18.

③ Kuhn R L. Discerning the Essence of Xi Jinping Thought ［N］. China Daily, 2018-03-26.

④ Zhu Xingxin. Vision China Series Makes Eloquent Start ［N］. China Daily, 2018-01-22.

借鉴意义的。"① 为更好地理解中国共产党，库恩在《中国共产党是什么》（2015）一文中提出了一个八维分析框架："意识形态及其发展；历史和遗产；领导层和精英政治；机构和组织；人员选拔和培训；纪律和反腐；当代挑战和未来前景。"②

为了撰写《中国领导人是如何思考的》一书，库恩分别于 2005 年 2 月和 2006 年 3 月，两次在杭州与时任浙江省省委书记习近平进行过交谈。"他友善，彬彬有礼，思想开放，充满活力"，库恩回忆说："习近平是个精力充沛，非常务实的领导人。"③ 此书不仅介绍了新中国成立 60 多年来尤其是改革开放 30 多年间的中国共产党及其领导人的思想，而且对未来几十年中国共产党及其领导人将面临的巨大机遇和高度不确定性进行了探析。库恩预言，中国共产党的下一代领导人以他们的教育、经验和远见卓识，应该为中国带来新的思维方式——保持连续性、创新政策、推进发展、改革治理和现代化理念。在他看来，习近平拥有洞察问题的能力，习近平的经历使他能够深刻理解影响中国全局的问题；眼下的中国人民呼吁改革，这需要一位强有力的领导人，而习近平的背景有助于改革的实现。库恩毫不掩饰他对习近平的欣赏："他（习近平）是一个非常可敬和有远见的人"。④ 库恩对习近平的欣赏，还因为他感受到了习近平深厚的爱国情怀，后者曾经亲口告诉他复兴中国的伟大梦想："2006 年，习近平担任浙江省委书记时，他告诉我有关中国的自豪感和爱国主义正在推动中国的历史复兴，这与他最近的讲话非常相似。"⑤

库恩指出，在党的自身建设方面，中国共产党在 2012 年年底推出了"八项规定"，禁止官员和干部铺张浪费和形式主义；2014 年全党围绕"三严三实"——"严以修身、严以用权、严以律己，谋事要实、创业要实、做人要实"，开展干部队伍建设是习近平总书记对各级领导干部的新要求，是加强领导干部作风建设一系列重要论断的最新凝练和提升。⑥ 2017 年，中国举办了"中

---

① 库恩. 为中国稳步发展指明方向［N］. 人民日报，2017-10-25.

② Kuhn R L. The Party Explains What the Party is About［N］. China Daily（European Weekly），2015-06-05.

③ Kuhn R L. How China's leaders think：the inside story of China's reform and what this means for the future［M］. John Wiley & Sons，2009：436.

④ Chen Weihua . Xi Someone You Can Trust：Kuhn［N］. China Daily，2015-09-22.

⑤ Kuhn R L. Xi Jinping's Chinese Dream［N］. The New York Times ，2013-06-04.

⑥ Xinhua. China Headlines：How is the Chinese Dream Changing the World?（2）［EB/OL］.（2015-06-10）［2017-06-10］.

国共产党与世界政党高层对话会"，库恩认为这个对话会很有意义，他说："它让世界注意到，习近平领导下的中国共产党经过改革，正在自豪和自信地走向世界，特别是向发展中国家解释党的领导和党的建设对发展的好处。"① 2020 年春节，当中华大地遭遇了前所未有的疫情的严峻考验时，库恩深信："毫无疑问，中国由共产党领导，中国的政治体制和强大的政府可以更加有力、高效、迅速地应对疫情。"②

三、共产党的领导对中国未来发展至关重要

习近平在庆祝中华人民共和国成立 70 周年招待会上指出，中国人民发愤图强、艰苦创业，创造了"当惊世界殊"的发展成就。在库恩看来，之所以取得这种"当惊世界殊"的发展成就，关键在于中国共产党长期以来的领导才能，库恩坚持认为，世界要理解中国，就必须理解中国共产党的长期执政是最适合中国发展的选择。他在《共产党领导对中国发展至关重要》（2017）一文中指出："一个重要原因就在于，中国共产党是发展中的政党，中国共产党有着很强的适应能力，强调试验的重要性，并通过试点来检验新政策的可行性。"③ 十八大以来，深化改革、精准扶贫和反腐相辅相成，打破利益集团，加强民主监督、加强反腐力度并形成机制化，是中国共产党面临的挑战。库恩也看到了这些困难，认为中国只有加强中国共产党的领导才可能解决这些问题。他分析道："鉴于国家的体量和复杂程度，中国领导人的每一项重大决定都有着多方面考量。中国有着十分特殊的国情，目前面临着增长放缓、产能过剩、环境污染、发展不平衡等复杂的国内压力，以及全球经济疲软、贸易保护主义抬头、恐怖主义、地缘争端等严峻的国际挑战。在此背景下，中国更需要中国共产党强有力的领导力量。"④ 在库恩的记忆中，习近平早在十几年前对中国发展中面临的挑战就有清醒的认识，并不是最近才意识到的。库恩想起 2006 年他遇到时任浙江省委书记习近平时，后者强调对中国最近的成就感到自豪但不应该因此自满："与我们悠久的历史相比，我们的发展速度没有那么令人印象深刻。我们需要客观地

---

① Kuhn R L. Watching China's Year for History［N］. China Daily，2017-12-27.
② 闫韫明. 美国库恩基金会主席库恩接受《环球时报》专访："我一开始就对中国战疫充满信心"［N］. 环球时报，2020-03-30.
③ 库恩. 共产党领导对中国发展至关重要［N］. 人民日报，2017-10-17.
④ 库恩. 共产党领导对中国发展至关重要［N］. 人民日报，2017-10-17.

评估自己。"①

事实上，库恩十几年前就已经认识到中国共产党的领导对中国的未来发展至关重要这一道理。早在 2008 年出版的《中国 30 年：人类社会的一次伟大变迁》一书中，库恩曾记录了与时任中央文献研究室主任冷溶的一段谈话："我们相信，就中国的整体利益来讲，共产党应该继续保持执政党地位。这是维护稳定、促进发展、造福于人民的唯一途径。共产党的领导地位，就在于它要为人民的利益服务。"② 库恩不仅看到了中共执政对中国发展的重要性，他还看到了中共执政的三大合理基础："只有这样才能继续改善人民的生活水平；只有这样才能维护一个稳定统一的国家，建设一个幸福和谐的社会；只有这样才能实现中华民族的伟大复兴。"③ 2019 年 10 月，中国共产党十九届四中全会审议通过《中共中央关于坚持和完善中国特色社会主义制度、推进国家治理体系和治理能力现代化若干重大问题的决定》，引发海外专家学者的热切关注。库恩认为，中国特色社会主义制度是中国发展道路的最佳选择，四中全会提出的制度安排涉及中国国家治理各个方面，对于观察和了解中国的发展方向非常重要。④ 自他1989 年访华后的 30 多年来，库恩亲眼见证了中国共产党领导下的中国政府切实回应民众需求，在减少贫困、治理污染、提升医保等方面做出的不懈的努力，并让中国民众享受到了这些努力带来的成果。由此，他呼吁国际社会尊重中国的发展理念，认可中国的政治发展道路。他直言不讳地宣称："中国要成为国际强国，其理念和哲学必须得到国际社会的尊重。这并不局限于经济和军事方面，还包括对中国自己选择的发展道路的认可、政治体制的认可，尤其是执政党永久执政地位的认可。"⑤ 2020 年 3 月，库恩在接受《环球时报》专访时表示，中国模式区别于西方模式的独特之处在于，中国共产党保持永久的领导地位，并采用了植根于中华文明的精英体制。如今，国际社会越来越多人领悟到，中国共产党的领导是中国成功实现大发展的关键；中国共产党长期执政的优势在于能够快速落实关键的、重要的政策，能够确保那些需要长期执行的政策延续下

① Kuhn R L. New Challenges for New Leaders [N]. China Daily, 2013-03-09.

② 库恩. 中国 30 年：人类社会的一次伟大变迁 [M]. 吕鹏，李荣山，徐辰，等译. 上海：上海人民出版社，2008：13-434.

③ Kuhn R L. Xi Jinping, a Nationalist and a Reformer [N]. South China Morning Post, 2013-06-06.

④ 中国推进国家治理体系和治理能力现代化将为世界提供新镜鉴——海外人士热议中共十九届四中全会公报 [N]. 人民日报，2019-11-02.

⑤ Kuhn R L. China's New Diplomatic Horizon [N]. Beijing Review, 2015 (6).

去。这种领悟，或许与库恩等中国的国际友人的呼吁不无关系。

今天，中国进入了新时代，这个新时代充满了变革、机遇和挑战，但中国的方向很明确，即坚持中国特色社会主义。中国共产党的领导，把人民的福祉和幸福放在首位，取得了令人羡慕的发展现状和趋势。库恩在人民大会堂现场聆听了习近平主席在庆祝中华人民共和国成立70周年招待会上的重要讲话后表示，他感受到了中国面向未来的无比自信。①

---

① "中国的发展故事为各国树立了典范"——国际人士积极评价习近平主席在庆祝中华人民共和国成立70周年招待会上的重要讲话 [N] . 人民日报，2019-10-01.

生态学马克思主义批判及其当代意义

孙秀丽

现代社会，人类发展挑战与机遇并行。科技进步与社会生产力提高的同时，也出现了一些挑战。人类社会不仅遭遇经济政治危机，也面临着严重的生态危机和环境危机，如气候异常、大气污染、能源紧缺、土地沙漠化、森林锐减和海洋污染等，而且这些问题也日益成为影响人类生产生活的重要因素。气候和环境问题引发人们越来越多的关注，而且逐渐成为左翼学者热议的话题。随着生态的不断恶化，在西方国家出现了许多以"绿色"为标志的社会运动和团体，促进了西方生态运动的发展。伴随西方绿色运动的兴起以及对生态问题的关注，生态学的马克思主义（Ecological Marxism）不断发展，西方学界兴起了生态学马克思主义批判的热潮，并诞生了一大批具有影响力的学者。例如，法国的高兹（Andre Gorz）、加拿大的莱斯（William Leiss）、美国的奥康纳（James O'Connor）和约翰·福斯特（John Bellamy Foster）、英国的格伦德曼（Reiner Grundmann）和戴维·佩珀（David Pepper）等人。

生态学马克思主义是西方学者将马克思主义与生态学结合起来形成的西方马克思主义新流派，是当代西方新社会运动与马克思主义相结合的产物。生态学马克思主义视角最早出现在 20 世纪 40 年代法兰克福学派代表霍克海默和阿多诺合著的《启蒙辩证法》一书中，之后该流派的发展大致经历了三个时期①。在生态学马克思主义者看来，如果马克思主义理论要与 21 世纪建立联结，就必须对生态危机做出分析和解释。马克思主义作为对人与自然关系进行科学解释的学说受到了一些学者重视。生态学马克思主义认为，资本主义的生产关系、阶级关系直接导致了环境退化和生态危机，即资本主义制度是导致生态危机的

---

① 俞吾金，陈学明. 国外马克思主义哲学流派新编·西方马克思主义卷（下册）［M］. 上海：复旦大学出版社，2002：576.

真正根源。生态学马克思主义以生态视角为切入点，围绕着如何支配自然、生态政治、生态女性主义等问题对资本主义统治的新形式进行了反思，并重新审视了人与自然的关系、生态问题与资本主义制度的关系，以及社会平等与全球环境正义等议题。从这些视角出发，生态学马克思主义者积极寻求分析和解决生态问题的路径和方式。

一、重思人与自然的关系

人与自然的关系问题是生态学马克思主义关注的核心问题之一，人类的发展伴随着与自然的复杂交织关系。如何看待人与自然的关系，也关乎人类生存和发展的根本。从"去魅"的自然到对自然的占有或支配，人类对于自然的观念不断变化。其中，自工业革命以来，借助科学技术的飞速发展，自然被一步步剥掉了灵性，成为人们利用和改造的对象。人类开始对自然界进行无节制的、掠夺式的开放和改造，导致了诸多环境问题。因此，许多西方绿色思潮批判"支配自然"的观念。在他们看来，"支配自然"的观念源于近代理性主义哲学二元对立的理论确定，而正是这种观念导致了生态危机的发生。

英国诺丁汉大学的莱纳·格伦德曼立足于人类中心主义立场建立了马克思主义与生态学之间的内在关联，并提供了重新思考人与自然关系的路径。在格伦德曼看来，要正确理解生态问题首先需要区分自然观中的人类中心的视角和生态中心的视角。其中，人类中心视角强调从人类的兴趣和需要的角度理解人与自然的关系，而生态中心视角则指责"支配自然"导致了生态问题，将生态危机的原因归结为人类中心主义的立场和观点，尤其是人类的贪婪和自私导致了对自然的支配。与一味地批判"支配自然"的观念不同，格伦德曼借鉴马克思的思想对这一观念进行了辩护，指出"支配"自然的积极含义。在他看来，支配自然作为人类理性的基本特质和人类文明的基本诉求，也是人的力量释放的前提和基础，它不应受到道德谴责。生态危机的原因并不在于对自然的支配，而在于人类支配自然的方式不合理：在资本主义条件下，这种支配行为以工具理性和经济理性为主导的方式存在。正是在这种经济理性的主导下，自然作为人类重要的资源库受到严重的剥夺，而人则成为单纯考虑收益和利益的"经济人"，从而导致了生态的问题。所以，在格伦德曼那里，"支配自然"带有某种价值属性，其描述的是人与自然之间的社会关系。这种关系并不意味着将自然视为为所欲为占有的对象，而是在尊重自然的前提下有意识地对其利用和改造。①

　　对生态问题的理解不同也决定了生态问题的不同解决方式。格伦德曼认为，与生态中心主义相比，人类中心主义确立了一个供我们判断生态现象和解决生态问题的清晰标准。生态问题具有历史性，其总是与人类的欲望、需要等联系在一起。在生态问题的解决路径上，对待自然的正确方式不是去盲目地征服，而是对其进行合理地开发利用。在历史的进程中，人与自然是辩证关联的，二者既相互规定又相互作用。自然不仅具有物质生产资料、资源等工具性价值，也具有精神、审美、道德等非工具性价值。借鉴马克思的视角，格伦德曼指出，人的自然属性和社会属性贯穿于人与自然的关系之中，并以此为基础规定和改变着人与自然的关系。其中，人的自然性意味着人是自然的一部分，同时也是具有物质需要的生命有机体和自然存在物，而人的社会性则体现在人具有目的性的、与自然发生交换的物质性活动之中。共产主义社会中对自然的控制是人类控制自然的最高境界，即人对自然的真正尊重，这也是人类不断追求自我实现和良善社会的理想。格伦德曼的生态马克思主义视角通过挖掘马克思的生态思想，超越了人与自然简单对立的理解，一方面强调马克思主义非工具意义上的人类中心主义和人道主义立场，另一方面建立了人与自然的和谐关联，对于我们反思生态问题具有启发。

二、生态危机与资本主义

　　针对造成现代社会生态危机、环境退化的根源，与生态主义（ecocentrism）回避资本主义制度不同，生态学马克思主义把矛头直指资本主义制度。生态学马克思主义强调生产关系、阶级关系是经济、社会和政治剥削的根源，而资本主义条件下的经济、社会与政治直接导致了环境问题和生态危机的爆发。

　　牛津布鲁克斯大学的戴维·佩珀是英国生态学的马克思主义的代表人物。他批判资本主义制度导致了社会不公和环境退化，坚持生态社会主义是一种人类中心主义和人道主义。佩珀指出，环境问题并不是资本主义社会独有的，但是，与奴隶社会和封建社会相比，生态问题在资本主义社会更具普遍性且更为严重。在他看来，资本主义以追求剩余价值为目的，这就决定了它要不断地掠

---

① Reiner Grundmann. Marxism and Ecology ［M］. New York：Oxford University Press, 1991. P. 62.

夺自然，并把自然作为获取利润的对象。佩珀反对将资本主义社会中人与自然的矛盾凌驾于社会矛盾之上，或者将二者等量齐观。在他看来，生态问题主要是由对待自然的特殊方式带来的，这与资本主义生产方式直接相关。资本主义生产方式不仅决定了资本主义社会中人与人之间剥削与被剥削的关系，而且也决定了人类与自然的关系，即资本主义对自然的剥夺是资本主义剥削的一部分。这样，对自然的支配本身并不是造成生态危机的原因，而是资本主义利润最大化的生产方式导致了生态危机。在资本主义的生产中，资本家通过占有生产资料不断扩充资本。为了实现资本的不断增殖，除了最大限度地压榨工人的剩余价值，资本主义经济还通过过度利用自然资源来获取生产资料，以实现快速发展，从而导致生态环境的破坏。在这种方式下，无论人还是自然都处于一种工具或从属的位置。正是由于资本主义生态矛盾的存在，使得可持续发展及"绿色资本主义"成为不可能。此外，佩珀还关注发达国家向发展中国家转嫁生态危机的生态帝国主义或殖民主义问题。在他看来，环境质量与社会物质财富的丰裕或缺乏紧密相关。西方发达资本主义国家将高耗费、高污染和劳动密集型的企业迁移至发展中国家，通过对第三世界国家资源的掠夺来维持和改善自己的环境，使自己成为全世界羡慕的对象。跨国公司对世界的无尽掠夺及资本主义全球化，造成了发展中国家和落后国家的生存困难，如土地沙化、污染严重、粮食供应不足、资源短缺、南北差距增大等问题，从而导致了全球性的生态危机。[①]

为了解决生态危机，佩珀提出了"生态社会主义"的构想。在他看来，只有废除和变革资本主义制度才能从根本上摆脱危机。同时，为了克服资本主义经济制度的弊端，需要将生态原则与社会主义经济制度相互结合，并构建一种新的人与自然和谐共处的生态社会主义经济模式。与片面认为经济发展必然导致生态危机的理解不同，佩珀认为，生态社会主义需要生产力的发展，不能单纯为了保护环境而使经济发展处于停滞状态。只有理性和人性的经济增长，生态危机才能得到减缓和遏制。[②] 因而，当代生态社会主义者除了考察整个世界的复杂性之外，还需要关注生态社会主义的实践性，并且建构顾及社会环境、关注生产的社会需要的替代性选择，而非仅仅考虑资本利润、满足消费主义。佩

---

① 佩珀. 生态社会主义：从深生态学到社会正义 [M]. 刘颖，译. 济南：山东大学出版社，2005.

② David Pepper. On Contemporary Eco-socialismin. Eco-socialism as Politics [M]. Huan Q, ed. Dordrecht：Springer，2010：33-44.

珀的生态社会主义思想为思考经济与环境之间的关系提供了有益参考，也为实现生态经济发展提供了现实路径。

三、生态女性主义

生态女性主义近年来成为西方学界关注的热点之一。生态女性主义兴起于20世纪70年代，是当代西方女性运动与生态运动相结合的产物。它将环境保护与性别解放关联在一起，尤其关注对自然的统治与女性统治的相关性，呈现了理解生态问题的新视角。其基本理念在于，女性在现代家庭和社会中所遭受的压迫与自然界生态环境恶化之间存在着内在的关联，根源在于资本主义制度导致了不平等的社会经济结构以及文化价值理念。对于生态女性主义者而言，资本主义父权制成为其批判和反思性别和生态议题的重要内容。

英国诺森比亚大学名誉教授玛丽·梅勒（Mary Mellor）关注生态问题与性别问题的交叉。她致力于对资本主义进行生态女性主义的批判，曾著有《女性主义与生态学》（1998）一书。在这本书中，梅勒追溯了女性主义与绿色运动之间的关联，并指出女性与生物"自然"的关联可以扩展我们对于人类与自然世界之间关系的理解。梅勒批判激进经济自由主义、全球资本主义以及后现代主义的多元主义，并主张在女性主义和绿色运动内部存在激进运动的新基础。2019年，梅勒在《新左派评论》中发表文章《一份生态女性主义提案》①，重申性别视角之于生态问题的重要性。梅勒指出，当前关于生态策略的论争存在两个特征。首先，贡献者（无论是支持绿色新政，还是支持去增长、"稳定状态"的经济，以限制人类对环境的影响）提出了生产经济与生物圈之间关系的观点，但这种关系在很大程度上不考虑性别的因素。梅勒认为，在调整自然与经济方面，他们没有意识到再生产工作通过更新人类日常生活所起到的作用。稳定状态与去增长议案经常忽视这样一个事实，即如果节省劳动装置的能源不再可用，那么再生产工作就可能会增加。而无论在历史上还是在今天，这些再生产工作很大一部分由女性来承担。另外，一些生态社会主义空想者则倾向于通过呼吁一种无性别的"自由王国"来解决社会和生态非持续的经济问题。梅勒指出，这些思想家同样忽视性别的因素，也没有提供可行的路径。面对紧缩政治以及生态破坏的难题，通过提供一种"货币民主化"的策略，梅勒倡导从

---

① Mary Mellor. An Eco-Feminist Proposal. [J]. New Left Review, 2019（116/117）: 189-200.

目前的剥削和非持续的模式转向一种"充足供应"（sufficiency provisioning）的生态女性主义模式。

在生态危机日益严峻的当下，虽然内部存在许多论争（尤其针对其中的性别本质主义视角），生态女性主义对于女性与自然等关联的分析揭示了生态决策容易被遮蔽的性别视角，并且从这种视角出发关注环境策略、生命伦理等实际问题，提供了反思生态问题的独特路径，有助于在现实中形成异质性和多样化的社会政治运动和联盟。

四、解决生态问题的全球视野

全球化时代，一些生态问题已经超越国家和地区的界限而成为全球性的问题。随着资本逻辑的不断扩张，资本主义生产方式所导致的人与自然的矛盾不断激化，并在全球范围内得到体现。人类的长久生存面临着前所未有的生态危机，例如全球气候的日渐变暖、臭氧层的耗损与破坏、生物多样性的减少、有毒有害化学品和垃圾的越境扩散、大气污染和海洋污染等。由于生态系统不受国界限制，环境问题的相应解决需要更多的国际协作和责任承担，守护生态环境也日益成为一种全球共识。

德里克·沃尔（Derek Wall）被称为是继戴维·佩珀、泰德·本顿（Ted Benton）和萨拉·萨卡（Saral Sarkar）之后的欧洲新一代生态学马克思主义者，他致力于阐述生态社会主义的全球视野和国际维度，并对资本主义的全球化进行批判。沃尔指出，"绿色资本主义"方案已经遭受全球性失败。原因在于绿色方案在不变革资本主义的前提下解决生态问题，这种以市场或技术为手段的方式最终受益的是资本主义。在资本逻辑和利润追逐的驱使下，生态危机不可能会得到彻底解决；而且，某些环境问题具有全球性质，因而需要世界性的、而非地方性的措施才能真正解决。虽然目前存在一些环境治理的全球组织，但这并不充分。沃尔指出，通常情况下，全球化成为资本主义获取利润的工具，发达国家占据着资本和技术的优势，进行环境污染的转嫁，破坏当地的生态环境。而且，某些全球性的会议框架容易由若干大型公司把控，最终服务于资本的增殖。为了更好地解决全球性生态问题，需要更为有效的全球共识和规范的制度性框架。

沃尔强调，生态社会主义才是替代资本主义、解决生态问题的方案。其中，这些方案包括尊重自然的生态学原则，建立恰当所有权的共同体，以及把国家之间的跨国合作与民主原则相结合等具体方案。值得关注的是，沃尔将生态社会主义与民主联系在一起。他认为，西方民主具有虚假性，直接民主与经济资源再分配对创建生态社会主义来说是非常重要的。此外，沃尔还强调生态社会主义的社会关怀、平等价值等。① 沃尔在全球视野下将生态社会主义分析与政治哲学分析联系起来，并关注现实的生态运动，通过阐明生态社会主义的替代性选择，推进了生态社会主义的理论与实践的融合。

小 结

综上所述，生态学马克思主义聚焦现代社会人与自然的冲突，观照与人的生命生活息息相关的生存环境以及相应的社会境况。在马克思那里，自然界是人的"无机身体"，是人类赖以生存的重要基础和先决条件。自然为人类生产生活提供必要的物质资料的同时，也提供了社会历史进程得以展开的空间环境。人与自然是生命共同体，二者是和谐共生的关系，这种内在联结是人类得以存在的重要前提。现代社会，伴随科技的进步、经济的发展，人们也越来越意识到环境的重要性。即经济增长本身并不代表真正的发展，技术进步也并非都是解放的力量。为了避免资本、技术的联姻对自然的侵蚀和破坏，在发展生产力、促进技术提升的同时，要以不破坏人类或环境的方式来进行。人与自然关系的和谐建立在人类的社会实践基础之上。这既需要发展模式和生态观念的转变，也需要健全的制度保障。生态学的马克思主义自觉运用马克思主义的观点和方法，分析现代社会的环境危机和生态问题，探讨了解决危机的策略和路径。生态学马克思主义并非铁板一块，其内部存在很多争论和视角，且与其他理论思潮具有逐渐合流的趋势。生态学马克思主义的这些视角一方面扩展了当代资本主义批判的理论分析，有利于探究生态危机的根源与应对策略，另一方面也为生态问题的实践解决提供当代启发，有利于推进我国的生态文明建设，共建人类美好家园。

---

① Derek Wall. The Rise of the Green Left：Inside the Worldwide Ecosocialist Movement［M］. London：Pluto Press，2010. P. 63.